BRENNPUNKT TRAISKIRCHEN

Mehr Bäume.
Weniger CO_2.
www.cpibooks.de/klimaneutral

MIX
Papier aus verantwortungsvollen Quellen
FSC
www.fsc.org
FSC® C083411

Franz Schabhüttl, Andreas Wetz:
Brennpunkt Traiskirchen

www.edition-a.at

Cover: JaeHee Lee
Fotocredit: Hans Klaus Techt/APA/picturedesk
Gestaltung: Lucas Reisigl

Gesetzt in der Premiera
Gedruckt in Deutschland

1 2 3 4 5 — 20 19 18 17

ISBN 978-3-99001-217-8

Franz Schabhüttl

Andreas Wetz

BRENNPUNKT TRAISKIRCHEN

Protokoll aus dem Inneren des Asylsystems

edition a

Inhalt

Vorwort

Kinder und heranwachsende Jugendliche haben Träume davon, was sie einmal werden möchten. Die Wünsche lauten: Lokführer, Flugkapitän und und und. Mein Kindheits- und Jugendtraum war es, einmal Polizist in Wien zu werden.

Die Wenigsten setzen ihre Träume auch in die Wirklichkeit um. Sei es, weil Träume oft einfach Träume bleiben, weil sich die Interessen verlagern oder weil das Leben eben anders spielt. Ich hatte das Glück, meinen Kindheitstraum ausleben zu können und wurde nach Handelsschule, Bundesheer und einer Tätigkeit als Verwaltungsbediensteter: Polizist in Wien.

Ich lebte auch kurzzeitig in der Hauptstadt, weil ich nicht pendeln wollte. Allerdings war mir damals schon klar, dass ich mein Leben nicht dauerhaft in der Großstadt verbringen wollte. So wechselte ich ein paar Jahre später zur Gendarmerie und siedelte ins südliche Niederösterreich über, wo das Leben absolut lebenswert ist. Hier sind Menschen und Umgebung von Herzlichkeit geleitet, hier stehen der persönliche Kontakt und das freundliche Miteinander im Vordergrund. Hier spricht man nicht in elitären Zirkeln übereinander, sondern miteinander. Hier kennt man sich, grüßt sich und findet das Umfeld, sich selbst wohlzufühlen.

Anfang der 1990er Jahre wollte ich meinen beruflichen Alltag verändern und den familiär-privaten Gegebenheiten anpassen, weil ich erkennen musste, dass mit fortschreitender Jugend die Nächte der Nachtdienste »länger« wurden. Auch suchte ich nach einer neuen Herausforderung; ich wollte wieder in die Verwaltung zurück, nachdem ich Gymnasium und Verwaltungsakademie besucht hatte.

Zu jener Zeit wurden in Traiskirchen, im Flüchtlingslager, wie diese Einrichtung damals hieß, Verwaltungsbedienstete in leitender Funktion gesucht, wobei als zuverlässig geltende Angehörige der Exekutive gern gesehen waren. Hatten zuvor doch einige frühere Bedienstete dieser Bundeseinrichtung eine strafrechtsrelevante Unkultur des Nehmens entwickelt.

Inzwischen bin ich seit 26 Jahren in dieser medial exponierten Dienststelle tätig – die Hälfte davon als deren Leiter. Es ist eine zutiefst staatliche Aufgabe, die hier wahrzunehmen ist. Und es gibt zahlreiche Zwischenrufer, die es besser wissen. Aber als Beamter habe ich nur eine Grundlage für mein Handeln: die in Österreich geltenden Gesetze.

Bei dieser Arbeit geht es neben dem Bereitstellen von Schutz um die Bekämpfung von Schleppern; um Menschenhändler, die mit Frauen im Rotlicht Millionen verdienen; um Suchtgiftgruppen, die Asylwerber einsetzen; um Asylwerber selbst, die Teil der Schleppernetze sind; um Berufskriminelle, die kein Asyl wollen, aber die Vorteile des Asylsystems für sich nutzen und daher die echten Asylwerber in Verruf bringen.

Meiner Erfahrung nach sind nicht Asylwerber, die ins Kriminelle abgleiten, das Problem, sondern hauptberufliche Straftäter, die den Asylweg gezielt für ihre Zwecke missbrauchen. Diese Berufsverbrecher sind es auch, die der einheimischen Bevölkerung die Angst vor Fremden gebracht haben. Die Hoffnung auf das hochstehende österreichische Gesundheitssystem lässt viele Menschen mit Krankheiten, oft mit Krebs im Endstadium, die Asylschiene nutzen.

NGOs, die großteils engagiert Teil der Gesellschaft sind, machen gute Geschäfte durch Beratung, Betreuung, Versorgung und Unterbringung von Flüchtlingen und kommen, weil es eben um viel Geld geht, immer wieder mit sehr fantasievollen neuen Vorschlägen und Ideen, die stark moralisierend via Medien durchgesetzt werden. Dies drückt den Staat oft in die schwierige Position, sich gegen teure und – zumindest oberflächlich betrachtet – die Situation verbessernde Ideen stellen zu müssen, die in gezielt angelegten Kampagnen verbreitet werden.

Unter diesem Druck geben Politiker dennoch viel zu oft nach, um aus der hitzigen Debatte etwas Dynamik zu nehmen. Jedem einzelnen Menschen ist es hoch anzurechnen und es verdient Wertschätzung, wenn er sich für andere einsetzt, denen es schlechter geht. Aber im Gesamtzusammenhang ist gut gemeint nicht immer das, was sich in der Realität als gut herausstellt. Die massenhaften Spenden des Jahres 2015, die in der Betreuungsstelle zu einem enormen Müllaufkommen führten, und das Austeilen von Essen unter zweifelhaften hygienischen Bedingungen waren nur zwei von mehreren negativen Folgeerscheinungen. Sogar Medikamente wurden vor der Betreuungsstelle ohne jegliche Untersuchung an die Menschen abgegeben.

Ich glaube: Die Auswüchse der sogenannten Willkommenskultur haben eine kritischere Einstellung der niedergelassenen

Bevölkerung gegenüber Fremden bewirkt. Wurden Asylwerber zuerst geradezu euphorisch aufgenommen, ist durch das Verhalten einiger, die diese Hilfe genossen, Misstrauen und auch Angst entstanden.

Medien haben mit stark einseitiger Berichterstattung das ihre dazu beigetragen. Wie interessant ist auch eine Betreuungsstelle in den Augen einer kommerziellen Presse, die – das sage ich mit Selbstbewusstsein – im Wesentlichen gut organisiert ist. Eine viel höhere Auflage und mehr Seher bringen jedoch Berichte, die die Realität kritisch überzeichnen und sich somit fast vollständig von ihr entfernen. Hier ist in Zukunft wieder mehr Ehrlichkeit gefragt.

Ich denke, dass sich dies die Menschen nicht nur verdient haben, sondern erwarten dürfen. Die Signale aus der Bevölkerung, die das offenbar einfordert, sind nicht zu übersehen. Es wird an der Politik liegen, jene, die sie gewählt haben, nicht zu vernachlässigen und ihnen die Angst zu nehmen.

Ich habe in diesem Buch am Ende meines Berufsweges meine eigenen Wahrnehmungen, mein Erlebtes, somit natürlich auch nur meine subjektive Wahrnehmung festgeschrieben. Der Inhalt erhebt nicht den Anspruch auf unumstößliche Objektivität. Gelenkt und geleitet wurde ich bei der Formulierung meiner Meinung aber stets von der wahrheitsgemäßen Wiedergabe von Tatsachen, was mir als Beamter durch den Diensteid ein Heiligtum ist.

Es ist nicht meine Absicht, irgendjemanden zu verunglimpfen oder zu beleidigen. Sollte sich dennoch jemand finden, der sich zu Unrecht kompromittiert fühlt, möchte ich mich im Voraus dafür entschuldigen. Es gibt immer zwei Seiten.

Einen normalen, ruhigen Arbeitsalltag habe ich als Leiter der Bundesbetreuungsstelle Traiskirchen nie kennengelernt. Das Klischee des gemächlichen Beamten mit Ärmelschonern ist mir dort fremd geblieben. Dies ist vielleicht auch einer der Gründe dafür, dass nie jemand Ernstzunehmender an meinem Sessel gesägt hat. Andere, wohl bedeutend wichtigere Gründe dafür waren meine loyalen Mitarbeiter vor Ort und die mir vorgesetzten Spitzenbeamten im Ministerium. Auch dafür darf man am Ende einer Karriere ehrlich Danke sagen.

Franz Schabhüttl, März 2017

2015

»Wenn die Bundesländer es bis Ende Juli nicht schaffen, ihre Vereinbarungen einzuhalten und Traiskirchen deutlich zu entlasten, dann wird das Innenministerium selbst Quartiere schaffen. Vor allem natürlich in den Ländern, die besonders säumig sind.«

Mit diesem unmissverständlichen, öffentlichen Aufruf stellte Innenministerin Johanna Mikl-Leitner Österreichs behäbigen Landesfürsten die Rute ins Fenster. Eine Million Menschen zogen 2015 weitgehend ungehindert und friedlich durchs Land. Etwa 90.000, so viel wie niemals zuvor, brachten hierzulande einen Antrag auf Asyl ein. Die meisten von ihnen, Experten aus meinem Haus sprechen von bis zu 80 Prozent, warfen zuvor noch schnell ihre Papiere weg, um zu Beginn des Verfahrens eine andere Herkunft, ein anderes Alter oder gleich eine andere Identität angeben zu können.

Neben zahlreichen Verfolgten befanden sich unter dieser Masse von Menschen Tausende von Glücksrittern, Wirtschaftsflüchtlinge, aber auch Kriminelle und jihadistische Terroristen, die auf diesem Weg nach Europa einsickerten. Die Folgen des Ereignisses werden unser Land noch viele Jahre lang in all seinen Facetten beschäftigen. Den Bürgern Österreichs hat die wechselseitig dicht verwobene Öffentlichkeit, bestehend aus Politikern, Nichtregierungsorganisationen und Medien jedoch nicht immer reinen Wein eingeschenkt. Davon, und von mehr, handelt dieses Buch.

Als Leiter der permanent im Fokus stehenden Bundesbetreuungsstelle Traiskirchen habe ich, Franz Schabhüttl, ein Vierteljahrhundert lang die Flüchtlingspolitik dieses Landes in der ersten Reihe miterlebt. Eine zentrale Erkenntnis nehme ich nun in meinen Ruhestand mit: Aufrichtigkeit, Objektivität und Sachlichkeit muss man in der öffentlichen Debatte mit der Lupe suchen. Das beliebte Narrativ, hier die böse, unmenschliche Staatsmacht, dort die warmherzige und philanthrope Zivilgesellschaft, ist wenig wert. Ich bin überzeugt davon, nicht zu viel zu versprechen, wenn ich Ihnen, liebe Leserinnen und Leser, ankündige, dass Sie beim Lesen der folgenden Kapitel staunen werden. Sie werden eine Seite österreichischer Zeitgeschichte erleben, die Sie so wohl noch nie gesehen haben. Zum Beispiel:

Verzeihen Sie mir, wenn ich Sie gleich zu Beginn dieses Buches zumindest ein klein wenig in die Irre geführt habe. Das anfängliche Zitat, mit dem ich es beginne, stammt nämlich genau nicht aus dem Krisensommer 2015, sondern hat seinen Ursprung ein Jahr früher, am 15. Juli 2014. Bereits ein Jahr vor dem Großereignis warnte die Innenministerin auf Basis von Lagebild und Prognosen davor, dass es im größten Flüchtlingslager des Landes (und nicht nur dort) ungemütlich eng werden könnte. So hieß es in ihrem Appell weiter: »Durch die dramatische Situation in Syrien ist mittlerweile – wie im restlichen Europa – auch in Österreich die Zahl der Asylanträge weiter stark steigend.«

Warum das wichtig ist? Weil der oberste Chef der mittlerweile größten und bedeutendsten NGO im Land die Warnung offenbar als unangebrachte Panikmache verstand. Genau zwei Wochen später, am 29. Juli 2014, bezeichnete Caritas-Präsident Michael Landau den Aufruf in einem Interview mit der Austria Presse Agentur als »menschenunwürdiges politisches Sommertheater auf dem Rücken traumatisierter Menschen«. Angesichts der Zahlen herrsche »kein Notstand«, die Situation, so der Tenor, sei bewältigbar.

Genau ein Jahr später, im Sommer 2015, war Traiskirchen übervoll, weil sich die Bundesländer trotz des Aufrufs und wider jegliche Vereinbarung nicht um die Schaffung zusätzlicher Quartiere gekümmert hatten. Damals jedoch klang derselbe Landau ganz anders. Die von ihm zuvor als übertrieben dargestellte Warnung aus dem Vorjahr hatte er offenbar vergessen.

Dafür platzierte er öffentlich Kritik. Am 22. Juli sagte er in der Tageszeitung »Kurier«: »Wer wie ich Mütter mit ihren kleinen Kindern in Traiskirchen sieht, die auf nacktem Boden übernachten, der sieht eine humanitär unhaltbare Situation.« Und weiter: »Wer Asylnotstand sagt, sagt auch, dass es Politiknotstand und Politikversagen gibt.« In Traiskirchen haben wir es nie auf Überfüllung angelegt, bereits ein Jahr vorher wurde davor gewarnt. Die Warnung jedoch wurde als Panikmache abgetan. Als es schließlich soweit war, hatte erneut das Lager Traiskirchen den Schwarzen Peter. Von Notstand und Versagen war die Rede. So ändern sich Zeiten und Meinungen.

Landau steht einer Organisation vor, die mit über 14.000 angestellten Mitarbeitern im Jahr fast 800 Mio. Euro umsetzt. Wer ein so großes Unternehmen leitet, kann nicht unabhängig sein, hat Verantwortung gegenüber seinen Mitarbeitern, sagt das, was einem möglichst nützt und nicht schadet. Das gilt für viele Figuren auf der Bühne dieses Theaters, das Asylwesen heißt. Jene, die all das finanzieren und zu tragen haben, die Bürger, bleiben staunend, oft desinformiert und manchmal sogar belogen zurück. Seit vielen Jahren passiert das so, seit vielen Jahren erlebe ich das am eigenen Leib. 2015 war nur der vorläufige Höhepunkt. Jetzt ist die Zeit reif, darüber zu sprechen.

So entstand ein überfülltes Lager

Obdachlosigkeit, Überbelag und Zeltstädte erscheinen nicht plötzlich. Auch 2015 entstanden die Probleme mit der Überfüllung von Traiskirchen schleichend. Und das, obwohl sich zumindest die Bundesverwaltung – anders als später viele behaupteten – intensiv auf einen Ansturm vorbereitet hatte. Für mich war der tägliche Bericht des Torpostens ein sensibler Indikator dafür, dass sich etwas veränderte.

Bis in den April hinein meldeten die Wachleute am Schlagbaum dem Journaldienst der Betreuungsstellenleitung täglich zwischen 10 und 50 Neuankömmlinge. Seit vielen Jahren schon werden diese Daten bei uns dokumentiert. Behaupteter Name, Geburtsdatum, Geschlecht, Herkunft sowie Datum und Uhrzeit des Eintreffens. Die Gesamtzahl der neu eingetroffenen Asylwerber wird anschließend in das sogenannte Journaldienstbuch übertragen.

Das ist eine – bewusst – handschriftlich geführte Urkunde, in der sämtliche als relevant betrachtete Vorfälle dokumentiert sind. In gewisser Weise ist das Journaldienstbuch das Logbuch und Gedächtnis des Flüchtlingslagers Traiskirchen. Einträge können durchgestrichen, nicht aber wie am Computer einfach gelöscht werden. Was auf diesen Seiten landet, ist für mich als Chef der Einrichtung in all seinen Nuancen nachvollziehbar.

Im Laufe des Aprils fiel mir auf, dass sich bei den täglichen Berichten über Neuzugänge etwas tat. Schwankungen zwischen 10 und 50 Personen waren bis dahin normal.

Doch plötzlich begannen die Zahlen größer zu werden. 60, 70, 90 und auch über 100 Personen kamen da plötzlich innerhalb von 24 Stunden an. Im Laufe des Sommers erlebten wir schließlich Tage, an denen wir bis zu 400 täglich neu eintreffende Personen zählten. Gleichzeitig verließen uns jedoch viel zu wenige in ihre von Gesetzeswegen vorgesehenen Quartiere in den Bundesländern: Die Warnung der Innenministerin aus dem Vorjahr war ignoriert worden.

Im Innenministerium wissen wir seit Jahren, dass die Bundesländer untereinander und mit dem Bund ein zynisches Asylwerber-Mikado spielen. Die einzige Regel: Wer sich zuerst bewegt, der hat verloren. Aus diesem Grund war mein Haus nach Veröffentlichung des zitierten Aufrufs nicht untätig, schuf Unterkünfte des Bundes in großer Zahl. Bis in den Sommer 2014 unterhielt das Innenministerium neben Traiskirchen gerade einmal vier weitere Betreuungsstellen, die es zusammen nicht einmal annähernd auf die Unterbringungskapazität meiner Dienststelle brachten. Als der Zustrom im Frühling 2015 in den Traiskirchener Logbüchern als »stark steigend« beschrieben wurde, waren es bereits 16, genau ein Jahr nach der Warnung der Innenministerin schließlich 21. Bis zum Jahresende wurden es noch eine ganze Reihe mehr.

Von einem Versagen des Innenministeriums, wie NGOs behaupteten, Journalisten meinten und selbst einige Mitglieder der Bundesregierung ventilierten, konnte nicht die Rede sein. Auch wenn das einigen nicht gefällt: Die Fakten sprechen dagegen. Wir versuchten mit aller Kraft, jene Menschen zu versorgen, die eigentlich längst hätten in Obhut der Länder sein sollen. Dass der Rückstau, oder präziser, das Versagen in den Bundesländern derart ausgeprägt sein sollte, schätzten wir jedoch falsch ein.

Wegen der fehlenden Übernahmemoral rief das Innenministerium letztlich interessierte Unterkunftgeber dazu auf, sich zwecks Vermietung geeigneter Objekte direkt zu melden. Da kamen einsame Männer, die auf der Suche nach einer Frau waren. Sogar bei mir in Traiskirchen riefen sie an.

Es gab Bauern die – sagen wir – Gebäude anboten, in denen noch wenige Tage zuvor Schweine untergebracht waren. Und es kontaktierten uns Betreiber von Vier- und sogar Fünf-Sterne-Hotels, die glaubten, ihre offenbar mehr schlecht als recht laufenden Geschäfte mit der Unterbringung von Flüchtlingen aufbessern zu können. All das waren Angebote, die das Innenministerium aus ethischen Gründen ablehnen musste.

Die Öffentlichkeit verlangte nach Maßnahmen, egal, ob sie notwendig waren, oder auch nicht. Zahllose Fußballtrainer verloren aufgrund dieses Mechanismus bereits ihren Job. Ich hingegen erhielt einen persönlichen Anruf der Innenministerin. Innerhalb eines 18 Minuten langen Gesprächs erklärte sie mir, dass sie aufgrund des öffentlichen Drucks zum Handeln gezwungen war, Maßnahmen setzen müsse und daher einen Generalkoordinator einsetzen werde, der formal über mir die

Betreuungsstelle Traiskirchen verantworten werde, ohne mich aber von meiner Funktion zu entbinden oder einzuschränken.

Letztendlich sollten es sogar zwei Generalkoordinatoren werden. So funktioniert Politik: Signale nach außen setzen, um die Aufgeregten zu beruhigen. Meinen Mitarbeitern und mir hingegen sprach sie gleichzeitig ihr Vertrauen aus, erkannte unsere Leistung in dieser schwierigen Situation an. Unser einziger Fehler sei, dass wir zu wenig Plätze und Betten hatten. Ein »Mangel«, für den wir wegen der bau- und feuerpolizeilichen Bestimmungen jedoch nichts konnten.

Wir gaben uns damals Mühe, auch das zu lösen. Nur damit Sie wissen, was das bedeutet: Im Sinne der Sicherheit der Flüchtlinge ist die Bewohnerzahl in den Häusern des Lagers Traiskirchen mit 1820 begrenzt. Die Details dazu folgen noch. Als die Flüchtlinge in Scharen in den Wiesen campierten, standen in unseren befestigten Unterkünften 33 Zimmer mit einer Kapazität von knapp 600 Betten leer.

Nicht, weil wir zu bequem waren, sie zu öffnen, sondern weil wir uns aus gutem Grund an Vorschriften hielten, die auch für Bürger, Unternehmen und andere öffentliche Körperschaften gelten. Um beim Aufziehen von Sommergewittern panische Anstürme in die Gebäude unter allen Umständen zu vermeiden, stellten wir vor eben diesen zuerst zusätzliches Sicherheitspersonal auf und mieteten dann bei entsprechenden Wetterprognosen bei großen Busunternehmen in Wien Reisebusse. Diese sogenannten »Regenbusse«, an Spitzentagen waren es bis zu 20 Fahrzeuge, stellten wir dann auf dem Gelände auf. Kam der Niederschlag, öffneten wir die Fahrzeuge für Hunderte von Personen. Doch irgendwann war auch deren Kapazität erschöpft. Wir brauchten Zelte.

Die Polizeischule hilft aus: Zeltstadt und private Zelte

In Traiskirchen schufen wir zunächst eine kleine Zeltstadt auf dem Gelände der angrenzenden Polizeischule, der Sicherheitsakademie. Beide Liegenschaften sind nur durch einen hohen Maschendrahtzaun voneinander getrennt.

Das hatte einerseits den Vorteil, dass die behördlichen Auflagen für den Betrieb der Bundesbetreuungsstelle an der Grundstücksgrenze endeten, andererseits konnte so manche Infrastruktur (zum Beispiel die Großküche) unkompliziert doppelt genutzt werden.

Jedenfalls wurden dort, am Nachbargrundstück, zunächst 60 Zelte mit je 8 Feldbetten darin aufgestellt. In der Endphase waren es sogar 171 Zelte. Sie waren mit Stromanschlüssen ausgestattet und beleuchtet, hatten für jeden Bewohner einen kleinen Spind. Aufgestellt haben sie Polizeischüler. Zugegeben, ein Zelt kann nach mitteleuropäischen Standards stets nur eine Zwischenlösung oder Notmaßnahme sein, aber in genau einer eben solchen Notsituation befanden wir uns. Die öffentliche Kritik am Errichten der Zelte habe ich deshalb nie verstanden. Auch der Flüchtlingsberater der Innenministerin, Kilian Kleinschmidt, war offenbar verwundert darüber. Mehr dazu lesen Sie im Kapitel »Kilian Kleinschmidt, ein Realist aus Deutschland«.

Sogar mit Zelten wurde also Interessenspolitik gemacht. Bei den Recherchen zu diesem Buch stieß mein Co-Autor auf ein bemerkenswertes Schreiben der Spitze des Roten Kreuzes an das Innenministerium. Dieses wollte damals zur Entlastung von Traiskirchen eine Zeltunterkunft im Kärntner Krumpendorf errichten. Das Rote Kreuz war gefragt worden, ob es dieses Zeltdorf betreiben könne. In der Antwort der Rotkreuz-Spitze vom 2. Juli 2015 steht wörtlich:

»Wie schon in den letzten Wochen mehrfach ggü. Vertretern des BM.I betont, wird das Österreichische Rote Kreuz in Österreich keine Zeltlager für AsylwerberInnen betreiben, weil es nicht unserem Betreuungsstandard entspricht, Menschen im Inland für längere Zeit (mehr als ein/zwei Nächte) in Zelten unterzubringen (mit Ausnahme nach Erdbeben).«

Nur beratend, unterstützend und beim Aufbau, so steht es da weiter, könne man auf Wunsch der Behörden zur Verfügung stehen.

Genau vier Wochen später, am 30. Juli 2015, verschickte dasselbe Österreichische Rote Kreuz eine kritische Presseaussendung (Kennung: OTS0028) an alle Redaktionen im Land. Bei Kenntnis der vorangegangen, bis zuletzt jedoch unveröffentlichten, Absage mit erstaunlichem Inhalt. So heißt es darin in Bezug auf ein gescheitertes Gipfelgespräch zur Schaffung neuer Unterkünfte:

»Bis Ende des Jahres werden mindestens 22.500 Asylwerber nach Österreich kommen.« Und weiter: »Diese Menschen müssen untergebracht werden. Im September werden wieder einige Quartiere in Schulen wegfallen. Bis dahin braucht es dringend Ersatzquartiere.« Die Aussendung schließt mit dem Satz: »Wird weitergemacht wie bisher, müssen auch im Winter Asylwerber unter freiem Himmel schlafen.«

Ich wusste damals noch nichts von der offensichtlich zweigleisigen Strategie, im Stillen einerseits Hilfeersuchen in Notlagen abzulehnen, andererseits gegenüber der Presse fehlende Unterkunftskapazitäten zu kritisieren. Heute wundert mich, dass dies aus meinem Haus bisher noch niemand öffentlich gemacht hat. Ich hole das nun nach.

Natürlich, wie schon erwähnt, können Zeltstädte immer nur Provisorien darstellen, aber als solche, und nur also solche, waren sie konzipiert. Heute, 2017, sind die Zeltstädte und Containerdörfer, so sie überhaupt noch existieren, zu großen Teilen verwaist.

Ein anderes Phänomen waren die privaten, von Flüchtlingen sozusagen »wild« auf dem Gelände aufgestellten Zelte. Heute kann niemand mehr sagen, wann das Campieren tatsächlich begonnen hat. Irgendwann fing einer damit an, und Hunderte folgten der Idee. Dabei handelte es sich um jene Menschen, für die wir tatsächlich – weder in den von uns organisierten Gruppenzelten, noch in den festen Unterkünften – keinen Platz hatten.

Als die ersten Kleinzelte standen, trat das Innenministerium dieser unkomplizierten Selbsthilfe intern zunächst kritisch gegenüber. Zu tun hatte das mit Themen, die zunächst bürokratisch erscheinen mögen, jedoch objektiv Gewicht hatten. Was, wenn es brennt? Was, wenn die Praxis gegen die – es gibt sie wirklich – niederösterreichische Campingverordnung verstößt, die in Traiskirchen vom populistischen Bürgermeister Andreas Babler zu vollziehen ist?

Letztendlich gaben uns unsere Juristen jedoch grünes Licht: Wir genehmigten das Aufstellen privater Zelt nicht, weil wir damit gegen eben diese Verordnung verstoßen hätten. Aber wir konnten sie dulden, sprich: Wenn wir schlichtweg nicht aktiv gegen die Zelte vorgingen, sie beließen, wie sie waren, war allen Paragrafen genüge getan. Manchmal sind die Lösungen einfacher, als man glaubt.

Foto: Franz Schabhüttl

Flüchtlinge, für die wir keine Unterkünfte hatten, errichteten in Eigeninitiative eine Zeltstadt. Das Foto nahm ich am 7. August 2015 auf.

Bis zum Höhepunkt des Sommers war die Lage in Traiskirchen ein einziges Dilemma. Einerseits übernahmen die Bundesländer weniger Flüchtlinge, als neue hinzukamen. Andererseits hatten wir die Leute einzulassen, weil zu diesem Zeitpunkt Asylanträge in Österreich noch persönlich bei der zuständigen Behörde – diese befindet sich mit der Erstaufnahmestelle des

Bundesamts für Fremdenwesen und Asyl innerhalb unserer Anlage – vorgebracht werden mussten. Hätten wir das nicht getan, hätten wir ihnen ihr Recht auf Schutz vor Verfolgung genommen und gegen bestehende Gesetze verstoßen.

Die Lebensbedingungen innerhalb dieser »wilden« Zeltlager waren meinem Empfinden nach wesentlich besser, als es in der öffentlichen Darstellung Niederschlag fand. Es stimmt schon, an kühleren Tagen konnte man sich angenehmere Orte vorstellen, aber unter den gegebenen Umständen und in Anbetracht der Notlage entlang der gesamten Fluchtroute zwischen der Türkei bis hinauf nach Nordeuropa war die Lage in den Zelten vergleichsweise gut. Die meisten standen unter Bäumen und auf den Wiesen des Geländes, die bei Überbelag umso wichtigeren Fluchtwege wurden damit nicht verstellt.

An warmen Tagen stellte sich sogar so etwas wie Zeltromantik ein, bei meinen Rundgängen stieß ich auf Menschen, die sich mit ihrer schwierigen Lage arrangiert hatten, die unter den Zeltdächern Kaffee kochten und Karten spielten. Die Sanitäranlagen wurden von uns angemessen verstärkt, das Nutzen der Duschen in den festen Gebäuden war möglich.

Zu Spitzenzeiten wohnten bis zu 2000 Menschen gleichzeitig in privaten Zelten. Dennoch, das sage ich mit Überzeugung, hatten wir die Hygiene und Betreuung der Leute im Griff. Zwischen 5.30 und 22 Uhr waren permanent Reinigungstrupps in der Zeltstadt unterwegs, um weggeworfenen Unrat sofort einzusammeln.

ORS, das ist jenes privatwirtschaftlich geführte Unternehmen, das für das Innenministerium Flüchtlinge nach ihrer Ankunft betreut, hatte den Auftrag, jedes Zelt und jeden Strauch, unter dem jemand einen Schlafsack ausgerollt hatte, täglich dreimal aufzusuchen. Wir konnten und wollten es uns schlichtweg nicht leisten, dass irgendwo jemand unentdeckt blieb, der Hilfe benötigte.

Unschöne Szenen erlebte ich in diesem Zusammenhang weniger in und rund um die Zelte, sondern auf Seiten jener, die sich über das Provisorium beschwerten. Dazu gehörte ausgerechnet das für die Asylverfahren zuständige Bundesamt für Fremdenwesen und Asyl (BFA).

Dieses Amt hat Außenstellen in allen Bundesländern, die Regionaldirektion für Niederösterreich befindet sich unmittelbar auf dem Gelände des Flüchtlingslagers. Hier verkehren hohe Beamte, Rechtsanwälte und mehr. Es geschah also, dass sich das BFA vor Ort über die angeblich fatale Optik der Zelte zu beschweren begann, die Mobil-Toiletten für unangebracht hielt und überhaupt das unkoordinierte Camping als nicht zumutbar für Besucher der Behörde qualifizierte.

Dies schaukelte sich noch weiter hoch, als die Personalvertretung des BFA begann, über angebliche Sicherheitsbedenken der Mitarbeiter zu diskutieren. Im »Intellektuellenteil« Traiskirchens rumorte es, das war angesichts der ohnedies schon angespannten Lage nicht ungefährlich. Letztendlich griff Sektionschef Mathias Vogl ein und befriedete die Lage mit einer unmissverständlichen E-Mail.

Wenn in Österreich irgendwo Not am Mann ist, finden sich immer Menschen, die aushelfen. Über die nahezu uneingeschränkte Hilfsbereitschaft der Bürger dieses Landes erzähle ich im Kapitel »Das ist Traiskirchen« noch mehr. Doch der gute Wille allein ist noch nicht hilfreich. Die Versorgung mit Speisen von Flüchtlingen im Sommer 2015 war ein gutes Beispiel.

Im Zuge des Chaos rund um vermeintlich benötigte Sachspenden (siehe dazu Kapitel: »Überfluss statt Mangel: Tonnenweise Spenden im Müll«) taten sich zeitgleich Personengruppen hervor, die meinten, Asylwerber würden hungern. Man musste sich nur an die Nordostseite der Betreuungsstelle stellen und warten: In immer kürzeren Abständen sah man dann in Gruppen organisierte Privatpersonen und auch Einzelkämpfer, die aus dem Kofferraum heraus Essen verteilten, dieses teilweise sogar erst vor Ort zubereiteten und freihändig ausgaben.

Der dort tagelang postierte Übertragungswagen des TV-Senders Puls 4 brachte die Szenen sozusagen hautnah auf die Fernsehschirme in die Wohnzimmer. Weil die Flüchtlinge alles nahmen, was ihnen jemand kostenlos anbot, entstand der Eindruck, es herrsche in irgendeiner Form Unterversorgung. Übrig blieben Müll, Essensreste und Chaos. Schließlich schritt der Lebensmittelinspektor der örtlich zuständigen Bezirkshauptmannschaft Baden ein und untersagte per Bescheid die hygienisch fahrlässigen Aktionen.

Doch der damals soeben inthronisierte Flüchtlingskoordinator der Bundesregierung, Christian Konrad, schuf Ersatz. Auf seine Anordnung hin musste die Bundesimmobiliengesellschaft – ihr gehört das Gelände – einen Bereich schaffen, auf dem die privaten Essensausgaben in organisierter Form weiterhin stattfinden konnten. Mittels Crowdfunding im Internet entwickelte sich schließlich die sogenannte »Welcoming Organization«, die sogleich eben diesen Bereich in Beschlag nahm.

Dafür wurde das alte Haupttor im schmiedeeisernen Zaun entlang der Südseite des Geländes geöffnet, das eigentlich seit 40 Jahren fest verschweißt war. Somit war das Großzelt inklusive Großküche von außerhalb des Lagers für jedermann zugänglich. Nach innen jedoch begrenzten wir die Einrichtung mit einem mobilen Metallzaun und trennten sie damit physisch von der Betreuungsstelle. Aus Gründen der Sicherheit und der Organisation mussten Zu- und Abgang zum Gelände weiterhin über den bewachten Torposten führen.

Doch die Hoffnung, dass sich dadurch die chaotischen Zustände bei der privaten Essensausgabe bessern würden, erfüllte sich nicht.

Die überwiegend indisch inspirierten Gerichte (innerhalb der Betreuungsstelle war das Großzelt der »Welcoming Organization« nur als »der Inder« bekannt) gingen auf Wegwerftellern über die Ausgabestellen. Die Folge war, dass auf weiten Teilen des Geländes eben diese Teller mit Essensresten darauf herumstanden.

Auch die Großküche selbst stapelte ihre Abfälle über Wochen auf dem ihr zugewiesenen, abgesperrten Bereich. Der Nachteil war, dass eben diese Absperrung kein Hindernis für die dadurch angelockten Ratten darstellte. Schließlich ordnete die BH aus Sicherheitsgründen den Abtransport des Mülls an. Auf den Kosten für den Kammerjäger blieb unser privater Auftragnehmer ORS sitzen.

Wo die Unmengen an Brauchwasser landeten, die für den Betrieb einer mobilen Großküche nötig sind, kann man sich ebenfalls ausmalen. Dabei verfügt das betroffene Grundstück nur über einen Kanal, der ausdrücklich unbedenklichem Regenwasser vorbehalten ist. In solchen Situationen zeigt sich, dass Hygienevorschriften in Massenquartieren keine Mittel zur Drangsalierung von Bürgern und zur Beschäftigung sonst arbeitsloser Bürokraten sind, sondern einen ernsten Hintergrund haben.

So wie andere Behördenvorgaben zu Betriebs- und Gebäudesicherheit auch. Ich selbst habe Christian Konrad und Bürgermeister Andreas Babler bei einem Lokalaugenschein vor Ort auch die »Welcoming«-Anlage gezeigt. Konrad rümpfte im Dunst der exotischen Essensdämpfe die Nase, Babler verhielt sich still. Ich kann nur mutmaßen, warum. Vielleicht deshalb, weil er als Baubehörde erster Instanz hätte wissen müssen, dass es für eine Anlage dieser Größe jedenfalls einer Baubewilligung bedurft hätte?

Zahlreiche Hilfsorganisationen kritisierten während und auch nach dem Krisenjahr 2015, dass sich der Staat durch die Einhaltung von Erfordernissen wie eben Baubewilligungen, aber auch Wettbewerbsregeln und Ausschreibungspflichten in Notlagen selbst lähme. »Das muss man (...) in Krisensituationen (...) einfach über Bord werfen und durch sinnvolle, der Krise angepasste Regelungen ersetzen (...)«, zitierte dazu der ORF-Steiermark Rotkreuz-Bundesrettungskommandant Gerry Foitik.

Das klingt zwar vernünftig, ist es aber nicht immer. Das Großzelt der »Welcoming Organization« wurde zweimal vom Sturm abgetragen. Ich schreibe es dem Glück aller Beteiligten zu, dass dabei kein Personenschaden entstand. Eine einfache Baubewilligung hätte wohl grundlegende Voraussetzungen dafür geschaffen, dass man im Unglücksfall nicht auf Glück allein angewiesen wäre.

All diese Missstände konnten Christian Konrad nicht dazu bewegen, die Notbremse zu ziehen. Zu sehr, das war jedenfalls mein Eindruck, hatte er bis dahin dieses sogenannte Prekarium als »seine« Idee vermarktet und unterstützt.

Erst als sich weitere Zwischenfälle häuften, ging das Projekt seinem Ende zu. So organisierten die Betreiber privat einen Bus einer englischen Hilfsorganisation, in dem nicht nur Essen, sondern sogar Medikamente ausgegeben wurden. Wieder musste die Bezirkshauptmannschaft Baden einschreiten und das Vorgehen untersagen. Im Lauf des Jahres 2016 ging dem Projekt schließlich von alleine die Luft aus – Stück für Stück wurden Mobiliar und Zelte via Internet verkauft. So endete eine von vielen bisher nicht erzählten Geschichten einer Krisenlage. Mehr davon – sowie vom Eigennutz der NGOs und den parteipolitischen Interessen zahlreicher Politiker – lesen Sie in späteren Kapiteln dieses Buchs.

Das ist Traiskirchen

Geschichten zum Schmunzeln, positiv besetzte Anekdoten oder Erzählungen, die man gerne hört, sind in Traiskirchen selten. Die Einrichtung, in der ich seit dem 11. Februar 1991 arbeite und die ich seit dem 1. März 2004 leite, kommt in den allermeisten Fällen eher schlecht weg. Egal ob NGOs, Oppositionspolitiker oder lokale Bürgermeister: An der Bundesbetreuungsstelle gibt es fast immer etwas auszusetzen, ob begründet oder nicht. Dabei gibt es von Traiskirchen auch noch mehr zu erzählen als Schicksale, Tragödien und Erlebnisse, die nicht selten dazu geeignet sind, einem die gute Laune des Tages zu verhageln.

Zumindest die einleitenden Worte zum folgenden Kapitel, das Ihnen Geschichte, Aufbau und Funktion des Flüchtlingslagers näherbringen soll, mögen Ihnen, liebe Leserinnen und Leser, das Gefühl vermitteln, dass hier nicht alles immer bedrückend und ernst ist. So helfen uns Bediensteten und den Bewohnern unsere – Sie mögen jetzt staunen – Wildtiere dabei, zumindest hin und wieder den Alltag für ein paar Sekunden zu vergessen.

Diese Momente geschehen zum Beispiel dann, wenn man im Frühling vom Schranken des Haupteingangs aus in Richtung der angrenzenden Polizeiinspektion blickt. Dann sieht man unseren betonierten Gartenteich, der mittlerweile seit einem Vierteljahrhundert die Heimat zweier bis heute namenloser Rotwangenschmuckschildkröten ist. Wobei: So ganz stimmt das leider nicht mehr. Keiner weiß es genau, weil auch unsere, wie die meisten Schildkröten, über ein überaus ruhiges und unauffälliges Naturell verfügen.

Aber seit inzwischen vier oder fünf Jahren ist das verbliebene Exemplar nun alleine. Wann sein Partner exakt verschwand, ob dieser unter die Räder der auf der angrenzenden Straße fahrenden Autos geriet, von einem kulinarisch interessierten Bewohner verspeist wurde oder einfach nur genug hatte von uns und auszog, ist nirgendwo dokumentiert. Letztgenannte Option ist gar nicht so unwahrscheinlich, weil auch das verbliebene Tier trotz seines Alters von über 25 Jahren außerordentlich abenteuerlustig ist. Zumindest für eine Schildkröte kommt es regelmäßig und vergleichsweise viel herum. Immer wieder bringen es Beamte der angrenzenden Polizeiinspektion, meine Mitarbeiter oder ich selbst von seinen nicht ungefährlichen Ausflügen in die Umgebung zurück.

Der Grund für diese Reiselust ist vielleicht auch der, dass sich die Schildkröte »ihren« Teich in den letzten Jahren regelmäßig mit einer Familie von Wildenten teilen musste, die vor allem im Frühling laut schnatternd durch das Gewässer pflügt oder über den eigens angelegten Steg aus dem Teich in die umliegende Wiese watschelt.

Dabei sind bei weitem nicht alle unsere »Haustiere« so angenehm wie die Enten und Schildkröten im Teich. Vor manchen sollte man sogar eine gesunde Portion Respekt haben und Abstand nehmen. Zweimal sind Funde von Skorpionen dokumentiert, wobei über die genaue Herkunft der giftigen und damit übel beleumundeten tiere nur spekuliert werden kann.

In beiden Fällen wird jedoch nicht ohne Grund vermutet, dass sie entweder im Gepäck eines unserer Bewohner, oder mit einer Lieferung von Bananen auf das Gelände kamen. 1989 rückte eine Schädlingsbekämpfungsfirma aus der Umgebung an, weil Mitarbeiter im Keller des Hauptgebäudes einen lebenden, grünen Skorpion entdeckt hatten. Das Tier wurde vom Kammerjäger mitgenommen und landete anschließend – so jedenfalls meine Vermutung – in seiner privaten Sammlung exotischer Funde.

Neun Jahre später holten wir die Firma noch einmal, auch wenn nun nicht mit einem Notfall argumentiert werden konnte. Der braune Skorpion, der uns im 3. Stock des Hauptgebäudes ins Netz ging, war zum Zeitpunkt seines Aufgriffs nämlich schon tot. Dennoch nahm ihn der Kammerjäger wieder mit. Was für ein Souvenir!

Trotz dieser fast schon skurrilen Funde erhielten wir einige Jahre später keinen Rabatt, als wir erneut Hilfe vom Schädlingsbekämpfer brauchten. Dieses Mal beschwerten sich einige Polizisten der Polizeiinspektion der am Gelände befindlichen Erstaufnahmestelle darüber, dass acht von ihnen von Bettwanzen gebissen worden waren.

Die Erstaufnahmestelle ist die absolut erste Station im Laufe eines Asylverfahrens. Hier werden die Antragsteller von den Polizisten fotografiert, man nimmt ihre Fingerabdrücke, sie stellen sich einer Erstbefragung und erhalten dafür – sozusagen als Bestätigung – ihre Verfahrenskarte. Aber wie gesagt: Für Polizisten oder die Erinnerungen mit den Skorpionen gab es seitens des Kammerjägers keinen Nachlass. Dabei ist ausgerechnet das Ausräuchern von Bettwanzen eine kostspielige Angelegenheit. Mit den Hygienestandards in Traiskirchen hatte der Befall jedoch nichts zu tun. Im Zuge einer Internetrecherche fand ich heraus, dass entsprechende Vorfälle auch aus New Yorker Fünf-Sterne-Hotels bekannt sind. Pech eben.

Foto: Andreas Wetz

Diese Kabinen waren viele Jahre lang die bundesweit lukrativsten Telefonzellen der A1 Telekom. In Zeiten des Smartphones dienen sie heute nur noch als Regenunterstand.

Dabei sind wir nicht nur bei Kammerjägern, sondern auch bei der A1 Telekom, der Nachfolgerin der guten, alten Post und Telegrafenverwaltung, wohl gelitten. Gleich hinter dem Haupteingang nämlich stehen – von außerhalb des Geländes noch gut sichtbar – bis heute sechs Telefonzellen.

Bis zum Siegeszug des Smartphones waren diese laut Auskunft eines Telekom-Mitarbeiters einst »die gewinnträchtigsten in ganz Österreich«. Das ist nur verständlich: Wer auf der Flucht oder unterwegs ist, will seine Lieben zu Hause darüber informieren, wie es einem dabei ergeht. Tag und Nacht versammelten sich über viele Jahre Trauben von Menschen vor den öffentlichen Apparaten.

Wie auch außerhalb des Lagers bedeutete die Einführung des Mobiltelefons den wirtschaftlichen Tod der Telefonzellen. Heute sind die alten Kästen völlig verwaist und nicht mehr als Denkmäler einer überholten Technologie. Im 21. Jahrhundert tragen Flüchtlinge ihr Leben und ihre Erinnerungen in Smartphones und Tablets mit sich herum.

Sie schreiben E-Mails und Kurznachrichten, nutzen WhatsApp und Videotelefonie über das Internet. Inzwischen bieten wir deshalb auch gratis W-Lan an, damit unsere Bewohner auf möglichst vielfältige Weise mit ihren Lieben und Angehörigen kommunizieren können.

Damals, als die Anlage errichtet wurde, wagte man davon jedoch noch nicht einmal zu träumen.

Von der Artillerieschule zum Asylquartier

Heute wird in der Öffentlichkeit und unter Experten häufig darüber diskutiert, ob Betreuungsstellen für Asylwerber in ehemaligen oder noch betriebenen Kasernen überhaupt zumutbar sind. Aufgrund der anzunehmenden Traumatisierung vieler, so die Argumentation, seien militärisch genutzte Liegenschaften ein denkbar schlechter Ort zum Wohnen. Zumindest für Flüchtlinge. Dabei hat – das wissen heute nicht mehr viele – ausgerechnet die mit Abstand größte Bundesbetreuungsstelle, nämlich das Flüchtlingslager Traiskirchen, eine traditionsreiche Vergangenheit als Kaserne.

Gegen Mitte des 19. Jahrhunderts eröffnete in Wien die Offiziers-Aspirantenschule, die schon kurze Zeit später in der sogenannten Artillerie-Kadettenschule aufging. Weil diese Waffengattung zu jener Zeit enorm an Bedeutung gewann, und man wegen der fortschreitenden Technisierung immer besser ausgestattete Offiziersschulen benötigte, entschied sich die Heeresverwaltung der Monarchie dazu, den Standort Wien aufzulassen und diesen in einen Neubau im Umfeld der Hauptstadt zu übersiedeln.

Nach nicht langer Suche nach einem Standort fiel die Wahl auf den damals kleinen Weinort Traiskirchen, in dem die Truppenführung durch den Kauf von mehreren kleinen Grundstücken ein zusammenhängendes Gelände mit der Fläche von letztendlich 19 Hektar erwarb.

Die Planung dauerte mehrere Jahre, ebenso der Bau. Schließlich siedelten im Jahr 1903 die ersten Zöglinge in die neue Ausbildungsstätte über. Jahrgang um Jahrgang erhielt dort Ausbildung im Kriegshandwerk, ehe die Monarchie gegen Ende des Ersten Weltkriegs vor dem Zusammenbruch stand. Mit dem Zerfall des Kaiserreiches in gleich mehrere Nationalstaaten verloren auch fast alle Ausbildungsstätten für Soldaten und Offiziere ihre Bedeutung für die gemeinsame Armee. Am 18. Dezember 1918 erfolgte schließlich die Auflösung der damals gerade einmal 15 Jahre alten Institution.

Foto: BMI/Flugpolizei

Bundesbetreuungsstelle Traiskirchen: Das mächtige Hauptgebäude dominiert das nach außen hin abgeschottete Gelände und die Nebengebäude. Am oberen Rand der Aufnahme: die Sicherheitsakademie der Polizei.

Nach dem Krieg stand die noch junge Verwaltung vor dem Problem, für Lehrer als auch Schüler eine geeignete Nachfolgeeinrichtung zu schaffen. Trotz der Wirren um den Zerfall der Monarchie war man bemüht, eine für alle Beteiligten möglichst akzeptable Lösung zu finden. Man tat, was naheliegend schien, und gründete wieder eine Schule.

Dieses Mal jedoch keine militärische, sondern eine zivile. Statt der Heeresverwaltung übernahm nun das Staatsamt für Unterricht zumindest inhaltlich das Kommando in Traiskirchen. Verwaltung und Aufsicht des Internats blieben jedoch in der Hand der Armee. Ein frühes, damals jedoch nicht deutbares Omen für die viel spätere Verwendung der Einrichtung als

Asylzentrum war, dass zusätzlich eine laut wissenschaftlichen Arbeiten große Zahl an Professoren eingestellt wurde, die als Flüchtlinge aus den Regionen des heutigen Tschechiens und der Balkanstaaten nach Österreich gekommen waren.

Lehrplan und Schultyp sollten sich in den folgenden Jahren mehrmals ändern. Aus der Staatsstiftungsrealschule des Jahres 1919 wurde gleich im Anschluss eine Staatserziehungsanstalt und schließlich eine Bundeserziehungsanstalt. Allen gemein war aber, dass sie im Betrieb nicht wirklich mit den für militärische Zwecke angelegten Gebäuden zurechtkamen. Außerhalb des Hauptgebäudes, in dem sich Unterrichts-, Wohn- und Sanitärräume gleichzeitig befanden, war nämlich kaum noch Platz für den Betrieb.

Was sollte eine Schule auch mit Objekten anfangen, die ursprünglich als Geschützhallen, Pferdeställe oder Mannschaftskasernen angelegt waren? Zudem soll das gesamte Areal nach Angaben alter Aufzeichnungen der niederösterreichischen Landesregierung damals sehr verwahrlost gewesen sein. In den Jahren 1920 bis 1930 sollte schließlich ein umfangreiches Sanierungs- und Adaptierungsprogramm laufen, das die benannten Mängel behob.

Erst gegen Ende dieser Periode waren die Nebengebäude als Wohnheime für die Schüler nutzbar, das Hauptgebäude stand schließlich exklusiv als Unterrichtsstätte zur Verfügung. Während dieser Zeit setzten die Behörden eine Maßnahme, deren Spuren man auch heute noch in Traiskirchen findet. Die Nebengebäude wurden nämlich alle auf Namen bekannter österreichischer Persönlichkeiten getauft. Unter ihnen befinden sich Berühmtheiten wie Schubert, Rossegger, Billroth oder Mozart.

Nur anstatt Schülern schlafen heute eben Asylwerber in den Häusern.

Mit der Machtübernahme des Christlichsozialen Engelbert Dollfuß und der Transformation der Verwaltung in den autoritären Ständestaat wurde die Schule in Traiskirchen einmal mehr »reformiert«. Dieses Mal hieß die Einrichtung Mittelschulakademie und trug, wenig überraschend, für einige Jahre den Namen »Dollfuß Kolleg«. Eine Bezeichnung, die nicht lange währte. Mit der Machtübernahme der Nationalsozialisten war nämlich auch das rasch wieder Geschichte.

Mit den neuen Herren im Land brauchte die Schule erneut – was sonst – einen neuen Anstrich. Dieses Mal machten die Machthaber eine Nationalpolitische Erziehungsanstalt aus Traiskirchen.

Später erhielt dieser Typ von Schule einen gewissen Ruf. Diese über das gesamte Dritte Reich verstreuten Bildungseinrichtungen waren nämlich nichts anderes als Kaderschmieden für die nationalsozialistischen Eliten. Mit dem alten Lehrpersonal war das freilich nicht möglich, weshalb die NSDAP-Machthaber zunächst umfangreiche, politische Säuberungen in Traiskirchen durchführten.

Das Heranziehen des eigenen Nachwuchses musste unter allen Umständen von – nach Nazi-Gesichtspunkten – absolut vertrauenswürdigen und ideologisch zuverlässigen Personen geschehen. Als Schülerinnen und Schüler kamen nur Kinder in Frage, die nachweislich arischer Abstammung waren. Und damit wirklich alle wussten, was es mit der neuen Schule auf sich hatte, wurde die Straße, die zum Haupteingang führte, in Hermann-Göring-Straße umbenannt.

Doch Traiskirchen überdauerte auch die Nationalsozialisten. Nach den Vertretern des braunen Verbrecherregimes zogen schließlich Soldaten der Roten Armee in die Gebäude ein. Etwa 2000 russischen Soldaten diente das Gelände während der Besatzungszeit als Unterkunft. Wie in vielen Gebäuden in anderen Teilen Österreichs auch, gingen die Russen nicht gerade sorgsam mit den von ihnen genutzten Liegenschaften um.

Zehn Jahre lang hausten sie in den Räumlichkeiten, ehe sie nach dem Ende der Besatzungszeit im Jahr 1955 eine einigermaßen desolate Einrichtung hinterließen. Wie nach dem Zerfall der Monarchie stand also einmal mehr eine riesige Anlage leer. In Wien überlegte man nun, was man mit der einstigen Artillerie-Kadettenschule tun sollte. Dabei dachte man über allerhand nach. So war beispielsweise von der Errichtung eines Unfallkrankenhauses die Rede. Für die damalige Zeit ein fortschrittlicher Gedanke.

Nicht weniger progressiv waren Ideen, das Gelände wieder als Schule zu nutzen. Dieses Mal allerdings als Gymnasium. Eine Schulform, die den Nachwuchs des gerade wieder souverän gewordenen Staates im Lauf der kommenden Jahrzehnte nachhaltig prägen sollte. Für den in allen Fällen nötigen Umbau der mächtigen Anlage fehlte jedoch – wie so oft – das Geld. Doch diese Sorge löste sich gewissermaßen von selbst auf.

Der Verlauf der Geschichte schuf nämlich schon 1956 im Nachbarland Ungarn die prägenden Fakten für die weitere Nutzung der Traiskirchener Anlage. Mit dem Einsetzen der Fluchtbewegung über die österreichische Grenze wurde die Verwendung des Gebäudekomplexes bis zum heutigen Tag bestimmt.

(Fast) Alle zwölf Jahre eine Flüchtlingskrise

Als im Jahr 2015 eine Million Menschen Österreich durchquerte, schwang in der öffentlichen Debatte beständig der Unterton mit, dass Derartiges noch nie da gewesen sei. Das stimmt jedoch nur, wenn man allein die Anzahl der Menschen betrachtet, die sich aus dem Nahen und Mittleren Osten und von Afrika aus auf den Weg nach Europa gemacht hatten.

Sogenannte Krisen, also Flucht- und Migrationsereignisse, die weit außerhalb der Norm liegen, erlebten Österreich und seine Bevölkerung inzwischen jedoch mehrfach. Und das mit erstaunlicher Regelmäßigkeit. Nachdem die Rote Armee Traiskirchen verlassen hatte, fanden solche Ereignisse alle zwölf Jahre statt.

Ich selbst rede gerne von den »magischen 12-Jahres-Intervallen«. Wobei ich zugeben muss, dass ich damit ausgerechnet bei der letzten großen Krise ein bisschen schwindle. Hätte sich die Geschichte an meine Vorgabe gehalten, hätte die Fluchtwelle 2015 eigentlich erst 2016 stattfinden dürfen. Aber alles der Reihe nach.

1956 kam es in Ungarn zu einem Aufstand gegen das von der Sowjetunion installierte Regime in Budapest. Angesichts der immer unsicherer werdenden Lage setzte rasch eine spürbare, aber zumindest zu Beginn noch nicht überwältigende Wanderung in Richtung Österreich ein. Aufgrund der sich entwickelnden Lage, sah sich das Innenministerium in Wien nach möglichen Objekten im Land um, die man rasch und unkompliziert im Fall des Falles zur Unterbringung einer größeren Anzahl von Menschen nutzen konnte.

Ganz oben auf der Liste landete die ehemalige Artillerie-Kadettenschule Traiskirchen mit einer – so steht es in der Literatur – geschätzten Maximalkapazität von 5000 Personen. Sofort begannen die zuständigen Abteilungen, das von den Russen verwahrlost hinterlassende Objekt zu adaptieren. Freilich konnte in der kurzen Zeit keine echte Sanierung stattfinden, aber zumindest das Notwendigste wurde sofort umgesetzt, etwa die Instandsetzung von Wasser- und Stromleitungen. Von Hygiene- und Betreuungsstandards wie heute konnte man damals aber nur träumen.

Als schließlich am 4. November 1956 der Sturm der sowjetischen Truppen auf Budapest begann, und damit der Volksaufstand gegen das Moskau-treue Regime blutig niedergeschlagen wurde, setzte der Flüchtlingsstrom nach Österreich voll ein. Innerhalb kürzester Zeit füllte sich das Provisorium Traiskirchen, das, wie so oft in diesem Land, von der Notlösung zur Dauereinrichtung werden sollte. Nach den mir zugänglichen historischen Aufzeichnungen des Innenministeriums sollen damals bis zu 6000 Menschen innerhalb der Anlage gelebt haben.

Die Stadtgemeinde Traiskirchen hatte damals laut Aufzeichnungen der Statistik Austria etwas unter 9000 Einwohner. Obwohl die Bevölkerung in Österreich in diesen Jahren noch selbst die Folgen des Kriegs spürte, war die Hilfsbereitschaft groß, fremdenfeindliche Aktivitäten sind nicht überliefert. Die Einheimischen wussten damals nur zu gut, was es bedeutet, wenn man Freiheit oder Heimat verliert.

Von bis ins Detail geregelten Verfahren, Abläufen, Unterbringungsstandards, Rechten und Pflichten war damals keine Rede. Noch heute kann man in Büchern nachlesen, dass Bauern Stroh brachten, um den Bewohnern zumindest ein halbwegs bequemes Lager zu bereiten. Es mag bürokratisch klingen, ist jedoch wichtige Grundlage eines jeden öffentlichen Handelns: Was damals fehlte, waren die gesetzlichen Grundlagen.

Weil Ausgaben und Anschaffungen nur auf Basis von Gesetzen und Verordnungen erfolgen dürfen, war es damals, im Jahr 1956, in Wahrheit die Zivilgesellschaft, die die notwendigsten Güter besorgte und zur Verfügung stellte. Die Hilfsbereitschaft der Österreicher, die 2015 – zu Recht – öffentlich gefeiert wurde, ist also keine moralische Stärke einer toleranteren oder besseren Bevölkerungsgruppe. Sie war hierzulande schon immer da, gerät nur in Zeiten, in denen sie vielleicht nicht ganz so sehr benötigt wird, in Vergessenheit. Wenn sie dann nach Jahren der Abwesenheit aufgrund von Notwendigkeit plötzlich wieder auftaucht, überrascht das einige.

Während der Ungarnkrise halfen sich jedoch auch die Beamten mit Kreativität über die fehlenden Rechtsgrundlagen hinweg. Man schrieb Erlässe, also Rechtsakte von Behörden für Behörden, und schuf so trotz fehlender Gesetze zumindest die notwendigsten Grundlagen, um während dieser ersten großen Flüchtlingskrise der noch jungen Republik die Abläufe zumindest einigermaßen in geregelte Bahnen zu lenken. Einmal mehr also ein typisch österreichisches Provisorium. Man könnte aber auch von Improvisationskunst sprechen.

Diese Art der Flüchtlingsarbeit des Sich-selber-Helfens, um Asylwerbern helfen zu können, sollte einige Jahrzehnte andauern. Erst 1991/92 entstand schließlich auf Basis dieser behelfsmäßigen Schriftsätze, Erlässe und Regelungen, die Beamte für Beamte geschaffen hatten, ein Bundesbetreuungsgesetz mit

Bundesbetreuungsverordnung. In diese wurden die zentralen Abläufe gegossen, die zuvor nur uneinheitlich und unübersichtlich in einer Unzahl von Papieren vorlagen.

Bei den Vorarbeiten für das Gesetz entdeckte man, wie chaotisch die Versorgung von Flüchtlingen bis dahin tatsächlich geregelt war. Da tauchten zum Beispiel Regelungen auf, von denen niemand mehr den Anlass kannte. Manche waren oft auch nur mündlich überliefert, weil die Originalpapiere irgendwo in einem Archiv vor sich hin schimmelten. Heute wissen wir auf Knopfdruck über Anzahl, Verfahrensstände und vieles mehr Bescheid. Damals war das wichtigste Dokumentationsmittel für die Behörden die Karteikarte. Informationen konnten weder von jedem beliebigen Ort aus abgefragt werden, noch ging das rasch. Heute erinnert im feuchten Keller des Hauses 6 in Traiskirchen ein gut gefüllter Aktenschrank mit eben solchen Karten an diese Zeit.

Nachdem die Republik im Rahmen der Ungarn-Krise die notwendigsten Grundlagen für die angemessene Versorgung von Flüchtlingen und die standardisierte Abwicklung ihrer Asylverfahren geschaffen hatte, war das Land für das, was in den nächsten Jahrzehnten kommen sollte, zumindest ein wenig besser gerüstet.

Das nächste Mal zeigte sich das ein erstes 12-Jahres-Intervall später, als 1968 und wieder in einem unserer Nachbarländer Panzer den Prager Frühling niederwalzten. Wie zuvor beim Ungarn-Aufstand ist in der Literatur und in Erzählungen eine enorme Hilfsbereitschaft der Bevölkerung dokumentiert. Die Hauptlast der Unterbringung trug – wie gelernt, geübt und bewährt – Traiskirchen.

Weitere zwölf Jahre später waren Polen mit einer veritablen Staatskrise und viele Nationen Europas mit der daraus resultierenden Flüchtlingsbewegung konfrontiert. Im August 1980 begannen unter anderem in Danzig und Stettin die bedeutsamen Streiks zahlreicher Werftarbeiter. Sie führten unter anderem auch zur Gründung der legendären Solidarność-Bewegung. 10 Jahre lang war Lech Wałęsa Vorsitzender der Gewerkschaft und damit Vater des Sturzes des kommunistischen Regimes. Später sollte er dafür den Friedensnobelpreis bekommen. Fünf Jahre lang war er Staatspräsident des neuen Polens.

Doch zurück zur Krise 1980. Als General Wojciech Jaruzelski schließlich das Kriegsrecht verhängte, um den wachsenden Einfluss der Solidarność-Gewerkschaft zu brechen, gab es für viele seiner Landsleute kein Halten mehr. In Scharen verließen sie das Land, nicht wenige landeten in Österreich. In Traiskirchen waren zu Spitzenzeiten bis zu 3500 von ihnen gleichzeitig untergebracht. Und schon damals behalfen sich die Behörden mit der Errichtung von Zelten, wenn auf die Schnelle keine festen Unterkünfte mehr organisiert werden konnten. Dort, wo sich im Zentrum der Anlage heute der große, asphaltierte Parkplatz befindet, stand damals das größte dieser Zelte.

Und zum dritten Mal in Serie zeichneten sich die Österreicher mit Hilfsbereitschaft und Empathie gegenüber ihren geflohenen Gästen aus.

Anders als heute, wo meistens alles andere als klar ist, ob Flüchtlinge tatsächlich aufgrund von Unterdrückung in ihrer Heimat, oder aus wirtschaftlichen Motiven den – in diesem Fall unangebrachten – Asylantrag stellen, war die Meinung damals innerhalb der Bevölkerung eindeutig.

Wie bei den Ungarn oder Tschechen gestand man auch 1980 den Polen zu, ihr Land deshalb in Richtung Österreich verlassen zu haben, weil sie in ihrer Heimat entweder unterdrückt wurden oder aufgrund ihrer politischen Ansichten zumindest mit Haft, im schlimmsten Fall sogar mit dem Tod zu rechnen hatten. Weder in Traiskirchen noch im Rest des Landes war deshalb ernsthafter Widerstand gegen eine umfassende Aufnahme von Flüchtlingen aus Polen zu spüren.

Flüchtlinge, die übrigens auf vollkommen anderem Weg zu uns kamen, als das heute der Fall ist. Viele Polen setzten sich damals in ihre Privat-Pkw, nahmen so viele Menschen mit, wie nur möglich, und fuhren einfach los. Ein Teil von ihnen landete in Traiskirchen. Gar nicht so selten, das erzählen heute noch Mitarbeiter, die das selbst miterlebten, hatten sie dabei ihre Wohnwagen mit, in denen sie während ihrer Zeit als Asylwerber unterkamen.

Weitere zwölf Jahre später erlebte ich vor Ort und in Traiskirchen meine erste große Flüchtlingskrise in Beamtenfunktion. 1992 startete Österreich die sogenannte »De-facto-Aktion«, in deren Rahmen vor dem Bürgerkrieg geflohene Menschen aus Bosnien-Herzegowina versorgt wurden. Auf dem Papier bedeutete das, dass Zehntausenden Personen zwar Schutz und Versorgung angeboten wurde, diesen jedoch – anders als offiziell Schutzberechtigten – kein dauerhafter Aufenthalt im Land gewährt wurde.

Das hatte unter anderem damit zu tun, dass es sich bei dem bewaffneten Konflikt nicht um eine klassische Auseinandersetzung zwischen Staaten, sondern um einen Bürgerkrieg handelte. Zudem war die Anzahl der nach Unterschlupf suchenden

Menschen bis zu diesem Zeitpunkt neu. Insgesamt strömten während der Kriegsjahre 1992 bis 1995 etwa 90.000 Bosnier ins Land, von denen trotz des anders lautenden Plans letztendlich knapp 60.000 blieben.

Der Großteil der Bosnier, die in vom Innenministerium angemieteten Privatquartieren untergebracht wurden, ging nach ihrer Ankunft im Land durch das Lager Traiskirchen. Besonders in Erinnerung geblieben ist mir ein hochbetagter Mann, der im Verbund einer Großfamilie mit Kindern, Enkeln und Urenkeln hierhergekommen war. Anders als die meisten seiner Landsleute hatte er keinen Reisepass bei sich.

Der Grund dafür war jedoch nicht, dass er, wie heute in unzähligen Fällen üblich, die Papiere zur Verhinderung der Rückschiebung durch die Behörden einfach weggeworfen hatte. Tatsächlich besaß der Mann nämlich nicht einmal die Staatsbürgerschaft Jugoslawiens. Das war möglich, weil er zu einer Zeit geboren wurde, als Bosnien-Herzegowina noch Teil der österreichisch-ungarischen Monarchie war.

Da er als einfacher Bürger nie reiste, sah er auch nach den beiden Weltkriegen keine Notwendigkeit darin, die Staatsbürgerschaft des Vielvölkerstaats auf dem Balkan zu beantragen. Nach unseren Gesetzen war er damit Altösterreicher und somit auch Staatsbürger der heutigen Republik. Als eben solcher wurde er schließlich bei der Erstaufnahme registriert. Mit ihm übrigens auch seine mitgereisten Verwandten, die nach dem geltenden Familienrecht ebenfalls Anspruch darauf hatten.

Der Grund, warum sich die zahlreichen in Österreich gebliebenen Bosnier – heute leben über 130.000 von ihnen im Land – so wunderbar integrierten, hat meiner Beobachtung nach mit der einzigartigen soziodemografischen Struktur zu tun, in der sie zu uns kamen. Sie erreichten uns in Familien, ganzen Verwandtschaften und anderen Formen des Zusammenlebens, die repräsentativ für die Bevölkerungsstruktur in ihrer Heimat waren. Dadurch spiegelten sie in großem Maße die Mentalität eines ganzen Volkes wider. In dieser Mentalität war zudem eine Art des Islam verankert, wie man ihn heute fast nirgendwo auf der Welt mehr findet: liberal, weltgewandt und respektvoll insbesondere gegenüber Frauen. Dadurch gab es mit Flüchtlingen aus Bosnien auch viel weniger Probleme jedweder Art als mit Asylwerbern aus anderen Nationen.

Heute ist das anders. Die überwältigende Mehrheit der Antragsteller ist inzwischen vergleichsweise jung, männlich und entstammt den sozial unteren Schichten in ihrer Heimat. Dass das soziodemografisch bedingt zu einer Reihe von Problemen wie Kriminalität, Integrationsunwillen und sexuellen Übergriffen gegen Frauen führt, wurde bisher überwiegend stillschweigend zur Kenntnis genommen. Intensiv mit der Thematik auseinandergesetzt hat sich die österreichische Nahost-Expertin und Publizistin Karin Kneissl, die nicht ohne Grund von »jungen, zornigen Männern« aus muslimischen Ländern spricht.

Wobei: Die nächste Fluchtwelle zwölf Jahre später zeigte, dass in Ausnahmefällen auch die Theorien von den vergleichsweise problemfreien Familien nicht immer anwendbar sind. Damals, im Jahr 2004 (und unmittelbar davor), kam eine große Zahl an Menschen aus der russischen Teilrepublik Tschetschenien ins Land. Ein Ereignis, das Sozial- und Strafverfolgungsbehörden noch heute massiv beschäftigt. Die Tschetschenen, die in der Asylstatistik allesamt als russische Staatsbürger aufscheinen, kamen nämlich wie die Bosnier in großen Familienverbänden. Meistens jedenfalls.

Warum ihre Integration diametral anders verlief als bei den Flüchtlingen aus Bosnien-Herzegowina, darüber kann ich nur mutmaßen. Vor Ort, in Traiskirchen, stellte es sich mir über die Jahre jedoch so dar, als ob das mit der generellen Mentalität und der erheblich strafferen Auslegung des Islam zu tun haben dürfte.

Bis heute fallen Tschetschenen in Österreich häufig in der Kriminalstatistik und beim Bezug von Sozialleistungen für Großfamilien auf. Der Integrationswille vieler von ihnen ist sehr beschränkt oder – in gewissen Zirkeln – gar nicht vorhanden. Augenscheinlich wird das in der Gruppe der sogenannten Foreign Fighters. Darunter versteht man Personen, die sich von Europa aus aufmachten, um in Syrien und im Irak für die Terrormiliz des sogenannten Islamischen Staats zu kämpfen.

Im Spätsommer 2016 veröffentlichte das Innenministerium dazu im Rahmen einer parlamentarischen Anfragebeantwortung erstmals eine Statistik. Mit Stand 18. Juli 2016 führte der Verfassungsschutz 278 solcher Foreign Fighters, kurz: Terroristen, in seinen Akten. 116 davon stammen aus dem Nordkaukasus, sprich: Tschetschenien. Ein Anteil von 42 Prozent.

Nach aktuellen Schätzungen leben in Österreich etwa 30.000 Personen tschetschenischer Abstammung. Umgelegt auf die Bevölkerungszahl unseres Landes ist das ein europaweit herausragend hoher Wert. Zu tun hat er damit, dass damals die Asylbehörde zweiter Instanz, der sogenannte Unabhängige Bundes-Asylsenat, kurz UBAS, begonnen hatte, mit seinen Entscheidungen Flüchtlingspolitik zu machen.

Zu Spitzenzeiten wurden über 90 Prozent aller Asylanträge von Tschetschenen positiv beschieden. Zurückzuführen war das insbesondere auf den UBAS und seine Spruchpraxis, insbesondere bei Tschetschenen negative Asylentscheidungen der ersten Instanz, des Bundesasylamts, wieder aufzuheben. Unter diesem Druck passte auch das Bundesasylamt seine Haltung gegenüber Flüchtlingen aus Tschetschenien an und begann, aus dem Nordkaukasus geflüchteten Menschen echten Asylstatus zu gewähren.

Das ist einer der Gründe für die international exorbitant hohe Zahl an Tschetschenen im Land. In vielen anderen Staaten Europas erhielten diese nämlich nur »Asyl auf Zeit«, den sogenannten subsidiären Schutz. Diese Form verpflichtet – zumindest in der Theorie – dazu, zurückzukehren, wenn sich die Lage in der Heimat wieder beruhigt hat.

In Traiskirchen fielen die Tschetschenen in mehrfacher Hinsicht auf. Immer wieder kam es zu üblen Schlägereien. Die Paarungen lauteten: Tschetschenen gegen Moldawier, Tschetschenen gegen Nigerianer, Tschetschenen gegen Gambier, Tschetschenen gegen Afghanen oder Tschetschenen gegen Georgier. Einmal gab es bei so einer Auseinandersetzung sogar einen Toten (mehr dazu im Kapitel: »Ohne Sicherheit ist alles nichts«).

Bei einem anderen unangenehmen Phänomen waren die Tschetschenen, oder präziser: ihre Frauen und Mädchen, die Opfer. Innerhalb der bei uns einquartierten Familien gab es eine ganze Reihe heranwachsender Töchter. Unbegleitete minderjährige Flüchtlinge, vorwiegend Burschen aus Afghanistan, nutzten das gemeinsame Anstehen zur Essensausgabe dazu, um sich an die jungen Frauen auf unsittliche Art und Weise heranzumachen, sie zu begrabschen, in Wahrheit sexuell zu belästigen.

Bei den Tschetschenen scheint es üblich zu sein, dass sich nicht die belästigte Frau unmittelbar selbst wehrt, sondern ein Mann aus ihrem Umfeld, der sich zur Wiederherstellung der Ehre der Kompromittierten berufen fühlt. Das muss nicht zwangsläufig der Ehemann, Vater oder Bruder sein. Die Folge waren einmal mehr zusätzliche körperliche Auseinandersetzungen und Drohungen.

Um die unangenehmen Spießroutenläufe für die tschetschenischen Frauen und die anschließenden Gewaltakte in den Unterkünften zu vermeiden, führten wir damals – und das gilt bis heute – gestaffelte Essensausgabezeiten ein. Es hat sich gezeigt, dass es, wenn wir die unbegleiteten minderjährigen Burschen als letztes und weitgehend unter sich durch den Speisesaal schleusen, am ruhigsten bleibt.

Das letzte erlebte Zwölf-Jahres-Intervall, das genau genommen nur elf Jahre dauerte, erlebten wir im Jahrhundertsommer 2015. Was damals geschah, habe ich in Kapitel 1 und an zahlreichen anderen Stellen dieses Buches geschildert. Die Folgen davon werden uns noch Jahrzehnte beschäftigen.

Der »Check-in« in Traiskirchen

»Asyl!«

Kein Wort hört unser Torposten öfter, als dieses. Es ist wertvoll, verspricht Schutz, schafft Zugang zu einem individuellen Asylverfahren. Und es öffnet den Schlagbaum in Traiskirchen. Wer es sagt, dem steht ein fast zwei Tage dauernder Aufnahmemarathon bevor. Die Republik Österreich will erfahren, wer da kommt, Hintergründe kennenlernen, gesundheitliche Risiken für die anderen Flüchtlinge vor Ort und letztendlich die gesamte Bevölkerung erkennen.

Am Ende erhalten die Antragsteller ein Bett, Tagesprogramm und Verpflegung in der Betreuungsstelle, eine Verfahrenskarte, die sie als Asylwerber ausweist, und einen Strichcode, der sie zum Verlassen und Betreten des Geländes berechtigt. Welchen Aufwand der Staat, für den ich in Traiskirchen 26 Jahre lang die Geschäfte erledigt habe, dabei treibt, werde ich im Folgenden darstellen.

60 Prozent unserer Gäste kommen direkt hierher. Das bedeutet, dass sie entweder schon im Ausland, spätestens aber beim Grenzübertritt von ihren Schleppern darüber informiert werden, wie der Hase in Österreich läuft, wo und wie ein Asylverfahren beginnt, wie man hineinkommt. Nur eine kleine Minderheit wird draußen, in den Bundesländern, von der Polizei aufgegriffen und anschließend hierher gebracht. Egal, welchen Weg sie nun vorher nahmen: Beide Gruppen durchlaufen anschließend und ausnahmslos die Erstbefragungen in der Polizeiinspektion Erstaufnahmestelle (kurz: PI EAST). Dort versuchen die Polizisten, zunächst die Identität der Angekommenen zu klären, was in

sehr vielen Fällen nur schwer bis gar nicht möglich ist. Zahlreiche Antragsteller werfen ihre Papiere vor dem Antrag weg oder übergeben sie Kontaktleuten außerhalb der Betreuungsstelle.

Diese Taktik erfüllt mehr als nur einen Zweck. Nur mündlich vorgebrachte Angaben über Herkunft und Identität machen es später fast unmöglich, die Person bei einem negativen Asylbescheid abzuschieben. Wohin auch. Die (behaupteten) Herkunftsländer geben dann an, Antragsteller X oder Antragstellerin Y nicht zu kennen, nie die Staatsbürgerschaft verliehen zu haben. Einem Rechtsstaat wie Österreich bleibt dann nichts anderes übrig, als die Person im Land zu behalten. Oft über viele Jahre, manchmal für immer.

Der zweite Grund für das Wegwerfen der Papiere ist, dass so viele Antragsteller behaupten können, minderjährig zu sein. Asylwerber unter 18 Jahren bekommen eine Sonderbehandlung im Laufe der Verfahren, mehr Unterstützung. Diese Vorteile wollen immer mehr ausgewachsene Männer in Anspruch nehmen, denen das Alter bereits die ersten grauen Haare bescherte. Mehr dazu lesen Sie im Kapitel »Kinder allein durch die Welt«.

Neben der Identität fragen die Polizisten nach dem Reiseweg. Der ist wichtig, um zu erfahren, ob die Neuankömmlinge schon woanders einen Asylantrag gestellt haben oder über ein EU-Nachbarland eingereist sind. Ist das der Fall, wäre nämlich eben dieses Land für das Verfahren zuständig. Dann spricht man von sogenannten Dublin-Fällen, benannt nach dem Ort, in dem dieser offenbar nicht sehr ernst genommene Vertrag einst unterzeichnet wurde.

Nach einer Durchsuchung des Gepäcks sowie dem Fotografieren und Abnehmen der Fingerabdrücke erhalten die Befragten schließlich ihre Verfahrenskarte. Sie ist sozusagen die offizielle Genehmigung für die Bundesbetreuung im Lager Traiskirchen.

An dieser Stelle übernimmt die Firma ORS im Auftrag des Innenministeriums die Alltagsbetreuung und -versorgung der Asylwerber vor Ort. Meine Aufgabe ist es unter anderem, die Arbeit von ORS für die Republik zu beaufsichtigen und im Anlassfall zu beanstanden. Nach einem Abklärungsgespräch erhalten die Asylwerber Informationen zur Hausordnung, wir erfahren mündlich und mit einem mehrsprachigen Formular (für Analphabeten gibt es Piktogramme) über ihren Kleidungsbedarf, den groben medizinischen Zustand und Verpflegungswünsche. Anschließend werden Matratze, Decken, Leintücher und ein Hygienepaket übergeben, ehe sie ihre erste Nacht in einer Art entschärfter Quarantäne im Neuzugangsbereich verbringen.

Gleich am nächsten Morgen holen Mitarbeiter von ORS die Asylwerber ab, um sie in Gruppen zu 20 Personen zum Lungenröntgen zu bringen. Das ist eine wichtige Vorsorgemaßnahme, weil sich nach wie vor immer wieder Fälle der gefährlichen Lungenkrankheit Tuberkulose auftun. Diese Personen werden von uns im Verdachtsfall über Krankheit und Behandlung aufgeklärt und anschließend zu unserem Kooperationspartner in die Lungenheilstätte Grimmenstein-Hochegg überstellt.

Personen ohne TBC-Verdacht nehmen gleich im Anschluss an den in Muttersprache geführten Aufnahmegesprächen teil. Darin erfahren die Angekommenen alles über das Betreuungsangebot, die Hausordnung, die unterschiedlichen Stationen und Angebote auf dem Gelände, das Asylverfahren und die Rechtsberatung unabhängiger Organisationen vor Ort.

Anschließend erfolgt die Erstuntersuchung durch die anwesenden Ärzte. Das kostenlose Angebot für Vorsorgeimpfungen gegen Mumps, Masern, Röteln, Diphtherie, Tetanus, Keuchhusten und Polio ist inklusive. Leider nehmen nur zehn Prozent der Asylwerber dieses Angebot auch an. Zumindest ein klein wenig kann ich das nachvollziehen: Wir Männer hassen Nadeln und Spritzen. Und unsere Gäste in Traiskirchen bestehen zu einem überwältigenden Teil aus Männern.

Erst wer all das durchlaufen hat, darf am Ende des Tages sein eigentliches Quartier beziehen. Unbegleitete minderjährige Flüchtlinge kommen überwiegend in den 3. Stock des Hauptgebäudes, allein reisenden Frauen stehen die Türen von Haus 8, dem sogenannten Haus der Frauen, offen. Männer haben dort keinen Zutritt, am Eingang steht eine weibliche Wache, drinnen arbeiten ausschließlich Frauen als Betreuerinnen. Und bei gemeinsam reisenden Familien wird darauf geachtet, dass diese sich auch gemeinsam ihre Zimmer in den gewöhnlichen Unterkünften teilen können. Sofern sie das wollen.

Nach den geltenden Gesetzen muss die erste Phase des Asylverfahrens nach 20 Tagen abgeschlossenen sein. 14 weitere Tage dauert die sogenannte Überstellungsfrist, während der die Verbringung der Asylwerber in ihre Unterkünfte in den Bundesländern zu erfolgen hat. Teil 1 dieser Vorgaben wird in so gut wie allen Fällen (Ausnahme: Abklärung der Zuständigkeit anderer EU-Staaten) erfüllt. Teil 2 nicht immer. 2015 nahmen die Länder kaum mehr Asylwerber auf, weshalb Traiskirchen einen historischen Rückstau erlebte und das Innenministerium die Kritik bekam, versagt zu haben.

Die Weltpolitik verändert sich Monat für Monat. Jahr für Jahr ist die Flucht- und Migrationslage eine andere. Seit Jahrzehnten steht die Bundesbetreuungsstelle Traiskirchen in der öffentlichen Wahrnehmung für die zentrale Asyl-Anlaufstelle der Republik. Zu Recht. Die überwältigende Mehrheit aller Antragsteller im Land, etwa zwei Drittel bis drei Viertel, war hier zumindest einige Tage lang untergebracht.

Über die Jahre verteilt sprechen wir von mehreren Hunderttausend Menschen. Menschen, um die sich die Republik Österreich nach Ansicht der Traiskirchener Bürgermeister, ideologiegetriebener Oppositionspolitiker und NGOs, die keinen Zugang zum Lager haben, zu wenig kümmert. Im folgenden Kapitel möchte ich darstellen, welche Tatsachen sich hinter den oft unseriösen Zahlenspielen über den Belagsstand verbergen, und welch umfangreiches Angebot für Beschäftigung unseren Bewohnern während ihres Aufenthalts zur Verfügung steht. Sie werden staunen.

Wie ungleichmäßig verteilt der Andrang über die Jahre ins österreichische Asylsystem ist, zeigt die folgende Grafik. Die Unterschiede sind zum Teil enorm. Und man sieht auch, dass nach 2015 alles andere als eine Entspannung eingetreten ist. Nimmt man das Rekordjahr nämlich aus, dann sehen wir, dass nach wie vor eine große Anzahl an Menschen Flucht vor Verfolgung als Grund für ihre Auswanderung nach Österreich angibt.

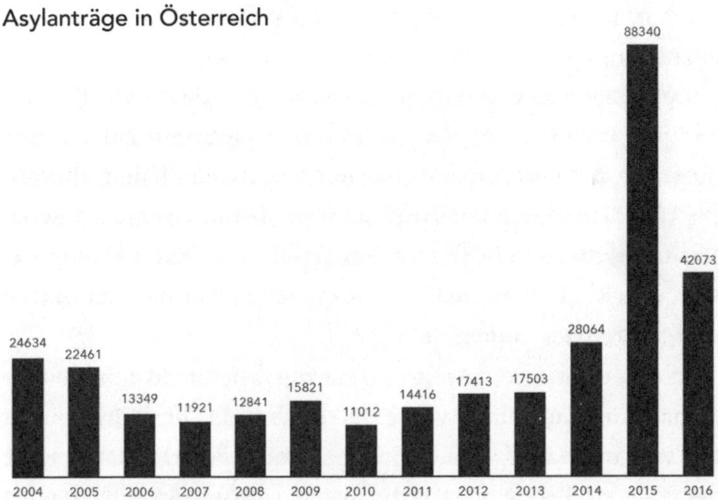

Quelle: Bundesamt für Fremdenwesen und Asyl

Ein ganz wesentlicher Aspekt der öffentlichen Diskussion zum Thema Asyl ist der jeweilige Belagsstand in Traiskirchen. Dieser korrespondiert naturgemäß mit der Zahl an Flüchtlingen, die innerhalb eines kurzen Zeitraums ins Land kommen. Präzise, per Computer erfasste Zahlen dazu gibt es noch nicht allzu lange, weshalb die Daten vergangener Jahrzehnte von der Größenordnung her sicher stimmen, jedoch eher als Schätzungen, denn als präzise Angaben zu betrachten sind.

Trotzdem vertritt man innerhalb des Innenministeriums die Meinung, dass der bisherige Höchstbelag innerhalb der Anlage nicht am 3. August 2015 (laut Computer 4740 Personen) erreicht wurde, sondern zum Jahreswechsel 1956/57 während des Ungarn-Aufstands. Damals sollen sich etwa 6000 Flüchtlinge auf dem Gelände befunden haben. Weitere Höchststände außerhalb der Norm sind 1980 (Polenkrise, 3500 Personen) und 2002 (Afghanistan-Krieg, 1845 Personen) dokumentiert.

Dem gegenüber stehen gleich mehrere in der Öffentlichkeit und von unterschiedlichsten Politikern genannte Zahlen darüber, wie viele Personen sich eigentlich hier aufhalten dürfen. Die rechtlich einzig relevante stammt aber aus dem Jahr 2005. Nachdem die Bundesimmobiliengesellschaft das Gelände sanieren ließ, brauchte man die entsprechenden Benützungsbewilligungen der Gemeinde.

In einem österreichweit einzigartigen Bescheid schrieb uns damals die Baubehörde von Traiskirchen, also der Bürgermeister, vor, im Hauptgebäude in den Stockwerken 1 bis 3 nicht mehr als 720 Personen unterbringen zu dürfen. So explizit wird das nirgendwo sonst im Land schriftlich festgehalten, weil sich diese Zahlen normalerweise sozusagen »weich« aus Fluchtwegs- und Türbreiten, Entleerungszeiten und anderen Parametern ergeben. Uns aber stellte man mit dieser Zahl die Rute gut sichtbar ins Fenster.

Zusammen mit den Unterkünften und dem Speisesaal im Parterre sind im gewaltigen Haus 1 also höchstens 1010 gleichzeitig anwesende Personen erlaubt. Gemeinsam mit den anderen Unterkünften auf dem Gelände steigt diese Zahl auf 1700 und kann im Notfall noch einmal um einige wenige erhöht werden. Dann nämlich, wenn wir den ehemaligen Personalspeisesaal und den Fitnessraum zu Unterkünften umfunktionieren und so noch einmal 120 zusätzliche Plätze schaffen. Das ergibt letztlich eine Maximalkapazität von insgesamt 1820 Personen.

Obwohl uns insbesondere von den Traiskirchener Bürgermeistern immer wieder vorgeworfen wurde, gegen die auferlegten Höchstbelagszahlen zu verstoßen, trugen wir selbst im Jahr 2015 mit mehreren Methoden dafür Sorge, dass genau das nicht geschah. Nicht, dass wir nicht gerne Flüchtlinge aus Zelten in den leer stehenden Zimmern der Gebäude untergebracht hätten: Aber im Falle eines Brandes oder anderer Zwischenfälle wären wir dafür zur Verantwortung gezogen worden.

Um Überbelag zu verhindern, sind in den entsprechenden Gebäuden auch nur so viele Betten aufgestellt, wie Plätze erlaubt sind. Räume, die zur Einhaltung der Zahl nicht bewohnt werden dürfen, sind entweder versperrt, an der Türklinke mit farbigem Isolierband markiert oder durch Betreuer unseres privaten Auftragnehmers für Flüchtlingsbetreuung, ORS, besetzt.

In Zeiten sehr niedriger Belagsstände achten wir jedoch auch darauf, dass alle als Unterkunft genutzten Gebäude zumindest teilweise belegt sind. Das hat mit der leidigen Debatte über die schon oftmals gewünschte Verkleinerung oder Teilschließung des Flüchtlingslagers durch die Bürgermeister Traiskirchens und des Landeshauptmanns von Niederösterreich zu tun: Gebäude, die, wenn auch nur kurzfristig, nicht benötigt werden, könnten so nämlich schnell als überflüssig bezeichnet werden und damit als Grund für Benutzungssperren dienen. Diese schlafenden Hunde will im Innenministerium jedoch niemand wecken.

Neben den behördlichen Vorgaben, die im Kern einen sachlichen, nämlich auf Sicherheit beruhenden Hintergrund haben, gab es um die Belagszahlen in Traiskirchen auch diverse, politische Geschäfte. Seit Jahrzehnten spielen Regierende und Oppositionelle auf dieser Klaviatur, versuchen, durch die Forderung immer neuer Regelungen ins Rampenlicht zu rücken.

Der erste dieser politischen Deals wurde zu Beginn der 1990er Jahre zwischen dem damaligen Bürgermeister Friedrich Knotzer und Innenminister Franz Löschnak geschlossen. Die Abmachung der beiden SPÖ-Politiker, fortan, also nach Ende der Rumänien-Krise, nicht mehr als 1000 Asylwerber gleichzeitig in Traiskirchen unterzubringen, hielt nicht lange.

Ebenso mehr politisches Statement denn eine verbindliche Vereinbarung war ein Papier, das Niederösterreichs Landeshauptmann Erwin Pröll mit der damaligen Innenministerin Maria Fekter aufgesetzt hatte. Damals, im Jänner 2010, kamen die beiden zur Übereinkunft, dass das Lager höchstens 480 Personen gleichzeitig bewohnen sollten. Ein Wert bar jeglichen Sinns für die Realität, eingehalten werden konnte er gerade einmal für einen Zeitraum von eineinhalb Jahren. Allerdings wird er heute noch gerne von jenen zitiert, denen zu viele Menschen in der Betreuungsstelle leben.

Diese Kritiker sind meistens dieselben wie jene, die sich darüber beschweren, wenn sie für ihren Geschmack zu viele unserer Bewohner im öffentlichen Raum sehen. Egal ob nun im Umland der Betreuungsstelle in Traiskirchen selbst oder im mit öffentlichen Verkehrsmitteln gut erreichbaren Wien. Dann heißt es stets: Der Staat überlässt Asylwerber sich selbst, kümmert sich nicht um sie. Fast so, als ob hier eine Art Aufsichtspflicht gegenüber erwachsenen Menschen bestünde, nur weil sie gegenüber den Behörden angeben, vor den Machthabern in ihrer Heimat auf der Flucht zu sein.

Ich persönlich empfinde diese Argumentation als eine an Unverschämtheit grenzende Entmündigung eigenverantwortlicher Menschen.

Wobei es faktisch schon damals nicht stimmte (und auch heute nicht zutrifft), was die Chefin der Grünen, Eva Glawischnig, in einer Presseaussendung und unter Berufung auf einen Bericht von Amnesty International behauptete. Sie schrieb 2015 über Traiskirchen: »Unbegleitete Kinder sind sich selbst überlassen.«

Würden wir das tun, würden wir gegen Gesetze verstoßen. Unbegleitete Minderjährige haben für die Verfahren Rechtsberater. Von Montag bis Sonntag finden täglich und dem Belagsstand entsprechend kostenlose Deutschkurse speziell für sie statt. Ein Angebot, dass die Minderjährigen übrigens viel reger in Anspruch nehmen als Erwachsene. Die Jungen wissen im Gegensatz zu den Alten großteils ganz genau, dass die einzige Chance, sich nach einem positiven Asylbescheid in Österreich behaupten zu können, das Erlernen der örtlichen Sprache ist. Eigentlich ein hoffnungsvoller Gedanke.

Doch Lernangebote sind in der Betreuung der Kinder und Jugendlichen nur die Basis. Gemeinsam mit ORS bietet der Staat ihnen in Traiskirchen das Angebot einer Freizeitanlage. Es gibt Sportplätze für Fuß-, Basket- und Volleyball. Unser Fitnessraum kann sich mit so manchem Studio messen, vier Psychologen sind permanent ansprechbar, und zumindest einmal pro Woche stehen beaufsichtigte Ausflüge ins Umland, in Freizeitbetriebe oder nach Wien auf dem Programm. In Workshops erfahren sie mehr über unser Wertesystem und die Position der Frau in Österreich.

Immer wieder gibt es Kochkurse, zuletzt buken wir mit ihnen zu Weihnachten Kekse. Für behördliche Dinge übernimmt das örtliche Jugendamt der BH Baden die Verantwortung für sie.

Von »sich selbst überlassen« kann also keine Rede sein. Das war auch im Krisenjahr 2015 so.

Unser Angebot an sie – und natürlich auch an alle volljährigen Flüchtlinge – hat in erster Linie mit Eigennutz zu tun. Im Lauf der Jahre habe ich mir dafür folgenden Wahlspruch zurechtgelegt: »Beschäftige die Menschen, oder sie beschäftigen Dich.«

Das Innenministerium und die dabei unterstützende Firma ORS wollen mit dem dichten Programm vermeiden, dass die Flüchtlinge auch nur in die Nähe dessen kommen, was manche als Lagerkoller bezeichnen würden. Meiner Erfahrung nach muss man proaktiv auf Asylwerber zugehen, sie zum Handeln auffordern. Auf dumme Gedanken kommt man in einer Großunterkunft nämlich schnell.

Mit dem Status Asylwerber hat das wenig zu tun, es trifft wohl auf die meisten vergleichbaren Massenunterkünfte zu. Sie, liebe Leserinnen und Leser, hätten gestaunt wie ich, wenn Sie selbst gesehen hätten, mit welch kreativen Methoden aus purer Langeweile versucht wird, das Alkoholverbot in der Betreuungsstelle zu umgehen. Nicht selten nämlich lassen sich Flüchtlinge Pizza oder Kebab vom Lieferservice in die Unterkunft bringen. Anfangs ließen wir die Fahrzeuge noch problemlos den Schranken passieren.

Erst als wir bemerkten, dass in den Häusern ganze Paletten von Dosenbier auftauchten, schöpften wir Verdacht. Seither dürfen die Essensboten nur mehr ins Gelände einfahren, wenn sie uns vorher den Kofferraum öffnen. Als diese Quelle austrocknete, entwickelten die Flüchtlinge neue Methoden. So kam es, dass die Freiwilligen, die für ein erhöhtes Taschengeld Arbeiten wie Laub einkehren übernahmen, ungeahnten Arbeitseifer an den Tag legten. Mit Kehrwagen und Besen ausgestattet reinigten sie fast schon übereifrig die Gehsteige außerhalb und entlang der Lagermauern. Bis wir auch hier Verdacht schöpften und anfingen nachzuschauen: Die mit Laub gefüllten Kehrwagen eigneten sich nämlich vorzüglich dazu, Alkohol ins Innere der Anlage zu schmuggeln.

Unser Angebot ist jedoch keineswegs auf allein reisende Jugendliche beschränkt. Es gibt in Traiskirchen für alle Altersgruppen und Geschlechter Programme für Freizeit, Unterhaltung und Bildung. Täglich treffen sich in Haus 24 Frauen mit ihren Kindern, die Deutschkurse für Erwachsene sind leider deutlich schlechter besucht als für die Jungen. Das Angebot an geleiteten Workshops reicht von A wie Antiaggressionstraining über G (Gymnastik für Senioren) bis hin zu Y (Yoga) und Z (Zeichnen).

Insgesamt hat ORS in unserem Auftrag bisher 142 unterschiedliche Themen im Programm, wobei das mit Abstand größte Interesse die täglich stattfindenden Kinovorführungen hervorrufen, bei denen auch in Zeiten niedriger Bewohnerzahlen bis zu 200 Personen erscheinen. Derzeit voll im Trend: indische Bollywood-Filme.

Unter Flüchtlingen weniger gefragt sind – leider – die sogenannten Nationengespräche. Umso wichtiger sind sie jedoch mir und meinen Mitarbeitern. Unser Partner ORS weist alle Neuankömmlinge persönlich auf die Teilnahme an diesen Runden hin. Von 100 Verständigten kommen im Schnitt nur etwa zehn. In diesen Gesprächen erfahren Flüchtlinge, und das ist wichtig, in ihrer Muttersprache, was sie hier erwartet, und was wir von ihnen erwarten.

Man erklärt ihnen die Hausordnung, weist auf das Waffen-, Alkohol- und Drogenverbot hin, sagt, wo auf dem Gelände welche Dienstleistung oder Hilfe angeboten wird. Inhalt sind Verhaltensregeln gegenüber dem Personal genauso wie Informationen darüber, wann und wo das ihnen zustehende Taschengeld ausgezahlt wird, wie das Ärzteteam erreichbar ist, und dass zwischen 22 und 6 Uhr Nachtruhe herrscht.

Und natürlich gibt es auch für kleine (Kindergarten) und schulpflichtige Kinder ein Angebot. Seit einigen Jahren schon betreibt das Unterrichtsministerium im 3. Stock des Hauptgebäudes eine sogenannte Brückenklasse. Wir gaben ihr diesen Namen, weil die dort vermittelten Inhalte aufgrund der meist nur kurzen Aufenthaltsdauer der Kinder bei uns (und auch wegen des höchst unterschiedlichen Vorwissens) nicht dem Lehrplan entsprechen können.

Der von ausgebildeten Pädagogen abgehaltene Unterricht soll aber gewissermaßen eine Brücke zum hiesigen Standard schlagen. Leider ist es so, dass nur knapp 50 Prozent der schulpflichtigen Kinder im Lager tatsächlich in den Unterricht kommen.

Der Raum mit imposantem Blick in Richtung Wienerwald ist vermutlich der schönste der ganzen Einrichtung. Ein Flüchtling aus dem Iran hat ihn während seiner Zeit hier gemeinsam mit seinem Sohn bildnerisch mit bunten und fröhlichen Wandmalereien gestaltet. Als die beiden, die ernsthaft bemüht waren und sich richtig viel antaten, fertig waren, hat die Asylbehörde sie abgeschoben.

Foto: Franz Schabhüttl

In der sogenannten Brückenklasse versuchen unsere Pädagogen, schulpflichtige Kinder ihrem Bildungsstand entsprechend zu unterrichten.

Bei der Programmgestaltung für die Flüchtlinge in Traiskirchen engagieren sich auch immer wieder Personen und Einrichtungen, die dabei nicht nur die Umwegrentabilität für die eigene Organisation im Hinterkopf haben.

Eines dieser leider viel zu seltenen Engagements haben wir Erwin Rauscher, dem Rektor der nur drei Kilometer Luftlinie entfernten Pädagogischen Hochschule Niederösterreich, zu verdanken.

Im Krisensommer 2015 besuchte er mich eines Tages, wollte selbst erfahren, was er, oder besser: seine Einrichtung, dazu beitragen könnte, um Voraussetzungen für eine leichtere Integration zu schaffen. So entwickelte er die Idee der sogenannten Asylwerberakademie, in deren Rahmen Studenten und Mitarbeiter seiner Hochschule Flüchtlingen Deutschkurse im benachbarten Baden gaben.

Erwin Rauscher hat das nie an die große Glocke gehängt, im Rahmen der Recherchen dieses Buches sogar davon gesprochen, dass dieses Projekt derzeit aufgrund des niedrigeren Flüchtlingsstands etwas »eingeschlafen« sei. Der Mann ist ein Tiefstapler. Knapp 2000 Flüchtlinge haben bisher durch sein Engagement Deutsch gelernt.

Apropos Engagement: Rauscher war es auch, der mich dazu überredete, meine Beobachtungen, die ich während eines Vierteljahrhunderts in Traiskirchen gemacht hatte, in Buchform zu veröffentlichen. Allein wäre ich wohl nie auf diese Idee gekommen. Gewissermaßen ist Rauscher damit der Vater dieses Werks.

Ohne Sicherheit ist alles nichts

Grundsätzlich ist die Bundesbetreuungsstelle Traiskirchen, durch die jährlich Zehntausende Asylwerber gehen, ein sicherer Ort. Aber wie in anderen Einrichtungen auch, in denen eine Vielzahl noch dazu höchst unterschiedlicher Menschen aufeinandertreffen, kommt es selbstverständlich auch zu Konflikten und unangenehmen Situationen.

Nur äußerst selten, so meine Einschätzung nach einem Vierteljahrhundert Dienst vor Ort, hat das systemische Gründe. Meistens sind es zwischenmenschliche Konflikte mit zwischenmenschlichen Motiven, bei denen man vom Einzelfall nicht auf die Gesamtheit schließen sollte. In den Jahren 2003, 2004 und 2005, als wir eine große Zahl an Tschetschenen in den Unterkünften hatten, war das jedoch anders. Der Ärger, den es gab, hatte System. Und wir mussten, um die anderen Bewohner und uns selbst zu schützen, reagieren.

Das ausschlaggebende Ereignis für ein deutliches Hochfahren der Sicherheitsvorkehrungen war eine üble Massenschlägerei im August 2003. Dabei standen sich etwa 150 mit Eisenstangen und Holzlatten bewaffnete Asylwerber gegenüber. Wie bereits beschrieben, fanden die Konflikte zu jener Zeit in Traiskirchen nach folgendem Schema statt: Tschetschenen gegen Nigerianer. Tschetschenen gegen Georgier. Tschetschenen gegen Gambier. Tschetschenen gegen ...

In jener Nacht hatten sich die Tschetschenen eine Gruppe von Moldawiern ausgesucht. Anders, als die Konfliktkonstellationen vermuten ließen, waren die Auseinandersetzungen im Flüchtlingslager niemals »echte« ethnische Konflikte, sondern hatten stets einen kriminellen Hintergrund inklusive unvermeidbarer Gewaltakte zwischen konkurrierenden Gruppen. In einer Betreuungsstelle für Asylwerber war es fast nur logisch, dass sich da Landsleute gegenseitig unterstützten.

Auch im Rahmen von Schlägereien, bei denen ein Gutteil der Beteiligten letztendlich gar nicht wusste, worum es eigentlich ging.

In jener Nacht, als gegen 23 Uhr Tschetschenen und Moldawier aufeinander losgingen, waren laut späteren Erhebungen geplante Schutzgelderpressungen zwischen den Gruppen der Anlass. Man wollte sich sozusagen gegenseitig zeigen, wozu man imstande war, bevor man von den Opfern Geld verlangte.

Da die Tschetschenen in der Unterkunft zahlenmäßig überlegen waren, hatten sich die Moldawier telefonisch aus anderen

Quartieren in Wien und Niederösterreich Verstärkung organisiert. Die Männer, die von außerhalb kamen, überquerten die Lagermauern des weitläufigen Geländes. Um den Sicherheitskräften das Einschreiten möglichst schwer zu machen, setzten die Kontrahenten zuvor die Außenbeleuchtung außer Betrieb. Da wir damals noch die üblichen Quecksilberdampflampen verwendeten, war das leicht möglich: Mit kurzen und heftigen Stößen gegen die entsprechenden Laternen gingen diese aus. Ein Streich, den sich Generationen von Jugendlichen zuvor mit der gewöhnlichen Straßenbeleuchtung geleistet hatten. Uns stellte die Gewaltorgie im Dunkeln jedoch vor gravierende Probleme beim Vorgehen.

Die Folge war ein massiver Polizeieinsatz der alarmierten und herbeigeeilten Bereitschaftseinheiten. Da die in Rage befindlichen Schläger sich nicht einmal von den Uniformierten wirklich beruhigen ließen, wurden schließlich Diensthunde zur Befriedung des Konflikts eingesetzt. Eine Maßnahme, die wirkte. Die traurige Bilanz dieser Nacht: mehrere Schwerverletzte und ein toter Tschetschene, den wir nach der Gewaltorgie im Hauptgebäude auffanden.

Selbstredend wurde das Innenministerium damals öffentlich dafür kritisiert, dass »so etwas« in einer Einrichtung für Asylwerber überhaupt möglich war. Mehrere NGOs und Journalisten machten sogar unseren damaligen Vertragspartner, die private Flüchtlingsbetreuungsfirma European Homecare ursächlich für die Massenschlägerei verantwortlich. Natürlich, wäre man permanent massiv mit Polizeikräften vor Ort, wäre es wohl nicht passiert. In Traiskirchen zumindest nicht, aber dann wohl woanders.

Die Bundesbetreuungsstelle ist ein Flüchtlingsquartier und kein Gefängnis. Polizeipräsenz macht deshalb auch nur bis zu einem gewissen Grad Sinn. Auch sie kann die kriminellen Absichten bestimmter Gruppen nur in beschränktem Maße kanalisieren. Sie vollständig zu verhindern ist schlichtweg unmöglich.

Aber natürlich versuchten wir, aus dem Erlebten zu lernen. Seit damals werden die Aufstockstützen der Stockbetten, die missbräuchlich als Eisenstangen zum Zuschlagen verwendet wurden, in den Unterkünften fest verschweißt. Zusätzlich zu den ansonsten bewährten Quecksilberdampflampen brachten wir insgesamt 31 Hochsicherheitsscheinwerfer hoch oben an den Fassaden der Gebäude an. Damit wollen wir gewährleisten, dass organisierte Gruppen in Zukunft nicht mehr gezielt die Beleuchtung außer Kraft setzen können, weder durch Stöße gegen die Laternen, noch durch das Werfen von Steinen.

Als ein Jahr später zahlreiche Tschetschenen illegal über Mauern und Zäune in die Anlage kamen, war das auch der Anlass dafür, die in die Jahre gekommene und auch nur punktuell wirksame Videoüberwachung des Geländes auf den neuesten Stand zu bringen. Einladend sieht es deshalb entlang der Einfriedung heute nicht mehr aus. Seit damals spähen rund um die Uhr 82 zentral gesteuerte Überwachungskameras ins Gelände, um ein unerlaubtes Eindringen in die Betreuungsstelle zu verhindern.

Allerdings kann ich meinem Dienstgeber eine kritische Anmerkung im Bereich Kriminalitätsprävention nicht ersparen: Die Exekutive zeigt sich im Lager Traiskirchen dennoch zu wenig. Wie bereits erwähnt, kann man es mit Polizeipräsenz in einer – genau genommen – Wohn- und Betreuungsanlage schnell übertreiben und das Gegenteil erreichen. Tatsächlich täten dem Betrieb jedoch zumindest regelmäßige Streifen gut.

Diese sind zwar mündlich wie auch schriftlich vereinbart, allein, es gibt sie nicht. Im August 1993 wurde innerhalb der Anlage der Gendarmerieposten geschlossen, das Personal dem Posten Traiskirchen außerhalb des Geländes zugeteilt. Dazu gab es jedoch den schriftlichen Auftrag, dass fortan eine stets sichtbare präventive Doppelstreife die Anlage zu begehen hätte. Eine Zeit lang funktionierte das, rasch wurde dieser unbeliebte Dienst jedoch eingestellt.

Bis heute. Dabei machen hier derzeit rund 100 Polizisten ihre Arbeit. Eine gewaltige Zahl für eine Stadt mit nur 18.500 Einwohnern. Bis auf die dreimal tägliche Anwesenheit von Beamten während der Essensausgaben gibt es jedoch im Sinne des Präventivgedankens seit vielen Jahren keine Streifen mehr, obwohl mehrfach von Bezirkshauptmannschaft und Landespolizeidirektion das Gegenteil angeordnet wurde. Nachzulesen ist das seit langer Zeit in jedem Protokoll der wöchentlichen Sicherheitsbesprechung. Die zahlreichen Videokameras auf dem Gelände sind meine stummen Zeugen für diese Kritik, deren Früchte hoffentlich dereinst mein Nachfolger ernten wird.

Obwohl das Innenministerium die Fachleute für den Bereich Sicherheit eigentlich im Haus hat, geben wir nun eine doch beachtliche Summe dafür aus, uns diese Dienstleistung extern zuzukaufen. Dreimal täglich besucht die sogenannte Hausstreife der privaten Sicherheitsfirma SIWACHT alle bewohnten Zimmer in der Anlage, Problemzimmer nach Bedarf auch öfter.

Am Eingang erfassen die Mitarbeiter desselben Unternehmens alle Personen, die die Betreuungsstelle betreten oder verlassen, mittels Strichcodescanner. Die dafür nötige Karte erhalten die Flüchtlinge im Rahmen der Erstaufnahme. So wissen wir auf Knopfdruck, wer sich gerade innerhalb und außerhalb des Geländes befindet. Zusätzlich müssen Besucher beim Betreten des Lagers ihre Rucksäcke und Taschen öffnen, um diese auf gefährliche oder verbotene Gegenstände untersuchen zu können. Alles, was nicht erlaubt ist, wird dann abgenommen und notiert. Der Torposten führt darüber Buch. Auf der inzwischen seit 2009 geführten und damit ellenlangen Liste findet man unzählige Mitbringsel, die gewöhnliche Menschen normalerweise nicht bei sich tragen: Drogen jedweder Art, eine Haschischmühle mit Waage, Einbruchswerkzeug wie Bolzenschneider, Sägen und Bohrer, Bunsenbrenner, Knallkörper und Sprengkapseln, 366 Messer und Dolche, zwei traditionelle japanische Schlagwaffen vom Typ Nunchaku, dutzende Eisenstangen, Airsoft-Waffen und: ein offensichtlich bei einem nahen Heurigen mitgenommenes Glas mit der Aufschrift »G'spritzter«.

Gäste, die man nicht vergisst

Flucht und Asyl sind eine ernste Sache. Für die Betroffenen geht es um viel, die abwickelnden Behörden stehen vor der Aufgabe, möglichst vielen von ihnen genauso rasche wie qualitätsvolle Verfahren zu gewähren. Für Persönliches ist da selten Zeit, schon gar nicht in Traiskirchen, wo alles zusammenkommt und rasch wieder auseinandergeht.

Bei uns werden die Asylwerber für gewöhnlich nur zugelassen oder abgewiesen. Während der eigentlichen Verfahren wohnen sie im Regelfall in anderen, viel kleineren Quartieren.

Trotzdem bleiben manche von ihnen in Erinnerung, positiv wie negativ.

So wird vielleicht auch einigen von Ihnen der Name Emmanuel Antiga ein Begriff sein. 2008 wurde sein Schicksal sogar verfilmt. Der Name des Streifens: »Der schwarze Löwe«.

Antiga war ein nigerianischer Flüchtling, der im Sommer 2003 nach Traiskirchen kam. Zu jener Zeit trainierte ein Mitarbeiter unseres damaligen Betreuungspartners European Homecare im Lager eine bunte Multi-Kulti-Truppe überwiegend schwarzafrikanischer Fußballer.

Zunächst fielen sie als Mannschaft positiv bei der Obdachlosen-WM in Graz auf. Weil sich zwei Spieler oft nur ein Paar Fußballschuhe teilen mussten, wurden sie liebevoll auch die »Bloßfüßigen« genannt. Letztendlich bezeichneten sie jedoch alle wegen ihrer hervorragenden Leistungen als die »Schwarzen Perlen«. Die Reserve des niederösterreichischen Landesligavereins Himberg deklassierten sie mit 5:0.

Trainiert wurde das Team auf dem Fußballplatz in der Betreuungsstelle. Um ihnen eine gewisse zeitliche Unabhängigkeit zu gewähren, bekamen sie sogar ein Flutlicht. Da sich Nachbarn nachts über die Licht- und Lärmbelästigung (Pfiffe des Trainers) beschwerten, musste ich irgendwann – ich will fast sagen leider – eingreifen.

Antiga, den sie auch »Tiger« nannten, landete mit weiteren Kollegen in Eichgraben im Wienerwald, wo sie so etwas wie eine kleine Fußballeuphorie auslösten. Sein Asylbescheid war jedoch negativ. Um einer Abschiebung zuvorzukommen, kehrte er schließlich freiwillig in seine Heimat zurück. Seine Fans vom Fußballplatz unterstützten ihn jedoch auch dabei. Eine Initiative aus der Eichgrabender Bevölkerung hatte zuvor Geld gesammelt, um Antiga seinen Neustart in Nigeria zu erleichtern.

Verfilmt hat die Geschichte schließlich der österreichische Regisseur Wolfgang Murnberger.

Kulturschaffende haben das Flüchtlingslager jedoch nicht nur in ihren Werken thematisiert. So mancher war als Flüchtling auch selbst hier. Der ehemalige Staatsoperndirektor Ioan Holender zum Beispiel. 1959, viele Jahre vor meiner Zeit, flüchtete er aus seinem Heimatland Rumänien nach Österreich, wo er drei Wochen in Traiskirchen verbrachte. 2010 sagte er in einem Interview mit dem Nachrichtenmagazin »Profil«: »Das war für mich nicht schlimm, ich war heilfroh, da sein zu können. Ich kam ja nicht nach Österreich, um zu leben, sondern um zu überleben.«

Später, es war 1990 und ich damals noch bei der Gendarmerie, war der bulgarischstämmige Schriftsteller, Theater- und Drehbuchautor Dimitré Dinev in Haus 3 des Lagers einquartiert. Nach der Jahrtausendwende besuchte uns der inzwischen Eingebürgerte mit dem gesamten Ensemble des Volkstheaters. Zur Vorbereitung und Recherche für das Stück »Eine heikle Sache die Seele« wollten sie wissen, wie es in einem Flüchtlingslager aussieht, wie sich Menschen dort verhalten. Als Dank für die Hilfe erhielt ich später Freikarten für die Uraufführung im Mai 2008.

Wie in den vorangegangenen Abschnitten erwähnt, dauert der Aufenthalt bei uns für die meisten nicht länger als 20 Tage zuzüglich einer zweiwöchigen Frist für die Überstellung in die Bundesländer. Ein ganz besonderer Gast jedoch schaffte eine Aufenthaltsdauer von zehn Jahren und wurde für Mitarbeiter und Anrainer zu einem echten Faktotum. Sein Name: Manzal Zulifikar.

Der anerkannte Flüchtling stammte aus Uganda und erhielt nur sehr eingeschränkte Sozialhilfe. Mit ihm und der Bezirkshauptmannschaft Baden gab es jedoch die Übereinkunft, dass er hier leben durfte und als Gegenleistung einfache Hausarbeiten erledigte. Das war für alle Beteiligten die beste Lösung. Solch unkomplizierte Regelungen wären heute, in unserem überaus komplizierten und bis ins letzte Detail durchdesignten Rechtssystem, wohl unmöglich.

Jedenfalls hatte Zulifikar, den alle nur »Mister Good morning« nannten, Zimmer 4a im Andreas-Hofer-Haus bezogen. Er trug stets einen Hut, auf dessen Krempe nicht selten Kakerlaken hin und her liefen. Seinen Rufnamen trug er deshalb, weil er zu jeder Tages- und Nachtzeit laut und freundlich mit »Good morning« grüßte. Auf dem Gelände der Betreuungsstelle fuhr er oft mit dem Rasentraktor, den er, weil er Traktor nicht über die Lippen bekam, »Tacker-Tack« nannte. Seine letzte Ruhestätte fand Zulifikar auf dem Friedhof in Traiskirchen.

Die Fluchtgründe, die manche Asylwerber bei ihrem Antrag angeben, sind mitunter skurril. Dazu fällt mir eine deutsche Staatsbürgerin ein, die sich zu Hause dermaßen über eine Behördenentscheidung in ihrer Heimatstadt geärgert hatte, dass sie in Österreich einen Asylantrag stellte. Sie war der Meinung, dass ihre Geschichte mit Hilfe der Medien Spott und Schande über ihr Land bringen würde. Ein Plan, der nicht aufging.

Genauso wenig wie jener eines durch und durch italienischen Ehepaares, das vor wenigen Jahren mit dem Wohnmobil vor dem Haupteingang parkte und gemeinsam um Asyl ansuchte. Grund: Sie waren in ihrer Heimat delogiert worden. Zwar nahm sie die Republik nicht in Grundversorgung, ihre Asylanträge wurden jedoch akzeptiert. Während des Verfahrens reisten die beiden mehrfach in ihre Heimat zurück. Der Mann litt an Kehlkopfkrebs und ließ sich deshalb in Turin im Krankenhaus behandeln. Die Asylverfahren endeten wenig überraschend negativ.

Eine große, korpulente Roma-Frau aus Rumänien spukt mir und jenen Kollegen, die es ebenfalls erlebt und gesehen haben, bis heute im Kopf herum. Es war im Jahr 1995, als zwei – damals noch – Gendarmen die Frau festnehmen wollten. Den Grund dafür weiß ich nicht mehr.

Als die zwei Beamten auf sie zugingen, zog sie ihre Oberbekleidung hoch, drückte ihre großen Brüste mit den Händen zusammen und bespritzte die erschrockenen Exekutivbediensteten mit Milch. Die genauso überraschte wie schockierte Staatsgewalt versuchte diesem »Angriff« so gut es ging auszuweichen und nahm – vorerst – Reißaus. Daraufhin nahm die Frau ihren 5-jährigen Sohn gegen seinen Willen an der Hand und legte ihn sich an die Brust. Irgendwann verschwand sie aus Traiskirchen. Die beiden Gendarmen waren vermutlich nicht unglücklich darüber.

Migration: Ursachen und Schattenseiten

Migration und Asyl sind von ihrer Definition her zwei unterschiedliche Dinge. Wird das eine Phänomen insbesondere vom Wunsch nach Veränderung oder Verbesserung getrieben, ist der Auslöser für das andere die Sorge ums nackte Überleben, zumindest aber die körperliche Unversehrtheit. Mit erhobenem Zeigefinger mahnen Experten, häufig sind es NGOs oder Menschenrechtsorganisationen, die präzise Unterscheidung der beiden Sphären ein. Dabei wird nicht selten der Status des Flüchtlings als unangreifbar dargestellt. Der dahinter liegende Gedanke lautet: Wer andernorts verfolgt wird, der ist hierzulande sozusagen sakrosankt.

Das Problem dieser Denke, die von der parallelen Existenz zweier streng voneinander getrennten Gefäße ausgeht, ist: Sie hat mit der Realität außerhalb der Lehrbücher wenig gemein.

Ist die Flüchtlingskonvention noch zeitgemäß?

Seit 26 Jahren arbeite ich in Traiskirchen. In dieser Zeit sind die am Papier so klaren Grenzen zwischen Flucht und Migration in der Realität verschwommen. Unter jenen, die als Flüchtlinge zu uns kommen und vorgeben, verfolgt zu werden, befinden sich längst unzählige andere Migranten mit den verschiedensten Interessen.

Aus diesen und den folgenden, auf den nächsten Seiten genannten Gründen plädiere ich für eine ehrliche Evaluierung der Genfer Flüchtlingskonvention. Ich habe diese Forderung bereits einmal gestellt. Im Sommer 2011 berichtete die »Wiener Zeitung« darüber. Die anschließende Aufregung war, wie Sie sich vorstellen können, groß. Dabei stehe ich bis heute dazu. Durch die Massenmigration des Jahres 2015 fühle ich mich in dieser Forderung sogar noch bestärkt.

Die Genfer Flüchtlingskonvention, kurz GFK genannt, entstand 1951 in Europa unter dem Eindruck der gerade beendeten Schreckensherrschaft der Nazis und der geografischen Nähe zum Sowjetsystem. In beiden Welten wurden Menschen aufgrund ihrer Rasse, Religion oder politischen Gesinnung verfolgt und ermordet.

Seit damals jedoch haben sich Migration und Flucht verändert, miteinander vermischt. Zu uns schaffen es heute insbesondere jene, die es sich leisten können, Schlepper zu bezahlen. Wir sprechen hier von Millionen Menschen, die dabei zum Teil über den halben Erdball bis nach Europa reisen. Mit »Flucht« im Sinne des Ursprungsgedankens der GFK, nämlich an den nächstmöglichen, sicheren Ort, hat das längst nichts mehr zu tun. Die, die wirklich eine helfende Hand brauchen, kommen erst gar nicht so weit. Menschen, die vor Krieg fliehen, fallen nach den Buchstaben des Textes nicht einmal unter die GFK. Opfer von Bürgerkriegen, wie sie derzeit große Teile unseres Planeten erschüttern, noch viel weniger. Personen, die nicht aufgrund von Diskriminierung um ihr Leben fürchten, sondern –

brutal gesagt – gleichberechtigt getötet werden, können sich nicht auf die Flüchtlingskonvention berufen.

Dabei verlassen gerade die Betroffenen dieser Ereignisse ihre Heimat sprichwörtlich fluchtartig, um es zumindest bis über die nächste Grenze in ein Nachbarland zu schaffen, wo sie dann meistens unter prekären Bedingungen in von außen abgeschlossenen Großlagern hausen. Für sie jedoch wird Europa immer nur ein Traum bleiben.

Gänzlich anders ist das bei jenen, die sich über Kontinente hinweg ihr »Fluchtziel« wie im Reisebüro bei Schleppern buchen. Es hat seinen Grund, warum die meisten von ihnen in Länder wie Deutschland, Schweden oder eben Österreich wollen – und nicht nach Polen, Spanien oder Tschechien.

Die GFK stellt für diese, wie ich aufgrund meiner Erfahrungen als Leiter des mit Abstand größten Flüchtlingslagers in Österreich behaupte, de facto Wirtschaftsflüchtlinge heutzutage nur noch die zu erfüllende To-do-Liste für das folgende Asylverfahren dar. Sie gibt vor, auf was man sich berufen sollte, um die größte Chance auf Aufnahme zu erhalten. Ich behaupte nicht, dass sich unter diesen Personen keine tatsächlich Verfolgten befinden. Ihr Anteil aber ist gering. Denn genau genommen spielen die vielen Wirtschaftsmigranten mit den Behörden des österreichischen Rechtsstaats Katz und Maus, sitzen am längeren Hebel.

Nur dann, wenn man ihnen in komplizierten und kostspieligen Einzelverfahren nachweisen kann, dass die behaupteten Fluchtgründe nicht vorliegen, können die Behörden Asylanträge abweisen. Realitäten, Hausverstand und Wissen über ihre Herkunftsländer reichen jedoch umgekehrt nicht aus, um – zumindest auf diesem Weg – die Tür zu schließen. Im Asylsystem gilt das Gleiche wie vor Gericht: Im Zweifel für den Antragssteller, der sich auf die GFK beruft.

Die Genfer Flüchtlingskonvention ist genau genommen ein Stück bedrucktes Papier, auf das sich seinerzeit einige kluge Köpfe geeinigt haben. Es wäre Zeit, darüber nachzudenken, ob wir so viele Jahre später nicht wenigstens an ein paar Stellschrauben drehen sollten.

Im Dezember des Jahres 2015 äußerte sich der ehemalige Vizepräsident des deutschen Bundesnachrichtendienstes (BND), Rudolf Adam, ganz ähnlich zu der Thematik. Sein damals in Fachkreisen vielbeachteter Essay ist noch heute auf der Webseite des Politikmagazins »Cicero« kostenlos abrufbar (www.cicero.de).

Auf den folgenden Seiten werde ich beschreiben, dass sich ein großer Teil der Flüchtlinge, die zu uns kommen, nicht vor Verfolgung fürchtet, sondern von Schleppern und Facebook-Fotos nach Europa gelockt wurde. Es klingt banal, ist aber so: Ein via Smartphone verschicktes Foto vom Cousin, der in Europa vor schicken Häusern und schnellen Autos posiert, kann im fernen Afghanistan eine kleine Völkerwanderung auslösen.

Milliardengeschäft Schlepperei

»Keiner schafft den weiten Weg ohne Schlepper.«

Mehr hat es nicht gebraucht. Dieser kurze Satz, mit dem mich am 7. Jänner 2012 die Zeitung »Kurier« korrekt zitierte, löste unter Hilfsorganisationen, überwiegend linken Politikern und Journalisten eine Welle der Empörung aus. Die Rede war von Diffamierung von Flüchtlingen und Menschenverachtung. Alexander Pollak von der betont migrationsfreundlichen NGO SOS Mitmensch bezeichnete meinen Auftritt als »diskreditierend« und »Anti-Asyl-Agitation« und warf mir vor, mich ohne jegliches Wissen zum Thema exponiert zu haben.

Leider verkannten die Kritiker schon damals die Realität. Das stärkste Indiz dafür, dass die bei Antrag behaupteten Asylgründe gar nicht vorliegen, ist die hohe Zahl rechtskräftig negativ beschiedener Verfahren. Dabei wird in Österreich jeder Fall einzeln bearbeitet, individuell geprüft. Von 34.185 im Jahr 2016 geführten Asylverfahren endeten 12.557 mit einer ablehnenden Entscheidung. Das bedeutet, dass bei 38 Prozent aller »Flüchtlinge« objektiv betrachtet nie ein Fluchtgrund vorlag. Wer anderes behauptet, der unterstellt den Behörden minderwertige Verfahren. Oder Willkür.

Wie all die Menschen vom anderen Ende Welt nach Europa kommen, darüber erfährt man etwas mehr, wenn man nationale und internationale Sonderermittler zur Schlepperkriminalität befragt. Von Berufswegen hatte ich zu diesen Spezialisten immer wieder Kontakt, mein Co-Autor recherchiert ebenfalls seit geraumer Zeit in diesem Feld.

Eindrucksvoll erzählte uns Gerald Tatzgern, Leiter der Zentralstelle zur Bekämpfung der Schlepperkriminalität im Bundeskriminalamt, von seinen Erkenntnissen über die dichten Netzwerke der Schleuser:

»Egal ob Afghanistan, Irak, Syrien oder Eritrea: Es gibt dort keinen, der einfach seinen Rucksack packt und in Richtung Europa fährt. Ohne Knowhow funktioniert die Reise nach Europa einfach nicht. Es geht um Routen, Topographie, Grenzübergänge und Methoden, unerkannt zu bleiben. In den Herkunftsländern der Flüchtlinge, die bei uns in Europa landen, sind die Netzwerke der Schleppersyndikate derart dicht, dass deren Mitglieder Leute sogar dabei behindern, wenn diese alleine ausreisen wollen. Aus der Türkei sind uns Fälle bekannt, in denen Leute unter Druck gesetzt wurden, dieses oder jenes Schlepperboot zu nehmen und für die Überfahrt zu zahlen. Von Nordafrika aus hat man ohnedies keine andere Wahl. Dabei werden ganz bewusst Familien getrennt, um später ein Druckmittel für die Zahlung zu haben, bevor alle wieder vereint sind. Damit soll gewährleistet werden, dass ihnen nicht einmal das geringste Geschäft entgeht.«

Dabei unterscheidet sich das Hintergrundwissen der Strafverfolgungsbehörden offenbar nicht von jenen des UNO Flüchtlingshochkommissariats UNHRC. Dessen Expertin, Melita Sunjic, war schon mehrfach bei mir in Traiskirchen zu Besuch. Sie erforscht unter anderem Wege und Gründe, wo und warum Flüchtlinge nach Europa kommen.

Im Jänner 2017 erzählte sie im Nachrichtenmagazin »Profil« von ihren Erkenntnissen, die sie bei der Befragung von Menschen aus Somalia und Eritrea gewonnen hatte. Auf die Frage, was diese Menschen denn über Europa wüssten, sagte sie: »Ihre wichtigste Informationsquelle sind Schlepper.« Und weiter: »Die zweite Informationsquelle waren jene, die es nach Europa geschafft hatten und auf Facebook Bilder von großen Autos, schönen Häusern und sauberen Straßen posteten.«

In vielen fernen Ländern herrscht zwar Armut an Kapital, aber ein schier unermesslicher Reichtum an Kindern. In Afghanistan zum Beispiel gehen die Schleppersyndikate in Form von Vertretern in die Dörfer, bieten an, diesen oder jenen Sohn für diesen oder jenen Betrag nach Europa zu bringen.

Die Perspektive: Wenn der Sohn in Zukunft nur 20 bis 50 Euro pro Monat nach Hause überweist, kann die Familie dort davon vergleichsweise gut leben. Wer den Preis für die Reise in den fernen Westen nicht gleich bezahlen kann, kann sich verschulden, seine Landwirtschaft verpfänden, den Lohn für das Geschäft in Europa – in welcher Form auch immer – abarbeiten. So entsteht ein Teufelskreis.

Jene, die wirklich fliehen, verfügen häufig über die wenigsten Geldmittel und schaffen es nur bis in die Massenlager an der nächsten Grenze. Die anderen machen sich auf den Weg nach Europa und schlagen hier als Wirtschaftsflüchtlinge im Asylsystem hart auf dem Boden der Realität auf.

Dabei traue ich mich nach über 25 Jahren direkten Kontakt mit Flüchtlingen zu behaupten, dass die wenigsten kommen, um sich bei uns von sich aus in die viel zitierte soziale Hängematte zu legen. Vielmehr drängen wir sie dort hinein, vom ersten Tag der Grundversorgung an.

Erst wenn Flüchtlinge nach dem Ende ihrer Verfahren schließlich bemerken, dass ihnen aufgrund fehlender Bildung oder Sprachkenntnisse der erhoffte berufliche Erfolg verwehrt bleibt, machen sie es sich zwischen jenen Versorgungsleistungen bequem, die wir ihnen regelrecht aufdrängen. Flüchtlinge zu kritisieren, die das ausnutzen, ist mehr als nur kurzsichtig. Vielmehr sollten wir uns fragen, ob wir die verlockenden Angebote für sie weiter als kostenloses Marketing für Schleppersyndikate anbieten sollten.

Um zu erfahren, wie brutal und herzlos das Spiel mit den Träumen von Millionen Menschen ist, muss man nicht gleich den Friedhof Mittelmeer besuchen. Das erlebte ich in der Nacht auf den 2. August 2002 am eigenen Leib in Traiskirchen. Zwei Männer aus Sri Lanka waren in ihrem Zimmer aneinander geraten. Der eine wollte dem anderen den versprochenen Schlepperlohn offenbar nicht in der vereinbarten Höhe ausbezahlen. Also griff der Geprellte zum Messer und stach dieses seinem Opfer in den Hals.

Ich hatte Journaldienst, bekam einen Anruf vom Torposten, dass sich ein Schwerverletzter am Eingang befand. Gendarmerie und Notarzt wurden sofort alarmiert, ich unterhielt mich einstweilen mit der noch ansprechbaren Person. Während er schließlich vor meinen Augen zusammenbrach, entwischte der Täter in die Dunkelheit der Nacht.

Die Gendarmerie fasste ihn später, das Opfer jedoch wurde ins Krankenhaus Baden gebracht, wo der Mann gegen 6 Uhr morgens schließlich verstarb. Seiner Familie fehlte das Geld für die weite und teure Überführung des Leichnams nach Sri Lanka, weshalb die Republik Österreich schließlich ein Fürsorgebegräbnis in Traiskirchen bezahlte. Die Botschaft seines Landes übernahm noch die Kosten für einen Hindu-Priester, der die Beisetzung religiös begleitete.

UNHCR, das Flüchtlingshilfswerk der Vereinten Nationen, schätzt, dass weltweit 65 Millionen Menschen auf der Flucht sind. Ungleich mehr Menschen wünschen sich einen höheren Lebensstandard, wollen sich finanziell verbessern. Dabei veränderte die Globalisierung während der vergangenen Jahre auch die Wege von Flüchtlingen und Migranten.

Fanden die meisten Bewegungen viele Jahre lang sozusagen »nur« über die nächste Grenze in ein Nachbarland statt, verlaufen die Reiserouten heute transkontinental. Ohne Schlepper ist das kaum zu bewältigen. Das hat aber auch zur Folge, dass es im Großen und Ganzen nur die Stärksten und/oder Finanzkräftigsten nach Europa schaffen. Jene, die womöglich am meisten leiden, bekommen wir hier gar nicht zu Gesicht. Nicht am Wiener Westbahnhof, nicht in Traiskirchen, nicht in den Presseaussendungen der NGOs. An sie sollten wir denken, wenn das nächste Mal öffentlich über angeblich nicht ausreichend versorgte Flüchtlinge debattiert wird.

Europa, vor allem aber Österreich, übt in aller Welt eine ungemeine Anziehungskraft aus. Es hat einen Grund, warum hierzulande pro 1000 Einwohner zuletzt vier Asylanträge gestellt wurden, in Bulgarien (2), Italien (1,4) oder Frankreich (0,9) deutlich weniger.

Unser Land ist attraktiv, im Jahr erlebe ich in Traiskirchen zahlreiche Schwerkranke, die nur deshalb die Reise nach Österreich bezahlten, um hier ihren Krebs im Endstadium behandeln zu lassen. Denn sobald sie ihren Asylantrag eingebracht haben, sind sie versichert, bekommen eine Therapie. Bei 15 bis 20 Asylwerbern im Jahr hilft auch das nicht mehr: Sie sterben noch im Laufe des Verfahrens.

Das Jahr 2015 mit seiner bisher nicht erlebten Masse an Flüchtlingen ist Geschichte. Doch auch 2016 war ein überaus starkes Asyljahr. Der enorme Migrationsdruck in Afrika, die Überbevölkerung und die Krisenherde im Nahen und Mittleren Osten garantieren uns, dass das erst der Anfang war.

Wie schnell und effizient Schlepperorganisationen auf aktuelle politische Entwicklungen reagieren können, erlebte ich hautnah im Herbst 2002. Gemeinsam mit Kollegen exerzierten wir dabei durch, wie schnelle und unbürokratische Gegenmaßnahmen aussehen können. Zu jener Zeit erklärte eine Unzahl an Menschen aus dem Kosovo Österreich zum Zielland ihrer Träume.

In ihrer Heimat auf dem Westbalkan konnte man das Verhältnis zwischen ethnischen Serben und Albanern auch ohne große historische Kenntnisse als mehr als nur problematisch bezeichnen. Zu diesem von Hass getriebenen Konflikt kam, dass die wirtschaftliche Situation damals – wie auch heute noch – alles andere als hoffnungsvoll war. Die Folge: In der bitterarmen Region traten plötzlich jene auf den Plan, die traditionell das beste Gespür für einen entstehenden Markt haben: Schlepper. Kriminelle.

Die Organisationen sprachen im Kosovo zu jener Zeit ganz gezielt Menschen an, die mit ihrem Leben unzufrieden waren, aber wenigstens über jene finanziellen Mittel verfügten, um sich die illegale Schleusung nach Europa leisten zu können. Die Banden versprachen ihren Kunden Arbeit und Hoffnung sowie Sozialleistungen für die, die es brauchen, insgesamt also ein völlig neues Leben für eine vergleichsweise geringe Investition.

Gezielt streuten sie unter ihren potenziellen Kunden das Gerücht, die Republik Österreich gewähre bis einschließlich 30. September 2002 allen Kosovaren eine Art ökonomisches Asyl. Für viele der auf diese Art angesprochenen Menschen muss unser Land so den Eindruck erweckt haben, als wäre es eine Nation, in der Milch und Honig fließen. All das war zu haben für ein Schlepperhonorar von im Durchschnitt 1500 Euro.

Die Auswirkungen dieses ertragreichen Geschäfts der Banden sorgten hierzulande überall für Wirbel. Wir platzten nämlich mit einem Schlag aus allen Nähten. 1845 Personen wohnten zu Spitzenzeiten auf dem Gelände der Betreuungsstelle Traiskirchen, verließen es aber natürlich auch in Richtung Ortszentrum oder fuhren mit der Bahn nach Wien. Das Phänomen war also auch in der Öffentlichkeit gut sichtbar.

Gleichzeitig war jenen, die nicht nur Mitgefühl als Leitmotiv hatten, sondern auch auf Einhaltung der Gesetze achten mussten, klar: In Wahrheit hatten all diese Menschen keine realistische Chance, hierbleiben zu können. So gut wie alle von ihnen waren Wirtschaftsflüchtlinge, die Chancen auf Bundesbetreuung oder gar Asyl verschwindend gering. Eine Wahrheit, die die Schlepper im 1500 Euro teuren Rund-um-Paket nicht inkludierten. Warum auch. Den Schleuserorganisationen ist das Schicksal ihrer Kunden in Wahrheit egal. Mit dem Verkauf von Träumen und Hoffnungen verdienen sie gutes Geld. Übrig bleiben oftmals gebrochene Menschen, die sich ihre Zukunft aufgrund falscher Versprechungen völlig anders vorgestellt haben.

Wie erfolgreich die Schlepper im Fall Kosovo mit ihrem Eigenmarketing waren, das konnte ich nicht nur in den Tagesberichten über die jeweiligen Neuzugänge im Haus ablesen. Ich sah es sozusagen live von meinem Büro aus, von dem ich aus einem Fenster im ersten Stock die Warteschlange an unserem Torposten überblickte. An den starken Tagen suchten allein aus dem Kosovo 60 Personen, fast ausschließlich junge Männer um die 20 Jahre, um Asyl an. Das brachte nicht nur meine Dienststelle an die Kapazitätsgrenze, sondern sorgte auch im Traiskirchener Rathaus für Aufregung. Wie immer halt. Wir mussten uns also einerseits etwas einfallen lassen, standen jedoch andererseits auch unter Beobachtung von Politik und Medien.

Zwei von ihnen, das ORF-Fernsehen und die Tageszeitung »Der Standard«, führte ich in jenen Tagen und im Auftrag des Ministeriums zu einem Lokalaugenschein über das Gelände. Unsere kosovarischen Bewohner dürften das damals ziemlich genau mitbekommen haben, denn der Rundgang mit den Journalisten endete schließlich in einer Art Aufstand, der Land, Medien und auch uns in Traiskirchen die nächsten Tage in Atem halten sollte.

Während ich also die Journalisten von hier nach da führte, ihnen die spezielle Problematik der Kosovaren erläuterte, stellte sich vor uns plötzlich ein aus 100 bis 150 Personen bestehender Halbkreis kosovarischer Männer auf. Ich nahm das nicht wirklich als bedrohlich, aber jedenfalls als beeindruckend wahr.

Die Gruppe hatte ganz offensichtlich vor, ihrer Sache mit Hilfe der anwesenden Journalisten breiteres Gehör zu verschaffen. Zum Rädelsführer hatten sie einen Mann bestimmt, der zuvor schon in Deutschland um Asyl angesucht hatte und auch Deutsch sprach. Er trat aus der Ansammlung hervor, zeigte mit dem Finger auf mich und legte los: »Er hat gesagt, dass ...« Wieder und wieder warf er mir mit dieser großen Geste all den Frust der Gruppe und all die Lügen an den Kopf, mit denen seine Landsleute nach Österreich gelockt worden waren. Für die anwesenden Journalisten glich die Szenerie einer Art Jackpot.

Eilig fingen die Kameraleute die Situation ein, schnell notierte die Zeitungsjournalistin das Gehörte in ihren Notizblock.

Die anschließenden Berichte empfand ich im Verhältnis zur sonst üblichen Kritik am Innenministerium als überraschend fair. Doch das war nicht der Höhepunkt der Geschichte. Im Anschluss an den Wutausbruch traten die Kosovaren auf dem Parkplatz vor dem Hauptgebäude nämlich in einen vielbeachteten Sitz- und Hungerstreik. Ihre Forderung war klar: Sie wollten bleiben. An Spitzentagen campierten und protestierten dort bis zu 450 Personen gleichzeitig gegen ihre Abschiebung.

Weil ich die Hintergründe und die leeren Versprechungen der Schlepper kannte, empfand ich mit diesen Menschen. Sie taten mir leid. Viele von ihnen wollten sich hier – durchaus auch aus eigener Kraft und nicht nur durch den Konsum von Sozialleistungen – ein neues Leben in bescheidenem Wohlstand aufbauen. Kriminelle hatten sie in ihrer Heimat in diesen Plänen und unter Vorspielung falscher Tatsachen bestärkt. Nun standen sie vor den Trümmern ihrer Traumgebäude und kämpften mit dem Mut der Verzweiflung gegen die Rückführung auf den Balkan.

Wie winzig klein ihre Chance auf Anerkennung von Asyl war, wussten sie damals nicht. Aber man kann es in den Aufzeichnungen des Innenministeriums nachlesen. In jenem Jahr 2002 nahmen Österreichs Behörden beachtliche 39.354 Asylanträge entgegen. Nach Menschen aus Afghanistan, wo gerade George W. Bushs »Krieg gegen den Terror« tobte, stellten Bürger aus Serbien und Montenegro mit 4723 Personen die zweitgrößte Gruppe.

Tatsächlich waren dies die beschriebenen Kosovaren, die damals noch alle einen serbischen Pass hatten. Bei gerade einmal 191 von ihnen, das weiß man heute, lagen jedoch auch tatsächlich Asylgründe vor. Auch das sagt einiges darüber aus, warum wir im Lauf der vergangenen Jahre mehr und mehr Menschen aus aller Herren Länder durch die aufwändigen Verfahren begleiten mussten: Auf dem Sektor der normalen Migration steht die Tür nach Österreich nur einen winzigen Spalt breit offen. Wer nicht entweder eine Schlüsselarbeitskraft ist oder schon enge Verwandte hier hat, hat außer dem Durchlaufen des Asylsystems fast keine Chance, dauerhaft in unserem Land sesshaft werden zu können.

Während also Tag für Tag mehr Kosovaren mit Hilfe der Schlepper ins Land kamen, der öffentliche Druck von Medien und NGOs auf uns stieg, brachte mich das Schicksal mit Wolf Szymanski zusammen. Karl Blecha hatte ihn einst aus dem Wiener Polizeipräsidium ins Innenministerium geholt. Der gelernte Jurist wurde während der vielen Jahre im Haus zum Archetyp dessen, was man in der Bevölkerung unter einem Sektionschef versteht. Der Einflussbereich dieser obersten Beamten im Staat lässt sich durchaus mit jenem von Ministern vergleichen. Sie unterscheidet allerdings, dass viele Minister nach politischen Streits oder Neuwahlen ihre Sessel räumen.

Sektionschefs bleiben. Meistens jedenfalls. Der Herbst 2002 war allerdings auch der Herbst von Szymanskis Karriere. Als für Asyl und Fremdenpolizei zuständiger Chef der Rechtssektion im Haus stand er nämlich ganz oben auf der Abschussliste von Ernst Strasser. Nur wenige Monate nachdem Szymanski aktiv und erfolgreich an der Lösung der Kosovaren-Krise im Asylwesen mitgewirkt hatte, wurde er von Strasser demontiert. Noch heute wird der Mann von Juristen und Journalisten gerne und häufig nach seiner Meinung zur Lage des Innenministeriums befragt und gehört.

Das aus meiner Sicht Ungewöhnliche an unserer damaligen Zweckgemeinschaft war, dass man es als Führungskraft, wie ich eine war, nur sehr selten direkt mit einem Sektionschef zu tun bekam. Zur Zeit des Sitz- und Hungerstreiks der Kosovaren in Traiskirchen jedoch telefonierten wir täglich ein Dutzend Mal und mehr miteinander, schließlich war Szymanski von Strasser persönlich und ich von Mitarbeitern seines Kabinetts mit der vermeintlich unlösbaren Aufgabe betraut worden, die Angelegenheit, ohne Aufsehen zu erregen, zu einem Ende zu bringen.

Heute, längst voll vernetzt, mit dienstlichem Smartphone ausgestattet und immer erreichbar, muss ich ein wenig darüber schmunzeln, wie uns damals das erste Diensthandy zusammengebracht bzw. die Kommunikation erleichtert hat. Neuen Technologien steht das Innenministerium nämlich traditionell skeptisch und zurückhaltend gegenüber. Auch aus Gründen der Sparsamkeit und nicht nur, weil wir uns vor allem Neuen fürchten. Jedenfalls gab es die strikte Anweisung, dass das exotische Gerät wenn möglich nur vom Journaldienst verwendet werden sollte.

Unter Journaldienst verstehen wir in Traiskirchen jene Tätigkeit außerhalb der normalen Arbeitszeit, die für die Abwicklung des Alltags mit allen am Gelände befindlichen Dienststellen und Problemen verantwortlich ist. Von der Drogenrazzia bis zum Rohrbruch. Jedenfalls hatte ich damals keinen Journaldienst, und Szymanski bat mich, das Handy auch an meinem freien Tag mit nach Hause zu nehmen. Ich nahm ihn wörtlich und erlaubte mir einen Scherz: »Soll ich es auch einschalten?«. Damals bildete ich mir ein, sein Grinsen durch die Leitung hören zu können. Dann sagte er: »Schabhüttl, Sie sollen nur für mich erreichbar sein.«

Das war ich dann auch – und bekam dabei prompt die liebevolle Retourkutsche. Ich stach gerade den Komposthaufen in meinem Garten um, als das Mobiltelefon klingelte. »Schabhüttl!?« – »Szymanski hier, Grüß Gott. Herr Schabhüttl, was machen Sie gerade?« –»Herr Sektionschef, ich steche den Komposthaufen um.« Für ihn glich das einem aufgelegten Elfmeter. »Aha, sogar in seiner Freizeit wühlt der Schabhüttl also im Dreck.« Die Episode steht exemplarisch für unser Verhältnis. Sachorientiert, korrekt, aber stets mit einem Schuss Humor.

Im Lauf der folgenden Tage entwickelten wir in den vielen Telefonaten einen Plan, wie wir mit den streikenden Asylwerbern in Traiskirchen umgehen wollten. Von Szymanski kam die Idee, Asylverfahren von Kosovaren im Schnelldurchgang zu entscheiden, um möglichst rasch die prekäre räumliche Situation in der Betreuungsstelle zu entschärfen, was sich unmittelbar auch auf die öffentliche Debatte auswirken würde.

Gleichzeitig wollte das Innenministerium für die Heimreise sorgen. In dieser Situation bat ich ihn trotz des medialen Drucks darum, zumindest drei Tage lang ungestört von Verpflichtungen gegenüber Journalisten arbeiten zu können. Gab er mir die Zeit, würde ich versuchen, mit den Streikenden zu verhandeln. Szymanski willigte ein.

Wobei, völlig ungestörtes Arbeiten war dann doch nicht möglich. Weil die Medien bundesweit auf ihr Recht auf Informationen pochten, fiel im Ministerium die Entscheidung, wenigstens einen Journalisten des Radiosenders Ö3 zuzulassen. Ich fürchtete mich schon davor, dass die Nachricht, dass ein Reporter am

Gelände sei, wieder für Unruhe und falsche Hoffnungen bei den Kosovaren sorgen würde.

Doch meine Ängste waren unbegründet. Meinhard Mühlmann, so hieß der Mann, hatte selbst keine Lust, von den Streikenden instrumentalisiert zu werden. Sein einziges Interesse war, die Lage, in der sich die Kosovaren befanden, für die Hörer einzufangen. Ich einigte mich mit ihm darauf, dass er sein Mikrofon mit dem Ö3-Logo darauf nur unter der Jacke tragen sollte, ich ihn dafür mit zu den Verhandlungen nahm. Und so klappte das auch. Nachdem Mühlmann sich der kritischen Frage eines Streikenden (»Bist Du Kollega von Schabhüttl?«) gestellt hatte, letztendlich als Mitarbeiter von mir und nicht als Journalist dort auftrat, gab es so eine authentische Information für die Öffentlichkeit, und die Kosovaren kamen nicht auf die Idee, die Sache medial noch weiter anzuheizen.

Doch auch die folgenden Gespräche ohne Reporter-Begleitung gestalteten sich schwieriger, als ich mir das vorgestellt hatte. Zunächst ging es um eine finanzielle Motivation. Damals wie heute betrug das monatliche Taschengeld für Asylwerber 40 Euro. Das klingt nicht nach viel, aber insbesondere für einen Kosovaren, der ein gänzlich anderes Lohnniveau gewohnt war, stellte es zumindest ein vernünftiges, regelmäßiges »Einkommen« dar. Als Startgeld für ein neues Leben zu Hause erschien es vielen dann aber doch zumindest als verhandelbar, weshalb ich regelmäßig mit Szymanski Rücksprache hielt. Letztendlich boten wir 120 Euro pro Person. Viele akzeptierten. Doch dazu später.

Doch das war noch lange nicht alles. Das Schwierigste, nämlich die Art und Weise der Heimreise, stand noch zur Diskussion. Wir boten zunächst Busse für die Fahrt an, doch die Unterhändler der Kosovaren lehnten ab. Busse nämlich müssten zwangsläufig das verhasste und für sie angeblich gefährliche Hoheitsgebiet Serbiens durchqueren. Wir legten also nach mit Zügen, doch auch diese Variante lehnten sie ab. Sie werden erraten, warum: Auch Züge müssten das Territorium Serbiens durchqueren.

Am Ende blieb nur noch der deutlich teurere Luftweg, den ich als von Natur aus fast schon schottisch geiziger Beamter eigentlich nicht anbieten wollte. Nicht, dass das Geld bei Wolf Szymanski grundsätzlich lockerer saß. In den folgenden Telefonaten mit ihm versuchte der Sektionschef mir jedoch die Bedeutung und Vorbildwirkung einer Einigung mit den Streikenden zu vermitteln. Was am Ende also hieß: Wir boten der inzwischen bundesweit durch Berichterstattung bekannten Gruppe an, Sie auf Kosten des österreichischen Steuerzahlers zurück in ihre Heimat zu fliegen. Zwar nicht erster Klasse, aber immerhin.

Dazu gab es unsere Zusage, alle Betroffenen so lange in der Bundesbetreuung mit Unterkunft, Verpflegung und Kleidung zu versorgen, wie wir für die Organisation der Heimreise brauchten. Szymanski war davon angetan, rief mich an und meinte: »Schabhüttl, wenn Sie es schaffen, 150 von ihnen zur Rückkehr zu bewegen, dann hole ich Sie ab, wir fahren gemeinsam zum Flughafen Schwechat und schauen dem Flieger beim Aufsteigen zu.«

Ich rechnete mir gute Chancen aus, dass der Sektionschef schon bald mit seiner Limousine vorfahren musste. Doch ich hatte nicht mit den ebenfalls involvierten Juristen der Sicherheitsdirektion Niederösterreich gerechnet. Das Vorurteil, dass man am Ende eines Gesprächs mit drei Rechtskundigen vier Meinungen zu berücksichtigen habe, ist keines.

Jedenfalls stand mir nach erzielter Einigung mit den Kosovaren ein Gesprächsmarathon mit den Anzugträgern im großen Besprechungsraum gleich neben meinem Büro bevor. Sie machten mir unmissverständlich klar, dass so eine mündlich verhandelte Einigung zwar gut und schön sei, in einem Rechts- und Papierstaat wie Österreich jedoch eine ganze Reihe schriftlich festzuhaltender Notwendigkeiten zwischen den Vertragspartnern nach sich ziehe. Ordnung müsse eben sein.

Daher schlugen sie mir also vor, jedem freiwilligen Heimkehrer eine Art Vertrag mit knapp 20 Seiten Rechtsbelehrung unterschreiben zu lassen. Da wurde mir plötzlich warm. Die Herren meinten es gut, hatten jedoch keine Ahnung davon, wie schwer so ein kompliziertes Verfahren mit Menschen wie diesen in der Praxis umzusetzen war. Viele von ihnen konnten weder lesen noch schreiben, misstrauten den Übersetzern oder hatten, wenn sie selbst lesen konnten, aus verständlichen Gründen keine Lust, Texte zu unterfertigen, deren Inhalt sie in Wahrheit nicht interessierte.

In dieser Situation kam mir der damalige Bezirkshauptmann von Baden, Helmut Leiss, zu Hilfe. Leiss war ein Mann der Tat, fachlich hochqualifiziert und dennoch Realist genug, um zu wissen, welche Art von Bürokratie diesen Menschen und uns in dieser Situation zumutbar war und welche nicht. Weil das Zielland in Europa liege, sei es für seine Behörde ein Leichtes, die notwendigen Heimreisezertifikate auszustellen.

Alles, was wir benötigten, wären einseitige Formblätter mit den Rückkehrbedingungen, die die Kosovaren zu unterschreiben hatten, einen Dolmetscher, einen Sessel und einen Tisch, den wir direkt am Mitarbeiterparkplatz bei den Streikenden aufstellen sollten. Und so taten wir es dann auch. Sektionschef Szymanski entschied sich für unseren, den einfachen Plan.

Innerhalb weniger Tage füllten wir ein Flugzeug mit heimreisenden Kosovaren. Im Jet, kurz vor dem Abheben, bekam jeder von ihnen die versprochenen 120 Euro und die Gewissheit, sich hier ein langes und aussichtsloses Asylverfahren in der de facto Obdachlosigkeit erspart zu haben. Auch für die Republik war dieser Handel die günstigste Option, weil dadurch die teuren Verfahren mit all ihren Instanzen wegfielen. Im Vergleich zu den NGOs und den 700.000 Euro im Jahr, mit denen sie zu jener Zeit kaum Menschen zur Rückkehr bewegten, waren wir in diesem Fall geradezu ein Musterbeispiel an Effizienz. Beamtenmentalität halt, denke ich mir heute noch manchmal mit Genugtuung.

Apropos Beamtenmentalität. Szymanski hat seine Ankündigung mit dem Ausflug nach Schwechat dann doch nicht wahr gemacht. Anstatt der geforderten 150 unterschrieben nämlich »nur« 98 das entsprechende Formblatt. Die anderen Streikenden verschwanden anschließend buchstäblich und über Nacht aus der Betreuungsstelle.

Dennoch besuchte mich der Sektionschef wenige Wochen später. Wir trafen uns nicht am Flughafen, sondern in Traiskirchen. Bevor Innenminister Strasser ihn spazieren schickte, verabschiedete er sich persönlich bei mir. Ein feiner Zug.

Auf unsere minderjährigen Bewohner, die ohne Eltern unterwegs sind, müssen wir besonders achten. Kindern und Jugendlichen steht spezielle Fürsorge zu, insbesondere an Orten, die nicht für sie geschaffen sind. Ein Großquartier wie Traiskirchen ist so ein Ort. Das alles steht außer Zweifel. Wer nun aber wirklich minderjährig ist und wer nicht, darüber gibt es oft unterschiedliche Auffassungen.

Da stand er also vor mir: männliche Statur, kräftig, Glatze, jede Menge dunkle Haare an den Händen. Wie die anderen Jugendlichen auch stellte er sich gerade bei Haus 6 der Anlage an, um sich das vom Staat gewährte Taschengeld auszahlen zu lassen. Bei seinem Asylantrag hatte der Kirgise ein Alter von 17 Jahren angegeben.

Jetzt konnte ich mich nicht mehr zurückhalten, sprach ihn an und fragte, wie er sich sein reifes Äußeres denn erkläre. Der »Jugendliche« antwortete auf Deutsch, weil er der deutschen Ethnie in Kirgistan angehörte. Er sagte: »In meiner Heimat altern die Männer schneller.« Ich fühlte mich verbal entwaffnet. Erst später, im Lauf seines Asylverfahrens, tauchte ein als echt eingestuftes Personaldokument über besagte Person auf. Der 17-Jährige war in Wahrheit 51.

Der Mann ist kein Einzelfall. Sogenannte unbegleitete minderjährige Flüchtlinge, abgekürzt häufig als UMF bezeichnet, machten im Lauf der vergangenen Jahre die Hälfte bis zwei Drittel unseres Belagsstandes aus. Der Mehrheit der angeblichen Jugendlichen nimmt der Staat die behauptete Minderjährigkeit aber nicht ab. Sie alle kommen dann in das lange und teure Altersfeststellungsverfahren. Das ist eine Folge des überwiegend – sagen wir – kreativen Umgangs von Flüchtlingen mit der eigenen Identität. Aber warum ist das so?

Wer jünger ist als 18 Jahre wird in Österreich praktisch nicht in Schubhaft genommen. Personen, die wissen, dass ihre Chancen auf Asyl gering sind, gewinnen bei einem behaupteten Alter von 16 oder 17 Jahren eine Menge Zeit.

Zeit, um sich anderweitig zu verdingen, Zeit, um unterzutauchen. Meistens ist auch die Unterbringung von Minderjährigen in den Quartieren angenehmer als die von Erwachsenen. Mit gutem Grund, aber leider hat sich das auch herumgesprochen, in Schleppernetzen bis ans andere Ende der Welt.

So kommt es, dass bei uns bis zu 80 Prozent der Neuankömmlinge angeben, keine Papiere zu haben. Sie behaupten dann, aus besonders gefährlichen Regionen zu kommen oder eben minderjährig zu sein. Schaut man genauer hin, fallen einem dann plötzlich interessante Dinge auf.

Es muss zu Beginn der 2000er Jahre gewesen sein, als die Fremdenpolizei verstärkt Heiratsschwindlern nachstellte. Damals noch waren die Aktenbestände der Behörden bei weitem nicht so stark digitalisiert und vernetzt, wie das heute der Fall ist. Aber der Spürsinn der Beamten war stark.

So sah man sich speziell Asylwerber an, die während des Verfahrens heirateten. Dafür nämlich brauchten sie damals noch ihre Dokumente.

Eben diese Personen wurden von der Fremdenpolizei mit den Datenbeständen der Asylbehörden abgeglichen. Das Ergebnis: Alle von ihnen hatten beim Asylantrag eigentlich angegeben, über keine Identitätspapiere zu verfügen. Die Beamten glaubten zunächst an einen Fehler oder Zufall, wiederholten das Projekt ein Jahr später. Das Ergebnis war das gleiche.

Einige Gründe für den Schwindel mit Identitäten, insbesondere aber mit dem Alter, habe ich bereits genannt. Jener 51-jährige Kirgise, der angab 17 zu sein, kam zumindest zu Beginn seines Verfahrens in den Genuss einer Vollversorgung durch den Staat. Als Erwachsener – zu dem er später wegen des Dokumentenfundes wurde – musste er sich nach damaliger Gesetzeslage nämlich um sich selbst kümmern.

Seit 2010 versucht Österreich nun, dem Trend zur (angeblichen) Verjüngung entgegenzuwirken. Seit damals führen wir Altersfeststellungen mit wissenschaftlichen Methoden durch. Ein solches Verfahren dauert zwei bis drei Monate und kostet zwischen 700 und 900 Euro pro Person. Dabei fertigen Mediziner bis zu fünf Gutachten an: Handwurzel- und Zahnpanoramaröntgen, Schlüsselbein-CT, Ganzkörperuntersuchung und Obergutachten.

Nur wenn alle Detailuntersuchungen auf Volljährigkeit hinweisen, fällt auch das Urteil entsprechend aus.

Vor der Einführung dieses Prozederes äußerten sich Asylanwälte, vor allem aber NGOs, die Flüchtlinge während ihrer Verfahren beherbergen, kritisch über die Methode. Die Begründungen dafür (ungerechtfertigtes Misstrauen, Unwissenschaftlichkeit, Unmenschlichkeit) hielt ich persönlich immer nur für vorgeschoben.

Meiner Meinung nach ging es wie so oft ums Geld. Ohne Altersfeststellung bleibt dem Rechtsstaat oft nichts anderes übrig, als der Behauptung der Minderjährigkeit Glauben zu schenken. Unterkunftgeber bekommen dann während des Asylverfahrens den deutlich erhöhten Tagsatz vom Staat überwiesen. Der Unterschied zwischen voll- und minderjährigen Gästen schlägt sich also nicht nur in der Art der Betreuung, sondern auch auf dem Bankkonto nieder.

2010 erzielt ein Quartiergeber – zum Beispiel eine Hilfsorganisation – für einen Erwachsenen pauschal und alles inklusive 17 Euro am Tag (heute sind es 21 Euro). Bei Minderjährigen war und ist dieser Satz erheblich höher. 2010 standen pro Kopf und Tag und nach Wohngemeinschaftsgröße gestaffelt zwischen 37 und 75 Euro zur Verfügung (heute: 40,50 bis 95 Euro).

Wie verwirrend das Spiel mit den falschen Identitäts- und Altersangaben ist, zeigen uns Beobachtungen im Zuge der Auszahlungen des Taschengeldes. Dieses liegt heute bei 40 Euro im Monat. Die Auszahlung im Lager Traiskirchen erfolgt durch unseren privaten Auftragnehmer ORS. Die Anspruchsberechtigten stellen sich an, bekommen den Betrag in bar ausbezahlt, müssen dafür jedoch zur Quittierung unterschreiben.

Eben diese Unterschriften verglichen wir eine Zeit lang miteinander. Dabei fanden wir heraus, dass bei einer ganzen Reihe von Personen im Monatsrhythmus unterschiedliche Unterschriften auftauchten. Wir vermuteten schon, wie sich herausstellte völlig zu Unrecht, dass sich da ein Mitarbeiter bei der Auszahlung ein Zubrot verdiente. Tatsächlich waren die Empfänger des Geldes offenbar nicht mehr dazu in der Lage gewesen, zu unterscheiden, mit welchem Namen sie bei welcher Gelegenheit zu unterschreiben hatten.

Der systematische Altersschwindel führt manchmal zu Problemen, an die man selbst bei näherer Betrachtung nicht denkt, und die einen im Anlassfall dann wirklich überraschen. Was zum Beispiel hat ein 40-jähriger Patient auf der Kinderstation des für uns zuständigen Landesklinikums Mödling zu suchen?

Wobei die erfahrenen und verständnisvollen Pfleger und Ärzte des Spitals ein Erwachsener im Jugendbett noch lange nicht aus der Fassung bringt. Wenn aber anstatt lauter 16- oder 17-jähriger Teenager ausschließlich Männer zwischen 30 und 40 kommen, folgen – nicht zu Unrecht – böse Anrufe.

Es ist nämlich so: Neben den menschlichen Problemen, die Erwachsene aus aller Welt dort plötzlich verursachen, taten sich auch medizinische auf. Therapie, Medikamente und Pflege sind nun einmal anders, wenn es sich nicht um ein Kind, sondern einen ausgewachsenen Menschen handelt. Immerhin: Das Personal des Krankenhauses weiß, dass uns die Hände gebunden sind. Ein Flüchtling, der ohne Papiere behauptet, minderjährig zu sein, der ist in einem Rechtsstaat so lange minderjährig, bis ihm rechtskräftig das Gegenteil bewiesen wurde.

Wegen diesem Phänomen macht seit Jahren ein Scherz bei uns die Runde: Wie lange wird es wohl dauern, bis wir aus der Kinderstation die erste Mitteilung bekommen, dass der erste unbegleitete, minderjährige Flüchtling wegen eines altersbedingten Prostataleidens in Behandlung ist?

Insbesondere emotional ist der Umgang mit Kindern im Flüchtlingswesen noch schwieriger als mit Jugendlichen. Jene, die unter 14 Jahre alt sind und von ihren Eltern in die Welt geschickt wurden, um in einem möglichst reichen Land um Asyl anzusuchen, bezeichnete ich vor einigen Jahren in einem Interview als Ankerkinder. Das Prinzip ist nämlich häufig das gleiche: Durch das Vorausschicken des Nachwuchses setzen Großfamilien aus fremden Ländern im Zielland ihrer Wahl einen

Anker. Familiennachzug heißt das Zauberwort, das in so vielen Fällen aus einem Asylwerber schnell eine ganze Gruppe macht. Wer will schon einem Kind verwehren, dass es in seiner neuen Heimat von seinen Eltern versorgt werden kann?

Caritas-Präsident Michael Landau bezeichnete meine Wortschöpfung, die übrigens zahlreiche Medien vorbehaltlos aufgriffen, in einem Interview mit der Austria Presse Agentur als »schäbig, herzlos und inhaltlich falsch«. Ich widerspreche ihm. Der Begriff ist objektiv korrekt. Nicht mehr und auch nicht weniger.

Die betroffenen Kinder sind selbst Opfer, von ihren Eltern dazu missbraucht, stellvertretend für sie als erste die gefährliche Reise nach Österreich zu beschreiten. Mit Flucht vor Verfolgung hat das in den allermeisten Fällen von Ankerkindern nichts zu tun, sondern mit strategisch geplanter Migration.

Nicht selten werden die Kleinen unmittelbar vor der Betreuungsstelle einfach ausgesetzt und sagen dann das, was ihnen zuvor eingebläut wurde: »Asyl«. In Spitzenzeiten erleben wir fünf bis zehn solcher traurigen Fälle pro Woche. Einen herzzerreißenden Fall erlebte ich, als – es war offenbar die Tante des Kindes – ein Einjähriger bei uns abgegeben wurde. Die Frau stellte selbst einen Asylantrag, wollte aber nichts mit dem Baby zu tun haben. Mit viel Aufwand und nach langen Gesprächen mit der Jugendwohlfahrt konnte sie letztlich doch dazu bewegt werden, sich im Alltag um das von ihr mitgebrachte Kind zu kümmern.

Diese unbürokratische Art von sogenannter Remunerantentätigkeit hat sich im Lauf der vergangenen Jahre als praktikable und menschliche Lösung für Kinder und auch Frauen erwiesen, die sich freiwillig dazu bereiterklären. Als Belohnung gibt es ein erhöhtes Taschengeld von 21 Euro pro Tag.

Gleichzeitig wirft das Losschicken der Kinder ein fatales Licht auf die Lebensumstände in ihren Heimatländern und die Moral der Schlepper.

Wer an solchen Schicksalen Geld verdient, ist nicht das, was Träumer bei uns als Fluchthelfer bezeichnen. Die einzig korrekten Bezeichnungen dafür stehen in den Paragrafen des Strafrechts.

Wenn Kriminelle Schutz suchen

Weil in einer so großen Anlage wie der Bundesbetreuungsstelle Traiskirchen immer irgendwelche handwerklichen Aufgaben anfallen, haben wir auch einen Betriebsmaler und einen Schlosser. An jenem Tag unterhielten sich die beiden gerade, als von außerhalb und entlang der Nordseite des Geländes plötzlich ein Afrikaner über die hohe Ziegelmauer lugte. Zuerst links, dann rechts. Als die Luft rein schien, schwang er sich über die Mauer, ging schnurstracks auf einen großen Laubhaufen zu, ließ die Hose herunter und ...

Die beiden wollten sich den Anblick der erwarteten Aktivität ersparen und gingen, beobachteten jedoch die gleiche Szene am nächsten und übernächsten Tag wieder. Das kam ihnen dann doch verdächtig vor, weil die »Mauerspringer«, so nennen wir jene, die von außen – aus welchen Gründen auch immer – ins Flüchtlingslager eindringen, normalerweise immer gleich loslaufen, wenn sie die letzte Barriere überquert haben. Dieser hier kam jeden Tag wieder. Von außen. Schien nicht zu flüchten, sondern genau zu wissen, was er tut.

Also informierten mich die beiden Handwerker und ich die – es war das Jahr 2001 – Gendarmerie. Gemeinsam durchsuchten wir schließlich den Laubhaufen und fanden dabei keine menschlichen Ausscheidungen, sondern fein säuberlich verpacktes Heroin im damaligen Wert von 250.000 Schilling.

Kriminalität unter Asylwerbern, daran besteht kein Zweifel, ist ein Problem, mit dem wir in Traiskirchen und innerhalb des gesamten Asylsystems zu kämpfen haben. Wenngleich auch auf diesem Sektor öffentlich und an den Stammtischen allzu viel mit Vorurteilen gespielt wird. Der »typische« Asylwerber ist nämlich nicht kriminell. Wenn es so etwas wie »typische« Flüchtlinge überhaupt gibt, dann trifft auch das Wort »arm« nicht auf sie zu. Sie sind vor allem jung, männlich und nachtaktiv. Und ja, das führt in einigen Fällen auch zu Problemen.

Trotz des umfangreichen Betreuungsangebots (siehe dazu auch das Kapitel: »Notquartier mit Vollversorgung und Freizeitprogramm«) haben Asylwerber viel Zeit. Während der Nachtruhe zwischen 22 Uhr abends und 6 Uhr morgens haben wir regelmäßig durchgängige Abwesenheiten von 10 bis 15 Prozent des Belagsstandes. Im Winter. Im Sommer kann dieser Anteil schnell auf 30 bis 40 Prozent anwachsen. Wir wissen das so genau, weil wir schon länger über ein Zutrittssystem mit Strichcodes verfügen.

Was überwiegend junge Männer in ihren besten Jahren nachts so tun, darüber kann ich in den Details nur mutmaßen. In der Summe weiß man aber, das zeigen Daten und Polizeirazzien, gehen sie mitunter auch illegalen Geschäften nach.

Tatverdächtige Asylwerber pro Jahr

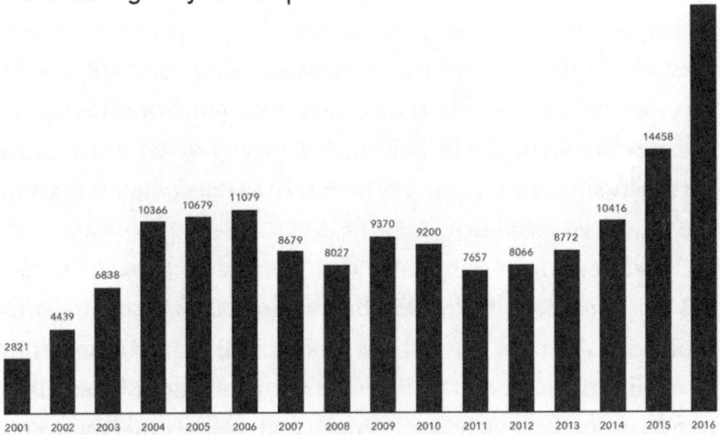

Quelle: Bundeskriminalamt

Wie die vorangestellte Grafik zeigt, ist die Zahl der wegen Straftaten angezeigten Flüchtlinge im Lauf der vergangenen Jahre tendenziell gestiegen. Das ist an sich keine Überraschung, denn je mehr Asylwerber zu uns kommen, desto höher ist auch die Zahl derer, die auf die schiefe Bahn geraten. Schwerer hingegen wirkt der Umstand, dass allerspätestens seit den koordiniert durchgeführten Straftaten der Silvesternacht 2016 in Köln Asylwerber in Sachen Kriminalität unter besonderer Beobachtung stehen.

Das bedeutet aber auch umgekehrt, dass jene, die positiv auffallen, sich integrieren wollen, aktiv an der Gesellschaft ihres Gastlandes teilnehmen, ins Hintertreffen geraten. Um es mit einem Bild zu beschreiben: Wahrgenommen werden ausschließlich die faulen Kartoffeln im Sack. Die guten, die genießbaren, sieht und riecht nur der, der genau hinschaut. Doch diese Zeit nimmt sich heutzutage kaum jemand mehr.

Einer der Gründe dafür, so ehrlich muss man sein, sind nicht zu leugnende Probleme. Junge Männer ohne Ausbildung und Perspektive rutschen leicht ab, müssen hier jenes Geld verdienen, das ihre Familien zu Hause monatlich von ihnen erwarten. Kleinkriminalität, Diebstähle und Drogengeschäfte als Laufburschen sind für sie nur Optionen, zumindest die geringsten Ansprüche zu erfüllen.

Dabei bestätigen sich leider auch Vorurteile. Sobald der Anteil der Afrikaner in Traiskirchen steigt, steigt auch die Drogenkriminalität. Zu tun hat das wohl damit, dass die selten in Erscheinung tretenden Hintermänner von diesem Kontinent stammen, und sie sich gerne ihrer Landsleute bedienen, wenn es um die Verteilung der Ware geht. Zuletzt beobachteten wir das Phänomen im ersten Halbjahr 2016, als wir gleichzeitig bis zu 220 Nigerianer in den Unterkünften hatten. Die jungen Männer waren derart dreist, dass sie außerhalb der Betreuungsstelle mehrfach den eingesetzten Zivilstreifen Drogen zum Kauf anboten. Innerhalb der Unterkünfte verging kaum eine Woche ohne Polizeirazzia. Aktionen, die das illegale Treiben nur kurzfristig eindämmten.

Hier liegt vielleicht auch eine der größten Schwächen unseres Rechtsstaates. Für kleinkriminelle Fremde fehlen Exekutive und Justiz meiner Einschätzung nach schlichtweg die Instrumente. Bei Kapitalverbrechen, Mord, Terrorismus und auch Wirtschaftskriminalität, da kennt der Staat kein Pardon. Asylwerber, die bei »kleineren« Delikten erwischt werden, haben aber kaum Konsequenzen zu fürchten.

Befinden sie sich in Grundversorgung, verfügen sie über einen festen Wohnsitz und vermeiden so fast immer die Untersuchungshaft. Auf den Ausgang der Asylverfahren haben kleinere Straftaten wie ein Ladendiebstahl ebenfalls kaum negative Konsequenzen. Von öffentlicher Seite gibt es für die aufgebrachte Bevölkerung nur Beruhigungspillen à la: Ja, wir werden uns mögliche Konsequenzen anschauen, und ja, die Verfahren müssen schneller abgewickelt werden. Der Bürger hat aber wenig Verständnis dafür wenn Menschen, die hierzulande offiziell um Schutz vor Verfolgung ansuchen, mit dem Strafrecht in Berührung kommen. Diebstähle und Drogendelikte beeinträchtigen die Sicherheit in Österreich objektiv nur geringfügig, subjektiv sind sie jedoch genau jene Art von Kriminalität, die der Bevölkerung Sorgen bereitet. Hier sollte der Staat in Zukunft konsequenter auftreten, weil allzu viel Nachsicht, ich spreche von der berühmten Anzeige auf freiem Fuß, an den Stammtischen wie Gift wirkt.

Zwischen Politaktionismus und Verantwortung

Meine Dienststelle ist seit ihrem Bestehen als Unterkunft für Flüchtlinge eine wichtige Projektionsfläche für jene Politiker, die nicht unmittelbar selbst für das Flüchtlingslager verantwortlich sind. Genau genommen sind das alle außer dem jeweils amtierenden Innenminister. Ethik und Sparsamkeit mit Steuergeld spielen dabei jedoch nur eine untergeordnete Rolle. Ein Lehrstück für diese weit verbreitete Unsitte lieferte vor nicht allzu langer Zeit der niederösterreichische Landeshauptmann Erwin Pröll ab, der die Geschäfte nach 25 Jahren an der Macht inzwischen an seine Nachfolgerin, Ex-Innenministerin Johanna Mikl-Leitner, abgegeben hat.

Im Sommer 2014 zeigte Pröll uns, wozu er fähig war. Wieder einmal kamen mehr Flüchtlinge nach Österreich, und wieder einmal wurde Traiskirchen voller. Pröll gefiel das nicht und drohte via Medien mit Konsequenzen. Irgendein Werkzeug, so der Landeshauptmann, werde sich schon finden, um einen behördlichen Aufnahmestopp zu verhängen, wenn sich die Lage nicht bessere.

Auf die nach Österreich strömenden Flüchtlinge machte das natürlich keinen Eindruck, also schickte er den ihm weisungsgebundenen Bezirkshauptmann von Baden, der schließlich einen gewerberechtlich begründeten Aufnahmestopp (29. Juli 2014) verfügte. Unserem privaten Partner ORS war damit untersagt, Neuankömmlinge in jedweder Hinsicht zu versorgen. Als Begründung wurde wie so oft »Gefahr in Verzug« strapaziert. Damals wohnten 1351 Asylwerber bei uns, also weitaus weniger, als wir Kapazität hatten (1820). Zusätzlich wurde ein – angeblich – fehlendes Sicherheitskonzept bemängelt, das jedoch damals schon seit zwei Jahren bei der BH lag.

Es half jedoch alles nichts, wir mussten Notmaßnahmen ergreifen. Schließlich brauchte es für die Neuankömmlinge Betreuung. Wir entschieden uns für den am schnellsten umsetzbaren Weg: Das Innenministerium macht das, was es vor der Privatisierung der Flüchtlingsbetreuung tat, einfach wieder selbst. Und zwar weil das Gewerberecht für den Bund keine Zuständigkeit hat.

Dazu brauchten wir jedoch Hilfe von der angrenzenden Polizeischule und von weiteren, zugekauften Auftragnehmern, einem Caterer und Spezialisten für Personalbereitstellung. Bis ins Frühjahr 2015 lief dieses Notprogramm schließlich. Am Ende saßen wir auf 4500 Beamten-Überstunden und Zusatzkosten in der Höhe von über einer Million Euro.

Ein hoher Preis für Prölls Machtdemonstration, die außer Publicity, aufgeregter Medien und NGOs nichts hinterließ und meiner Einschätzung nach auch sachlich nicht begründbar war.

Es folgt ein Zahlenspiel zum Nachdenken: Als die angebliche »Gefahr im Verzug« erkannt wurde, lebten – wie erwähnt – 1351 Asylwerber bei uns. Im Februar 2015, als der Bescheid nicht mehr zu halten war und die »Gefahr« wegen Überbelags endete, waren es 1701, also 350 Personen mehr.

Doch auch andere trieben ihre parteipolitischen Spielchen mit mir und meiner Dienststelle. Besonders intensiv und schamlos tun das seit Jahrzehnten auch die sozialdemokratischen Bürgermeister von Traiskirchen.

Ihre eigene Art, die von mir geführte Einrichtung als Mittel zum Zweck zu gebrauchen, hatte und hat die parlamentarische Opposition. Die Grünen haben eine klare Position zur Flüchtlingspolitik der Regierenden: Im Zweifelsfall mehr als weniger zulassen. Auch wenn das in vielen Fällen – wie ich meine – weltfremd ist, im persönlichen Umgang waren sie stets angenehmer und aufrichtiger als die örtlichen Chefs.

Während die Grünen regulierende Maßnahmen zum Zuzug auf der Asylschiene tendenziell ablehnen, kann es der FPÖ meistens nicht streng genug sein. Die Projektionsfläche ihrer politischen Arbeit war daher meiner Wahrnehmung nach weniger die Betreuungsstelle Traiskirchen, sondern der jeweilige Amtsinhaber im Innenministerium. Wie ich diese und die vorher genannten Politiker persönlich erlebte, möchte ich im Folgenden beschreiben.

Schwierige Gastgeber: Die Bürgermeister von Traiskirchen

Während meiner Jahre in Traiskirchen erlebte ich zwei Bürgermeister der SPÖ. Mit beiden war ich selten einer Meinung. Es heißt, dass man mit zunehmendem Alter gelassener wird. Dennoch habe ich bis zuletzt nie aufgehört, mich über das Verhalten des jeweils mit Amtsgewalt ausgestatteten Ortschefs zu ärgern. Niemals hatte das mit seiner Partei, dem dazugehörigen Programm oder der im Wahlkampf vertretenen Ideologie zu tun.Ich habe immer mein Möglichstes getan, mich – auch aufgrund der exponierten Funktion – möglichst aus der Politik herauszuhalten. Was mich bis heute am Verhalten vieler mit dem Flüchtlingslager befassten Politiker jedoch stört, das sind die Spielchen, die sie mit der Einrichtung treiben.

Nun bin ich natürlich nicht so naiv, zu glauben, dass ausgerechnet jene Politiker, die wie zum Beispiel Bürgermeister besonders viel Kontakt zur Wohnbevölkerung ihres territorialen Einflussbereichs haben, stets und ausschließlich Sachpolitik betreiben können. Spätestens bis zum jeweiligen Wahltag müssen sie dem Souverän auf möglichst prägnante Art und Weise klargemacht haben, warum das Kreuz am Stimmzettel ausgerechnet heute neben ihrem Namen gemacht werden sollte. Das gehört nämlich letztendlich auch zum demokratischen Prozess.

Die Ortschefs von Traiskirchen jedoch befanden sich meinem Gefühl nach im Laufe des vergangenen Vierteljahrhunderts auf einem niemals enden wollenden Selbstdarstellungstrip. Ich würde sogar so weit gehen und behaupten, dass ihre Stadt nur deshalb schon vor der Flüchtlingswelle 2015 bundesweit reflexhaft mit der Bundesbetreuungsstelle in Verbindung gebracht wurde, weil die beiden Bürgermeister nie müde wurden, diese Verbindung in der Öffentlichkeit wieder und wieder in Erinnerung zu rufen.

Der unangenehme Nebeneffekt war, dass sie es damit vor allem dem Innenministerium über die Jahre extrem schwer machten, die vom Parlament beschlossenen Gesetze zur Abwicklung von Asylverfahren und Betreuung von Flüchtlingen zu vollziehen. Die Folgen bekam das ganze Land zu spüren, denn in der

Sache erwies die Traiskirchener Lokalpolitik der Republik damit einen Bärendienst.

Wegen dem Unbehagen, das dadurch in Kommunen aller Bundesländer entstand, wollten immer weniger Gemeinden Asylwerber übernehmen. Kein Bürgermeister, der auch nur halbwegs ans eigene, politische Überleben dachte, riskiert bei sich zu Hause ein »zweites Traiskirchen«. Es ist damit eine Ironie des Schicksals, dass der Überbelag, den die Bürgermeister Traiskirchens so oft beklagen, zu einem Gutteil mit ihrem eigenen Verhalten zu tun hat.

Friedrich Knotzer, der in der Öffentlichkeit meistens Fritz genannt wurde, war ein Paradebeispiel für eine typische, sozialdemokratische Karriere in Niederösterreich. Der gelernte Einzelhandelskaufmann arbeitete zunächst dort, wo viele Arbeiter seiner Partei unterkamen, beim 1995 spektakulär in die Pleite geschlitterten Konsum. 15.000 Mitarbeiter waren unmittelbar davon betroffen.

Knotzer hatte seine Zeit als aktiver Filialleiter da jedoch schon lange hinter sich. 1970 stieg er als Bezirksparteisekretär voll ins politische Geschäft ein. Fünf Jahre später wurde er Gemeinderat in Traiskirchen, 1985 Bürgermeister. Bis zu seinem Rücktritt wurden ihm noch höhere politische Weihen zuteil. Für die SPÖ zog er parallel in den Landtag, war dort kurz auch Klubobmann und brachte es schließlich bis zum Landesrat. Bürgermeister war er bis 2014.

Zu welchem Aktionismus die Traiskirchener Lokalpolitik fähig war, das zeigte sie erstmals eindrucksvoll im Jahr 1990. Es weiß wohl niemand mehr so genau, woher das Gerücht kam, ob es gezielt gestreut wurde oder durch eine unglückliche Fügung aus einer Eigendynamik heraus entstand. Jedenfalls hieß es damals, dass nach dem Umbruch in Rumänien und dem Sturz von Langzeitdiktator Nicolae Ceaușescu 5000 plötzlich arbeitslos gewordene Ex-Mitarbeiter der berüchtigten Securitate an der Grenze nur darauf warteten, nach Österreich einzusickern und um Asyl anzusuchen.

Die Securitate war Ceaușescus Geheimpolizei mit zuletzt 40.000 offiziellen und angeblich zehnmal so vielen inoffiziellen Mitarbeitern. Also eine Art rumänische Stasi, deren wichtigste Aufgaben die waren, das eigene Volk zu kontrollieren, auf Regimelinie zu halten und im Fall von Abweichlern und Aufrührern hart durchzugreifen.

Jedenfalls wollte hierzulande niemand, dass diese Leute ins Land kamen. Insbesondere in Traiskirchen nicht. Und hier tat sich vor allem Bürgermeister Knotzer als Schutzherr der Bevölkerung vor den rumänischen Geheimdienstschergen hervor. Wenn es um Flüchtlinge ging, dann tat es nämlich wie so oft nichts zu Sache, dass die Behauptungen nicht stimmten. Vielleicht hatte es auch damit zu tun, dass die Rumänen, die zuvor legal auf dem Asylweg nach Österreich gekommen waren, in und rund um das Flüchtlingslager für Gesprächsstoff sorgten. Die meisten von ihnen waren inzwischen verfestigt und arbeiteten.

Verfestigt bedeutet, dass sie sich bereits in Bundesbetreuung befanden oder gar schon als Flüchtlinge anerkannt waren. Als solche hatten sie natürlich auch das Recht auf dauerhaften Aufenthalt – inklusive der dazugehörigen Beschäftigungsbewilligung. Trotzdem wohnten viele auf dem Gelände des Flüchtlingslagers, bezahlten dafür sogar einen geringen Betrag, also eine Art Mietzins.

Im Beamten-Sprech hieß das UVK, was so viel wie Unterkunfts- und Verpflegungskosten bedeutet. Die Anrainer staunten nicht schlecht, wenn die Gäste mit ihren neuwertigen Autos – die meisten davon in der Golf-Klasse – die Anlage verließen. Besonders ist mir jedoch eine Luxuslimousine vom Typ Mercedes 450 SEL in Erinnerung geblieben. In den Unterkünften war auch die Dichte an Videorekordern, Fernsehgeräten und Stereoanlagen höher als in der Stadt selbst. Heutzutage stellen diese Geräte keine Statussymbole mehr dar, damals jedoch galten sie als Inbegriff luxuriöser Unterhaltungselektronik. Natürlich, Flüchtlinge müssen nicht zwangsläufig arm sein. Dennoch machte die Lage zu jener Zeit kein gutes Bild bei all jenen, die das sahen.

Um »seine« Stadt nun vor noch mehr Rumänen, nämlich den vermeintlich ehemaligen Securitate-Mitarbeitern, zu schützen, ließ Fritz Knotzer die Zufahrtsstraßen in die Stadt mit Fahrzeugen aus dem Fuhrpark der Gemeinde blockieren. Ausländer, die bis dahin nicht im Lager gemeldet waren, sollten die Stadt nicht mehr betreten können.

Auch die Stimmung innerhalb der Bevölkerung wurde dadurch aufgeheizt, Gruppen von Bürgern zogen durch die Stadt, einmal eskalierte die Lage fast. Die Gendarmerie eilte zu einem Einsatz, weil ein Trupp Einheimischer kurz davor war, einen Reisebus, vollbesetzt mit ausländischen Sportlern, umzukippen. Auch ich, damals in den letzten Monaten meines Exekutivdienstes tätig, machte in diesen Tagen mehrfach Verkehrsdienst in Traiskirchen, um die durch Knotzers Aktion ausgelösten

Staus zumindest halbwegs erträglich zu machen und Fahrzeuge umzuleiten.

Es gab an Knotzer jedoch auch Seiten, die sowohl ich, als auch die Mitarbeiter des Ministeriums in der Herrengasse zu schätzen wussten. Egal, was man von seinem politischen Aktionismus hielt: Der Mann hatte Handschlagqualitäten. Wenn er im Rahmen der wöchentlich stattfindenden Sicherheitsbesprechungen mit uns ankündigte, er werde den Umstand, dass ihm derzeit wieder zu viele Flüchtlinge das Lager verlassen und die Straßen seiner Stadt bevölkern, mit allen Mitteln in den Zeitungen bekämpfen, dann tat er das.

Wenn er sich jedoch davon überzeugen ließ, dass man das derzeit auch leiser, im Hintergrund lösen könne, lenkte er aber auch immer wieder ein. Geschah das, dann hielt er sich auch verlässlich an die eben getroffene Abmachung. Das diente der Sache, beide Seiten konnten dann aufeinander bauen und darauf vertrauen, dass die Angelegenheit zumindest dieses Mal sachlich bereinigt wurde.

Dass der damalige Innenminister (siehe dazu auch das Kapitel: »Meine Minister«) mit Franz Löschnak ein Parteifreund war, den Knotzer mit seinen Straßenblockaden brüskierte, schien ihn nicht zu interessieren. 2013 gab er den »Salzburger Nachrichten« ein Interview, das vor dem Hintergrund der Ereignisse des Jahres 1990 in einem völlig anderen Licht erscheint.

Damals sagte er der Zeitung, dass es ihm bei Anliegen der Gemeinde Traiskirchen nämlich »wurscht« sei, welcher Couleur der gerade verantwortliche Innenminister angehöre. Nach all dem, was ich in den folgenden Jahren mit ihm und seinem Nachfolger erlebte, traue ich mir die Einschätzung zu, dass man in Knotzers Interview-Satz getrost die Anliegen der Gemeinde gegen seine eigenen, politischen Interessen austauschen kann.

Dabei waren die Straßenblockaden des Jahres 1990 bei Kenntnis dessen, was später kommen sollte, eigentlich noch Kleinigkeiten. Knotzer und sein Nachfolger ließen nichts unversucht, der Republik den Betrieb der größten Flüchtlingseinrichtung im Land möglichst schwierig, kostspielig und unangenehm zu machen. Ein uralter Gemeinderatsbeschluss aus dem Jahr 1959 steht exemplarisch dafür. In diesem Jahr nämlich beschloss das lokale Stadtparlament, dass das Lager lieber früher als später zu schließen sei. Freilich hatte dieser lokale Wunsch für die Bundesverwaltung rein rechtlich gesehen keine Konsequenzen. Er erklärt jedoch heute noch, warum die obersten Politiker Traiskirchens so handeln, wie sie handeln.

Ein besonders beliebtes Spiel war und ist jenes über die Medien. Es war Mitte der 1990er Jahre, als wir das in die Jahre gekommene und damit baufällig gewordene Haus 10 (Mozart-Haus) auf dem Gelände abreißen ließen. Für Fritz Knotzer waren die Arbeiten Anlass für die vor Journalisten getätigte Behauptung, das gesamte Lager würde geschleift werden. Frei nach dem Motto: Auch wenn nur ein Fünkchen Wahrheit in solchen Äußerungen ist, steter Tropfen höhlt den Stein.

Knotzer ging im Rahmen seiner Tätigkeiten gegen das Flüchtlingslager nie zimperlich vor. Er schreckte dabei auch nicht davor zurück, dem Bund und damit allen Steuerzahlern im Land finanziellen Schaden in Millionenhöhe zuzufügen. Ihm erschienen solche Tätigkeiten offenbar als kostenlose Wahlwerbung. Eine dieser Geschichten spielte sich rund um die

Generalsanierung des aus Fernsehen und von Pressefotografien bekannten Haupthauses ab.

Es war im Jahr 1996, als mein Team und ich damit begannen, nach der stückchenweisen Renovierung der kleineren Gebäude endlich auch das gewaltige Haus 1 in Angriff zu nehmen. Das mächtige Bauwerk dominiert die gesamte, nähere Umgebung und ist auch gut aus der Ferne auszumachen. Von seinen oberen Stockwerken aus hat man einen herrlichen Fernblick über Teile des Wiener Beckens und auf die Hügel des südlichen Wienerwalds. Doch egal, wie solide die Baumeister und Arbeiter der k.&k.-Zeit auch gearbeitet hatten, irgendwann gehört an einem so alten Kasten etwas getan. 1999 stand der Sanierungsplan schließlich und 2001 suchte die Bundesimmobiliengesellschaft (BIG), eine 100-Prozent-Tochter im Eigentum der Republik, im Traiskirchener Rathaus um die nötige Baubewilligung an.

Es war nämlich so, dass im Zuge der Arbeiten auch tragende Wände des Gebäudes verändert werden mussten. Für Bürgermeister Fritz Knotzer muss das wie ein aufgelegter Elfmeter gewirkt haben. Als Baubehörde in seinem Einflussbereich kommt Ortschefs auf diesem Sektor einigermaßen viel Macht zu. Er witterte seine Chance, fragte einen Gutachter und erhielt von diesem den Rat: Der in vergangenen Baubewilligungen eingetragene Bauwerber war die Republik Österreich.

Beim jetzigen, der BIG, sei nicht klar, ob dieser überhaupt die Rechtsnachfolge des Vorgängers antreten könne. Und aus eben diesem Grund könne es sich lohnen, der um Bewilligung ansuchenden BIG einen positiven Bescheid zu verweigern. Zudem war das Gelände im Flächenwidmungsplan als »Bauland Sondergebiet Bundesgebäude« ausgewiesen. Der Bund war jedoch nicht mehr unmittelbarer Eigentümer. Eine Wortspalterei aber für politischen Aktionismus offenbar stichhaltig genug.

Obwohl die privatwirtschaftlich geführte Gesellschaft des Staates vergleichbare Bauverfahren in zahllosen anderen Städten und Gemeinden völlig problemlos abwickelte, erkannte Knotzer die BIG nicht als Rechtsnachfolger des Bundes an.

Die BIG hingegen wehrte sich, wandte sich in Folge an den Verfassungsgerichtshof, wurde mit ihrem Vorbringen dort anstandslos zum Verfahren zugelassen. Aus ihrer Sicht mit Erfolg. 2004 erging schließlich das Erkenntnis der Höchstrichter, dass – stark vereinfacht gesagt – die Bundesimmobiliengesellschaft als Nachfolger des Bundes auch vom Traiskirchener Bürgermeister anzuerkennen und, Erfüllung der Bauordnung vorausgesetzt, ein positiver Baubescheid auszustellen sei. Die Höchstrichter waren in Teilen des Urteils sehr deutlich, in der Öffentlichkeit ist es im Nachhinein jedoch kaum mehr thematisiert worden. Unter anderem stand darin zu lesen:

»Die belangte Behörde (die Stadtgemeinde Traiskirchen, Anm.) hat der Verordnung (der Flächenwidmung, Anm.) einen gesetzwidrigen Inhalt beigemessen: Gemäß (...) niederösterreichischem Raumordnungsgesetz ist bei der Ausweisung von Sonderflächen im Bauland auf eine bestimmte Nutzung abzustellen, nicht auf einen bestimmten Eigentümer.«

Das Dumme damals war nur, dass in der Zwischenzeit einige Jahre vergangen waren, seitdem die BIG im Rahmen einer Ausschreibung die für sie kostengünstigsten Baufirmen ausgewählt hatte. Weil sie wegen der durch Knotzer verursachten Verzögerungen jedoch selbst nicht den eingegangenen Verpflichtungen gegenüber den Auftragnehmern nachkommen konnte, entstanden so Mehrkosten in der Höhe von etwa einer Million Euro.

Gänzlich ohne »Erfolg« für sein politisches Spiel wollte sich Knotzer dann aber auch nicht zufriedengeben. Die Revanche für die Niederlage vor dem Verfassungsgerichtshof ist für das Innenministerium noch heute spürbar. Trotz modernster Ausstattung für das Großquartier reduzierte der Bürgermeister die höchstzulässige Anzahl gleichzeitig anwesender Flüchtlinge im Gebäude. Waren es vor der Generalsanierung 1904, so durften wir danach in einem technisch deutlich aufgewerteten Haus in den Stockwerken 1 bis 3 plötzlich nur noch 720 unterbringen. Knotzer war seinem Ziel, den Betrieb der Flüchtlingsbetreuungsstelle für den Bund Stück für Stück unwirtschaftlicher zu machen, wieder einen Schritt nähergekommen.

Fritz Knotzers nächster großer Schlag gegen das Innenministerium, das steuerfinanzierte Asylwesen und damit die Bürger dieses Landes folgte im Herbst 2012. Weil die Bundesländer ihrer Pflicht zur Übernahme von zum Verfahren zugelassenen Asylwerbern – wie so häufig – nicht nachkamen, ging bei uns der Belagsstand durch die Decke. 1400 Menschen wohnten damals an Spitzentagen auf dem Gelände.

Erst im Jänner 2010 hatten sich die damalige Innenministerin Maria Fekter und der niederösterreichische Landeshauptmann Erwin Pröll (beide ÖVP) politisch und, das ist wichtig, nicht per Gesetz darauf geeinigt, dass das Lager Traiskirchen ab sofort mit höchstens 480 Personen zu belegen sei.

Nicht einmal zwei Jahre später tobte der Parteipatriarch in St. Pölten, dass das von ihm mitunterzeichnete Papier offenbar niemand ernst nahm. Er muss es zudem als persönliche Schmach empfunden haben, dass Traiskirchen in jenen Tagen so voll war, obwohl mit Johanna Mikl-Leitner inzwischen eine seiner Vertrauten im Chefsessel des Innenministeriums Platz genommen hatte. Mit einer Titelgeschichte in der »Kronen Zeitung« stellte er dem Innenressort und den Bundesländern in jenem Herbst öffentlich die Rute ins Fenster: Entweder seine Landeshauptmannkollegen erfüllen künftig ihre Pflichten bei der Unterbringung von Flüchtlingen, oder die Bundesbetreuungsstelle werde gesperrt. Und zwar durch feuerpolizeiliche oder baupolizeiliche Verordnungen.

Fritz Knotzer erwies sich in dieser Situation als verlässlicher Kompagnon über die Parteigrenzen hinweg. So verlässlich, dass ihm Pröll am Ende desselben Jahres persönlich das »Silberne Komturkreuz mit dem Stern des Ehrenzeichens für Verdienste um das Bundesland Niederösterreich« verlieh. In seiner Laudatio begründete der Landeshauptmann die Entscheidung damit, dass Knotzer eine »Brücke der Zusammenarbeit zwischen den politischen Ebenen« geschaffen habe. Wie diese Brücke aussah, und warum diese, wie der Unabhängige Verwaltungssenat schließlich feststellte, sogar eindeutig rechtswidrig war, lesen Sie im Folgenden.

Erwin Pröll hatte also in der Zeitung die Strategie vorgegeben: das Lager Traiskirchen massiv verkleinern. Als Vehikel sollten Sicherheitsvorschriften der örtlichen Behörde, sprich der Stadt Traiskirchen dienen. Uns allen dämmerte, dass das politische Spielchen wohl über den Brandschutz gespielt werden würde. So kam es dann auch.

Brandschutz ist insbesondere in Großquartieren von immenser Bedeutung. Das Lager Traiskirchen ist zusätzlich mit dem

Problem konfrontiert, dass seine Bewohner häufig aus Regionen dieser Erde kommen, in denen die bei uns geltenden Standards vollkommen unbekannt sind. Allein aus diesem Grund sind Zwischenfälle auch bei all den getroffenen Vorkehrungen nie auszuschließen.

Der 9. Februar 1991 war so ein Tag. Zwei Tage später trat ich auf dem Gelände meinen Dienst an. Eine Familie aus Rumänien hatte ihr dreijähriges Kleinkind für einen Kurzbesuch bei Bekannten, die im selben Haus der Betreuungsstelle untergebracht waren, allein in der Unterkunft zurückgelassen. Das Kind dürfte damals einen Elektrokocher in Betrieb genommen haben, Vorhänge und unter den Betten gelagerte Autoreifen fingen Feuer. Das Zimmer brannte völlig aus, das Kind überlebte das Inferno nicht.

Seit diesem Zwischenfall gab es massive Investitionen in Sicherheitseinrichtungen. Wir haben unter anderem 269 Brandschutztüren, 463 Rauch- und Wärmemelder, 58 Druckknopfmelder, 71 Feuerlöscher, 32 Gangfenster mit brandhemmender Verglasung, 9 Brandrauchentlüftungsklappen, 2 Rauchabzugsventilatoren und eine Trockensteigleitung. Mindestens einmal im Jahr führt die örtliche Freiwillige Feuerwehr mit mir und meinen Mitarbeitern eine Brandschutzübung durch. Bei der Veranstaltung besteht Anwesenheitspflicht.

Für den 9. Oktober 2012 war wieder eine entsprechende Übung angesetzt. Tatsächlich wurde es eine von der Feuerwehr veranstaltete Show für Medien, die vom Leiter des Bürgermeisteramts, dem heutigen Bürgermeister Andreas Babler, organisiert worden war. Anstatt das Personal zu schulen, suchte die Feuerwehr nach vermeintlichen Mängeln. Die am Eingangstor wartenden Journalisten sollten dazu dienen, im Fall des Falles sofort und öffentlich Kritik am vermeintlichen Versagen des Innenministeriums äußern zu können.

Ganz so einfach wie erhofft war es dann aber offensichtlich nicht. Die Feuerwehr meinte, die Ergebnisse erst auswerten zu müssen, und Bürgermeister Knotzer kündigte für den 30. November einer feuerpolizeiliche Beschau unter seinem Vorsitz an.

Erwin Pröll hatte inzwischen – wie zuvor beschrieben – die öffentliche Stimmung angeheizt, ehe Ende November schließlich mehr als 30 Experten, gerichtlich beeidete Sachverständige und Anwälte bei uns in der Betreuungsstelle aufmarschierten. Knotzer höchstpersönlich führte die Amtshandlung, die er zwischenzeitlich – man höre und staune – für die Teilnahme an einer gemeinsamen Pressekonferenz mit Erwin Pröll und Johanna Mikl-Leitner in Richtung Wien verließ. Nach seiner Rückkehr stellten er und sein Team mehrere »gravierende Mängel« fest, die unsere Sachverständigen und Brandschutzbeauftragten vor Ort staunen ließen.

Einer dieser Mängel war ein wenige Zentimeter tiefes, 6 mm starkes Bohrloch in einer eineinhalb Meter dicken Wand. Ein anderer der abgeschlagene Putz neben einer zu fest ins Schloss fallenden Türe. Auch die Breite der Fluchtstiegen hätte nicht den Vorgaben der eigenen Benutzungsbewilligung entsprochen, obwohl spätere Nachmessungen ergaben, dass sie auf den Millimeter genau eingehalten wurden. Kurzum: Unter der Prämisse »das Gesetz bin ich« erließ Knotzer auf Basis dieser – und anderer – angeblicher Versäumnisse einen sogenannten Mandatsbescheid wegen Gefahr in Verzug. In der Verwaltung gibt es dieses Instrument, um sofort Maßnahmen verordnen zu können, da offensichtlich ein Zustand vorliegt, der eine unmittelbare Gefahr für Leib und Leben der Bewohner darstellt.

Daher verfügte Knotzer, dass die Zahl der Bewohner im Hauptgebäude von den bisher genehmigten 720 auf 286 zu reduzieren, eine spezielle Brandmeldeanlage zu installieren und alle (angeblich) gefundenen Mängel zu beheben seien. Wir kamen dem Auftrag einerseits nach, wehrten uns jedoch gleichzeitig auf dem Rechtsweg gegen die falschen Behauptungen und die Art und Weise, in der Knotzer die Amtshandlung vor zahlreichen Zeugen führte. Mit Erfolg.

Entlarvte die BIG 2004 das Vorgehen Knotzers vor dem Verfassungsgerichtshof als rechtswidrig, erreichten wir 2013 das Gleiche beim Unabhängigen Verwaltungssenat. Der UVS fand im Verfahren weder die behauptete »Gefahr in Verzug«, noch die behaupteten »gravierenden Mängel«. Der Senat qualifizierte das Vorgehen der Gemeinde und des Bürgermeisters jedoch noch weiter ab.

Diese nämlich hätten »bei Erlassung der Sofortmaßnahmen durch gehäuftes Verkennen der Rechtslage, Ignorieren des Parteivorbringens und Außer-Acht-Lassen des konkreten Sachverhaltes Willkür geübt«. Beim Verfassen des Urteils schienen sich die Richter streckenweise regelrecht in Rage zu schreiben. So habe die Gemeinde mit ihrem Verhalten eben diese Willkür im Rahmen eines »qualifizierten Rechtsverstoßes« geübt. Die niederösterreichische Bauordnung wurde demnach auf derart »denkunmögliche« Art und Weise angewendet, dass dies »mit Gesetzlosigkeit auf eine Stufe zu stellen« sei.

Oder anders formuliert: Der gesamten Aktion fehlten jegliche Fakten, Bürgermeister Knotzer und die Gemeinde haben sich über die Gesetze hinweggesetzt und nach ihrem Gutdünken jene Tatsachen geschaffen, die sich Erwin Pröll zuvor in der »Kronen Zeitung« gewünscht hatte. Der Fall zeigte einmal mehr, wie das Lager Traiskirchen als Vehikel und Projektionsfläche zum Schaden des Landes für parteipolitische Interessen instrumentalisiert wird.

Die Rechnung dafür bekommen – wie immer – die Steuerzahler. Aus jener Zeit geblieben ist uns bis heute die Art und Weise der Brandalarmierung. Knotzer und der Kommandant der Freiwilligen Feuerwehr hatten sich damals nämlich auch gewünscht, dass Alarme der Brandmeldeanlage vor Informierung der Einsatzkräfte aus Zeitgründen nicht mehr von Mitarbeitern vor Ort überprüft werden, sondern unmittelbar und automatisch an die Bezirksleitzentrale der Feuerwehr gehen.

Seit damals hatten wir jedoch mehr als 400 Fehlalarme. Nicht wenige davon aufgrund mutwilliger Auslösungen durch Asylwerber. Die Feuerwehr verrechnet jedoch für jeden nicht gerechtfertigten Einsatz 370 Euro. Allein dadurch entstanden inzwischen Kosten in der Höhe von über 150.000 Euro.

Auch der Kommandant der örtlichen Feuerwehr scheint inzwischen zu bereuen, dass er sich damals vor Knotzers politischen Karren spannen ließ und ihn bei der Durchsetzung seiner Vorschriften unterstützte. Mehrfach war ich selbst vor Ort, als er oder einer seiner Kollegen unseren Torposten vor Zeugen lautstark als »Trottel« oder »Idioten« beschimpften, nur weil schon wieder ein falscher Brandalarm bei der Feuerwehr eingelangt war.

Doch Traiskirchen wäre nicht Traiskirchen, wenn die dortige politische Führung nicht versuchen würde, auch daraus Kapital am Wählermarkt zu schlagen. So taucht in der örtlichen Presse regelmäßig vom Rathaus aus gesteuerte Kritik auf, dass wir bei der Begleichung der aus Fehlalarmen resultierenden Gebühren säumig wären. Das stimmt oberflächlich betrachtet sogar.

Ende 2016 waren wir der Freiwilligen Feuerwehr einen Betrag von knapp 30.000 Euro schuldig. Verantwortlich dafür war jedoch nicht mangelnder Zahlungswille. Als Dienststelle des Bundes unterliegen wir bei Zahlungen einem gewissen Reglement: Wir benötigen korrekt ausgestellte Rechnungen, die trotz Informationen unsererseits nur selten entsprechend bei uns einlangen. Am besten beschreibt die Situation folgender Witz: Jeden Tag betet ein Mann zu Gott: »Lieber Gott, gib, dass ich nur einmal in meinem Leben einen Sechser im Lotto habe.« Der Mann ist hartnäckig, macht dies zunächst täglich, dann über Wochen, Monate und Jahre. Eines Tages spricht schließlich eine tiefe Stimme zum frommen Beter. »Bitte, gib mir die Chance Dir zu helfen, fülle nur ein einziges Mal einen Lottoschein aus.«

Einige Innenminister, meine vorgesetzten Spitzenbeamten und letztendlich ich als Dienststellenleiter fochten mit Fritz Knotzer so manchen Strauß aus. Nicht, dass Sie mich falsch verstehen. Aus politischer Sicht entwickelten wir immer wieder durchaus Verständnis für sein Vorgehen und seine Methoden. Ob diese nun auch immer sachlich gerechtfertigt waren, steht jedoch auf einem anderen Blatt.

Ein Bürgermeister, der wie kaum ein anderer Politiker das Ohr an der Wählerschaft hat, muss vielleicht sogar so sein und kämpfen. Dazu fällt mir eine Geschichte rund um die Ende 2006 im Amt verstorbene Innenministerin Liese Prokop ein. Sie war noch nicht lange tot, da machte Knotzer mit der Behauptung die Runde, sie hätte ihm in einem Vier-Augen-Gespräch noch vor ihrem Tod zugesichert, den maximalen Belagsstand auf 300 Personen zu senken. Weil es dazu – natürlich – keine Aufzeichnungen gab, dachten sich viele im Haus ihren Teil. Nicht einmal Prokops ehemalige Kabinettsmitarbeiter wussten von dieser Äußerung.

Wie selbstbewusst und wortgewaltig Knotzer oft auftrat, veranschaulicht einer seine Auftritte vor dem Unabhängigen Verwaltungssenat im Verfahren zu seinem eigenen, zuvor erwähnten Mandatsbescheid. Als dem vorsitzenden Richter die Show des Bürgermeisters während der Verhandlung zu viel wurde, maßregelte er ihn mit den Worten: »Sie wissen aber schon, dass Sie hier nicht im Gemeinderat sind?«

Doch Knotzer hatte wie viele Politiker seines Schlages durchaus auch Humor. In einem Werbefilm für seine Stadt und eine von der Gemeinde ausgerichtete Freiluftveranstaltung traten der sozialdemokratische Patron und der damalige Ortspfarrer als Don Camillo und Peppone auf. Eine Szene zeigte die beiden Ortsbekannten beim Kartenspielen im Garten. Der Clip war gut gemacht, wir mussten alle schmunzeln. Heute wünsche ich ihm einen zufriedenen Ruhestand.

Als Knotzer in Pension ging, war für uns in der Betreuungsstelle schon lange klar gewesen, dass es mit seinem Nachfolger, dem jungen, 1973 geborenen Andreas Babler, nicht einfacher werden würde. Wir kannten ihn schließlich schon länger als Gemeinderat und die rechte Hand seines Vorgängers. Als solche dürfte der Nebenerwerbsweinbauer einiges von seinem Lehrmeister gelernt haben. In Sachen Instrumentalisierung der Medien für die eigenen, politischen Zwecke erreichte er jedoch eine gänzlich neue Stufe. Als ich im März 2017 offiziell in den Ruhestand trat, war er zwei Jahre und elf Monate im Amt. Bereits in dieser vergleichsweise kurzen, gemeinsamen Zeit bekam ich einen starken Eindruck davon, welcher Typ Politiker der heute 44-Jährige ist. Mit dem Stil eines Sozialdemokraten hat es zumindest meiner Erfahrung nach wenig zu tun.

Babler inszeniert sich gerne als Roter vom alten Schlag. Zu Hilfe kommt ihm dabei die Geschichte seines privaten Umfelds. Er stammt aus einer »Semperit«-Arbeiterfamilie. Das längst geschlossene Reifenwerk in der Stadt hat die ganze Region geprägt. Darüber reden zu können, dass man das Schicksal vieler Betroffener teilt, macht sich gut.

Allein: Wenn man Babler am Regierungsstil misst, den er gegenüber dem Innenministerium und dem Flüchtlingslager zeigt, muss man eigentlich zu einem anderen Schluss kommen. Meiner lautet: Der Mann, der vorgibt ein Linker zu sein, ist ein Rechter. Ein Rechter, der wie viele Politiker anderer Parteien dieses Landes Flüchtlinge nur dazu benutzt, um maximalen politischen Nutzen für sich selbst daraus zu ziehen. Mich persönlich erinnert Babler dabei an Jörg Haider. Wie komme ich darauf?

Babler war gerade einmal drei Monate im Amt, als wir im Juli 2014 einen tragischen Fall von Meningitis hatten. Bei dem jungen Mann aus Somalia war eine Woche nach seiner Ankunft in Österreich eine Meningokokkeninfektion festgestellt worden. Sofort nach der Diagnose brachten wir ihn ins Spital nach Wien, wo der 36-Jährige nach zwei Tagen Überlebenskampf schließlich verstarb.

Andreas Babler nutzte das Schicksal des Mannes dafür, um sich selbst entsprechend zu inszenieren, sich einer breiteren Öffentlichkeit als der lokalen Wahlbevölkerung Traiskirchens vorzustellen. Zwar versicherte uns der Experte des Gesundheitsministeriums, Peter Kreidl, dass das Risiko weiterer Infektionen nach der prophylaktischen Gabe hochdosierter Antibiotika-Tabletten annähernd gegen Null gehe; dennoch trat Babler in der Sache in einer eigens einberufenen Pressekonferenz in Wien vor die Medien.

Was er dort sagte, konnten wir als Insider vor Ort nur als Angstmache in der Bevölkerung interpretieren. Obwohl sogar die zuständige Gesundheitsbehörde Flüchtlinge nach Einnahme der Tabletten das Lager wieder verlassen ließ und offenbar keine Gefahr für Dritte sah, sprach der Bürgermeister wörtlich von »Epidemiegefahr« wegen – einmal mehr – angeblichen Überbelags. Dem Innenministerium warf er »unprofessionellen und unverantwortlichen« Umgang vor. »Massenlager« wie Traiskirchen sollten seiner Meinung nach sofort abgeschafft werden. »Mit so einem Wahnsinn möchte ich nichts zu tun haben.«

Mit sozialdemokratischer Politik ist dieser Ton meiner Auffassung nach jedenfalls unvereinbar. Aber am Wählermarkt ist er mit diesem Stil überaus erfolgreich. Es hat einen Grund, warum Babler die ohnedies schon hohe Zustimmung seines Vorgängers noch einmal steigern konnte. 2015 fuhr er bei den Gemeinderatswahlen das beste jemals von seiner Partei erreichte Ergebnis ein. Seither hält die SPÖ im Traiskirchener Gemeinderat 28 von 37 Sitzen. Die FPÖ, die sonst fast überall mit Fundamentalkritik am Flüchtlingssystem Erfolge einfährt, hält ausgerechnet hier gerade einmal fünf. ÖVP (3) und Grüne (1) spielen faktisch keine Rolle.

Damit Sie mich nicht missverstehen: Es ist hier nicht meine Absicht, offene Rechnungen zu begleichen oder Andreas Babler bewusst zu diskreditieren. Ganz offensichtlich ist er der Meinung, sich als Bürgermeister, der viel unmittelbaren Kontakt zur Bevölkerung hat, genau so, wie er es tut, positionieren zu müssen. Er kämpft gewissermaßen für seine Sache. Das muss man respektieren. Es ist nur so, dass ich mit seinen dabei angewandten Methoden nicht einverstanden bin.

Ganz ähnlich wie Knotzer entwickelte Babler eine rege Tätigkeit bei der Ausstellung merkwürdiger Bescheide gegen meine Dienststelle, die allesamt den Zweck hatten, den Betrieb so schwer wie nur möglich zu machen. Diese Taktik der vielen, kleinen Nadelstiche macht mit der Zeit mürbe. Möge mein Nachfolger diesbezüglich viel Geduld, Nerven und Ruhe haben.

Ein eben solches Papier ist Bablers »Feuerpolizeilicher Auftrag« vom 12. Dezember 2014. Weil wir – Achtung, Wiederholung! – angeblich wieder zu viele Menschen am Gelände beherbergten, schrieb er uns vor, ihm jeden Tag bis 10 Uhr per Fax mitzuteilen, wie viele Menschen sich, nach Gebäuden und Stockwerken gegliedert, in der Anlage aufhalten.

Der behauptete Sinn dahinter war, dass sich Feuerwehr und Rettung nur mit Hilfe dieser Informationen auf eventuell anstehende Einsätze entsprechend vorbereiten könnten.

Tatsächlich wollte man uns ärgern. Die Maßnahme verursachte nämlich einen enormen Zeit- und Verwaltungsaufwand. Unser Glück war, dass der Auftrag vor formalen und inhaltlichen Mängeln nur so strotzte.

Die Finanzprokuratur übernahm den Fall, bekämpfte das ihrer Einschätzung nach »sinnfreie« Papier beim zuständigen Landesverwaltungsgericht. Erfolgreich. Der vorsitzende Richter erklärte Bablers Auftrag gleich aus mehreren Gründen für rechtswidrig und bezeichnete ihn auch inhaltlich als »völlig unbrauchbar« für die – vorgeschobene – Koordination von Rettungsmaßnahmen, weil sich die Belagszahl der Unterkünfte aufgrund ihrer Verwendung ständig ändere, sich die Personen frei bewegen könnten. Einmal mehr war die Flüchtlingsunterkunft zur Projektionsfläche politisch motivierten Aktionismus geworden. Zwar erwies sich letztlich zumindest die Justiz als sachbezogen und objektiv, bis dahin beschäftigte die Aktion jedoch unzählige Beamte, verursachte Kosten, die von der Verfahrensgebühr in Höhe von 737,60 Euro bei weitem nicht abgegolten waren.

Als im Frühling 2015 der große Flüchtlingsstrom einsetzte, legte das Traiskirchener Rathaus noch einmal nach. Nach einem Brand in einer Unterkunft kam Babler – als Feuerwehrmann verkleidet – persönlich an den Einsatzort, erklärte sich für Dinge zuständig, die nicht in seinen Kompetenzbereich fielen, schrieb Bescheide, die er später selbst wieder aufheben musste und löste damit letztendlich sogar Ermittlungen des Bundesamts zur Korruptionsbekämpfung (BAK) aus.

Der Verdacht: Babler habe sich mit der Aktion möglicherweise des Amtsmissbrauchs schuldig gemacht. Die Erhebungen waren zum Zeitpunkt der Drucklegung dieses Buches noch am Laufen. Was war geschehen?

Am 30. Mai setzten drei Asylwerber aus Nordafrika in Zimmer 201 des Hauptgebäudes mehrere Matratzen in Brand. Mitarbeiter der Betreuungsfirma ORS und des Sicherheitsdienstes SIWACHT hatten das Feuer längst gelöscht, als kurze Zeit später, es war Punkt 13.09 Uhr, die automatisch alarmierte Feuerwehr auf das Gelände fuhr. In einem der Fahrzeuge befand sich auch Bürgermeister Babler, der sofort begann, seine Kritik anzubringen. Passiert sei das alles nämlich nur deshalb, weil in der Betreuungsstelle wie immer nichts funktioniere und viel zu viele Menschen auf dem Gelände seien. »Ihr seid überbelegt und haltet euch nicht an den Bescheid«, lautete sein Vorwurf.

Es war ein schöner, sonniger Tag. Laut gültiger Benutzungsbewilligung durften sich damals in den Stockwerken 1 bis 3 des Hauptgebäudes genau 720 Personen aufhalten. Auf den Fotos, die wir von den evakuierten Flüchtlingen auf dem Vorplatz machten, zählten wir anschließend jedoch nur knapp 150 Menschen. Das Spiel mit dem angeblichen Überbelag spielen die Behörden auch mit schlechten Karten. Jedenfalls ließ Babler das Haus sperren und trug der Feuerwehr auf, die Betten im Haus zu zählen, um uns so einen Verstoß gegen die Auflagen nachzuweisen.

Was Babler nicht wusste: Ja, natürlich hatten wir in dem riesigen Haus erheblich mehr Betten, als Bewohner erlaubt waren. Diese Betten befanden sich jedoch in versperrten Räumen, deren Türklinken mit roten Klebestreifen markiert waren. Das Personal im Haus wusste dann, dass diese Zimmer nur als Bettenlager dienten, zwecks Einhaltung aller Bestimmungen also nicht als Unterkunft belegt werden durften.

Als Babler bis 17 Uhr mit Hilfe der Feuerwehr noch immer nichts gefunden hatte, was er uns vorwerfen konnte, ließ er die wartenden Bewohner wenigstens wieder den Speisesaal ihrer

Unterkunft betreten. Der Rest des Hauses solle jedoch weiterhin gesperrt bleiben. Er bezeichnete diese Anordnung mir gegenüber als Mandatsbescheid – was er bis heute bestreitet. Ich jedenfalls verlangte seine Anordnung schriftlich, worauf er vor Zeugen zum Angriff überging. »Herr Schabhüttl, Sie waren ja bei der Gendarmerie und werden sich wohl drei Sätze merken können.« Doch ich bestand darauf, weil ich wusste, dass es für das Aussperren der Flüchtlinge keinen Grund mehr gab.

Der Brandermittler hatte längst, was er brauchte. Babler wehrte sich lange dagegen, ehe er mir gegen 20.35 Uhr endlich das gewünschte Papier aushändigte. Ohne mich, wie es das Verwaltungsrecht vorsieht, vorher angehört zu haben. Und mit mehreren Auflagen. So wurde uns untersagt, Flüchtlinge in den alten, aus Holz errichteten Gebäuden unterzubringen. Und obwohl er dafür gar nicht zuständig war, verfügte der Bürgermeister eine höchstzulässige Zahl an Menschen, die sich maximal auf dem gesamten Areal, also auch außerhalb der Gebäude gleichzeitig aufhalten dürften. Es waren 1400.

Ein halbes Jahr später dämmerte Babler, auf welch tönernen Beinen seine Vorgaben standen. Am 10. Dezember 2015 widerrief er sein im Frühling ausgestelltes Papier schließlich. Nur wenige Tage später bekam ich Besuch von zwei Ermittlern des Bundesamts zur Korruptionsbekämpfung. Sie befragten mich in der Sache Babler als Zeugen.

Ein Reibebaum für die Opposition

In einer Demokratie kontrollieren sich ihre Organe gegenseitig. Dieses Wechselspiel der Kräfte soll das System stabil, vertrauenswürdig und vor allem im Gleichgewicht halten. Das ist gut und wichtig, letztendlich profitieren schließlich alle davon. Im Lauf der Jahre musste ich als Leiter der Betreuungsstelle jedoch mehrfach erleben, dass Kritiker von außerhalb der Verwaltung, die wir als Dienststelle des Bundes schließlich repräsentieren, nur in seltenen Fällen an der Sache interessiert waren.

Meistens, und das offenbarten uns nicht nur die Bürgermeister von Traiskirchen, ging es um Selbstinszenierung, Aufmerksamkeit von ähnlich denkenden Journalisten und Bestätigung der Linientreue gegenüber der eigenen Partei. Ob deren Wähler diese meist aktivistischen Auftritte ebenfalls goutierten, da hatte ich in vielen Fällen so meine Zweifel.

Die Grünen sind traditionell sehr interessiert am Schutz benachteiligter, schwacher, fremder oder ausgestoßener Menschen. Allerdings sind die damit meistens einhergehenden Missstände objektiv nur sehr selten so gravierend, wie gerne behauptet. Tatsächlich scheint die Realität dabei gar nicht so wichtig zu sein.

Was zählt, ist die gewonnene Öffentlichkeit. Wie man dieses Vorgehen auf die Spitze treiben kann, hat mir Terezija Stoisits eindrucksvoll vorgeführt.

Nicht, dass Sie mich falsch verstehen: Ich kann die ehemalige Nationalratsabgeordnete und Volksanwältin persönlich gut leiden. Möglicherweise hat das auch damit zu tun, dass wir beide aus dem Burgenland stammen und im Rahmen eines unserer ersten Treffen heiter festgestellt haben, dass wir gemeinsame Freunde haben.

Es war im Frühling des Jahres 2004, als mir die damalige Parlamentarierin zeigte, wie man einen zurückhaltenden Beamten mit spitzer Zunge und Geduld für die eigenen Zwecke in die Enge treibt. Ich war noch nicht lange Leiter in Traiskirchen und Ernst Strasser im Innenministerium mein oberster Chef. Am 1. Mai sollte eine öffentlich viel diskutierte Novelle des Asylgesetzes in Kraft treten.

Das für die Verfahren zuständige Bundesasylamt öffnete an diesem Tag in Traiskirchen eine von drei Erstaufnahmestellen, wo ausnahmslos alle Anträge für die Zulassung zum Asylverfahren zu stellen waren. Die anderen zwei – beide viel kleiner als bei uns – waren am Flughafen Wien-Schwechat und in St. Georgen im Attergau. Zudem sollten die Bundesländer ab diesem Zeitpunkt zum Verfahren zugelassene Asylwerber zur Unterbringung übernehmen. Weil sich die Landeshauptleute jedoch – wie so oft – nicht an diese Vereinbarung hielten, hangelten wir uns zu jener Zeit hart an der Kapazitätsgrenze entlang. Ein Fall für Terezija Stoisits.

Die damals 45-Jährige kündigte sich bei mir via E-Mail und mit einer größeren Delegation von Parteifreunden und Journalisten an. Da wir Medien zur Wahrung der Privatsphäre der Bewohner nur mit Sondergenehmigung auf das Gelände lassen, informierte ich das Innenministerium. Aus Strassers Büro erhielt ich einen schroff formulierten Text zurück, den ich – das tut mir heute noch leid – mit meinem Namen an Stoisits weiterleitete.

Um nicht in Verdacht zu kommen, selbst ein Rüpel zu sein, möchte ich den Inhalt hier nicht wortwörtlich wiedergeben.

Lassen Sie es mich so sagen: Die angekündigten Parteifreunde und Medien sollten gefälligst zu Hause bleiben. Alleine würde die Frau Abgeordnete jedoch von mir empfangen werden. Abseits dieser vorgefertigten E-Mails erhielt ich aus Strassers Büro ein ausdrückliches Verbot, Interviews zu geben.

Es kam, wie es kommen musste. Wenige Tage später führte Stoisits auf dem Gehsteig, der vom Bahnhof der Badener Bahn bis zu uns reicht, einen Tross von sechs Grün-Politikern und geschätzten 25 Journalisten an. Sozusagen als Ehrengast hatte die Gruppe den sozialdemokratischen Abgeordneten Walter Posch im Schlepptau. Es war ein sonniger, aber kühler Tag.

Dennoch erwartete ich die Gruppe bereits mit dunklen Schweißflecken auf meinem Hemd. Von Strassers Pressesprecherin gab es den klaren Auftrag an mich, niemanden außer Stoisits auf das Gelände zu lassen, die Abgeordnete höflich – aber sonst weitgehend schweigend – zu empfangen und ihr anzubieten, sie zum Leiter des Bundesasylamts zu bringen, der an diesem Tag in der Erstaufnahmestelle auf sie wartete.

Ich wollte der Abgeordneten gerade meine Aufwartung machen, als aus ihrem Mund ein nicht enden wollender Schwall aus Worten losbrach. Kameras gingen an, Mikrofone hoben sich, Bleistifte flitzten eilig über Notizblöcke und schrieben mit. Stoisits stellte mir eine Frage nach der anderen, konfrontierte mich mit Vorwürfen über zu viele Menschen am Areal, haftähnliche Zustände, unzufriedene Asylwerber.

Ich weiß es deshalb noch genau, weil ich, während dieser verbale Orkan über mich hinweg zog, hilfesuchend mehrfach auf meine Armbanduhr blickte: 45 Minuten lang dauerte das Schauspiel, das mich – mit Strassers Interviewverbot im Nacken –

immer nervöser werden ließ. Schließlich hatte mich Stoisits da, wo sie mich haben wollte: Mit Schweißperlen auf der Stirn platzte mir der Kragen und ich sagte höflich, aber mit Überzeugung: »Ihre Vorwürfe stimmen nicht. In der Betreuungsstelle geht alles ruhig vonstatten. Die Stimmung ist sogar ähnlich wie bei einem Volksfest.« Mehr brauchte es nicht.

In dem Moment, in dem ich es sagte, wusste ich, was gerade passiert war. Vor meinem inneren Auge zogen jene Boulevardschlagzeilen vorbei, die am nächsten Tag tatsächlich erscheinen sollten. »Schabhüttl: ›Volksfestähnliche Stimmung im Flüchtlingslager‹«. Der Sager, der mir in jenem schwachen Moment und unter dem rhetorischen Dauerfeuer von Terezija Stoisits über die Lippen kam, war eine Zumutung für alle Steuerzahler. Er war mir peinlich. Im Anschluss informierte ich zerknirscht Strassers Pressesprecherin, Michaela Huber. Im Wissen um Stoisits' Wortgewalt verzichtete sie auf eine Kopfwäsche und zeigte sogar einen Anflug von Mitleid. Es gibt offenbar Redner in der österreichischen Politik, gegen die scheint kein Kraut gewachsen.

Dabei sieht es so aus, als ob starke Worte und mediale Inszenierung Fertigkeiten sind, die insbesondere bei den Grünen besonders verbreitet sind. Wie Stoisits einige Jahre zuvor hatte sich 2011 die Nationalratsabgeordnete Alev Korun via E-Mail angekündigt. Und wie Stoisits informierte sie mich darüber, dass auch sie mit journalistischer Begleitung kommen werde. Einmal mehr lehnten wir das ab.

Die Betreuungsstelle ist nicht dazu da, um die Neugier der Medienöffentlichkeit zu befriedigen. Hier wohnen Menschen, denen wie allen anderen auch ein Stück Privatsphäre zusteht. Korun kam trotzdem in Begleitung.

Es war ein strahlend schöner 13. Juli, als sie um 10.45 Uhr in einem zuckerlrosa Kleid vor dem Haupttor auftauchte. Mitgebracht hatte sie einen Reporter des »Kurier« sowie zwei Journalistinnen von ORF-Radio und -Fernsehen. Ich verließ mein Büro im ersten Stock des Verwaltungsgebäudes und wollte sie empfangen. Sie und das Kamerateam erwarteten mich bereits, ich brauchte mich nur noch in die extra freigelassene Position neben ihr begeben, und die Show konnte beginnen. So lautete jedenfalls der Plan.

Doch ich weigerte mich. Für eine mediale Inszenierung wollte ich mich nicht hergeben. Schon gar nicht für eine, die kein gutes Haar an der Betreuungsstelle Traiskirchen lassen sollte. Ich bot Korun an, ihre Fragen bei einer Tasse Kaffee und ohne Kameras in meinem Büro zu beantworten. Sie lehnte ab.

Weil sie ohne journalistischer Begleitung nicht einmal das Gelände betreten wollte und der Druck größer zu werden schien, willigte der herbeigeeilte Sprecher des Ministeriums, Rudolf Gollia, schließlich ein, für die Gruppe eine Führung durch das Gelände zu machen. Geordnete Interviews inklusive. Ich wurde also verkabelt und es ging los. Korun stellte während des Rundgangs jede Menge Fragen, viele davon suggestiv, einige empfand ich als untergriffig. Im Großen und Ganzen erhielt sie durch die mitgekommenen Journalisten das, was sie wollte: Öffentlichkeit im Flüchtlingslager Traiskirchen.

Dennoch hat mich Korun, nachdem die Mikrofone abgeschaltet waren, menschlich im positiven Sinne überrascht. Ich spüre es jetzt noch, wie sie mir herzlich auf die Schulter klopfte, ihre Hand reichte und sagte: »Herr Schabhüttl, Sie wissen ja, der Aktionismus gehört einfach zu uns Grünen.« Ich war baff.

Einige Stunden lang war ich der Inszenierung der Frau auf den Leim gegangen, ehe sie mir sinngemäß offenbarte, dass man ihr Handeln vor den Kameras nicht zu 100 Prozent ernst nehmen müsse. Politiker sind offenbar auch nur Getriebene ihrer eigenen Branche.

Das trifft natürlich nicht nur auf Grüne zu. So gut wie alle Politiker österreichischer Oppositionsparteien nutzen das Asylsystem im Allgemeinen, Traiskirchen im Speziellen als Vehikel dafür, ihre Botschaften an die Wähler zu bringen. Da Asylwerber zwangsläufig Fremde sind, und Fremdenpolitik seit jeher polarisiert, eignet sich das Thema besonders für rechte Politiker. Bürgermeister Andreas Babler stellt für mich trotz seiner SPÖ-Zugehörigkeit einen solchen Typ Politiker dar. Sein Parteibuch ist rot, Worte und Taten lassen jedoch darauf schließen, dass er innerhalb dieses Korsetts ein Rechter ist. Mit dieser Strategie gewinnt er inzwischen erfolgreich Wahlen.

Die unangefochtenen Meister im Nutzen der Asylpolitik für eigene Zwecke sind – neben vielen Nichtregierungsorganisationen – die Freiheitlichen. Dabei bewegt sich die FPÖ in einem interessanten Spannungsfeld zwischen Dichtung, Übertreibung und Wahrheit. Egal, welcher dieser Kategorien öffentlich behauptete Zustände auch angehören, von der ideologisch gegenüberliegenden Seite des Meinungsspektrums werden die Äußerungen stets als unwahr, ausländerfeindlich oder hetzerisch dargestellt. Manchmal wohl zu Recht, und manchmal eben nicht.

Zu letztgenannter Gruppe gehörte ein Besuch einer freiheitlichen Delegation in der Betreuungsstelle im November 2012. Die FPÖ-Vertreter beschrieben Tatsachen. Die anschließende, öffentliche Schelte der üblichen Verdächtigen bekam jedoch ich zu spüren. Falschmeldungen, parlamentarische Anfragen und Rücktrittsaufforderungen inklusive. Vermutlich weil nicht sein kann, was nicht sein darf.

Abgeordnete des Parlaments erhalten in Traiskirchen traditionell unkompliziert Termine für die eigene Recherche. Professionelle Medien lassen wir dabei zur Wahrung der Privatsphäre der Bewohner nur in Ausnahmefällen zu. Kein Problem sehen wir jedoch dann, wenn die Abgeordneten und ihre Delegation von einem Presseteam ihrer eigenen Partei begleitet werden.

Für uns sind die jeweiligen Pressedienste legitimierte Anhängsel der im Parlament vertretenen Fraktionen. Dabei gilt gleiches Recht für alle. Als Dienststelle der Bundesverwaltung fühlen wir uns durch Wahlen legitimierten Volksvertretern gegenüber zu Transparenz verpflichtet. Immerhin sind sie Teil des obersten Organs der Gesetzgebung.

Am 26. November besuchte uns also Heinz-Christian Strache mit anderen Parlamentariern der FPÖ. Empfangen wurde er bereits vor dem Haupteingang von aus Wien und sogar Deutschland angereisten Demonstranten.

Als Dienststellenleiter war es meine Aufgabe, den Tross über das Gelände zu führen, Fragen zu beantworten, über Geleistetes, Probleme und aktuelle Entwicklungen zu berichten. Aus meiner Sicht verlief die Veranstaltung bei typischem Herbstwetter korrekt und ohne Höhepunkte. Als sich der Termin dem Ende neigte, und sich auch die eigens aus dem Innenministerium angereisten Führungskräfte auf die Rückreise vorbereiteten, fragte uns das FPÖ-Presseteam, ob sie wohl ein Interview mit mir machen könnten. Das Ministerium gab die Anfrage frei und mir den Auftrag, dem Kamerateam der Partei Rede und Antwort zu stehen. Für das Innenressort heikle Fragen zur Wiedereinführung von Grenzkontrollen – die FPÖ forderte das – umschiffte ich. Weiters erklärte ich, dass es »die Schlepper sind, die Asylwerber nach Österreich zuliefern. Es gibt keinen Asylwerber, der von sich aus hierher kommt«. Eine Tatsache, die sich bei den Ermittlern für organisierte Schlepperkriminalität einfach nachprüfen lässt.

Drei Tage später veröffentlichte die FPÖ den Zusammenschnitt ihres Besuchs in Traiskirchen über den von ihr betriebenen YouTube-Kanal im Internet. Neben dem Umstand, dass ich mit der FPÖ gesprochen hatte, störte die laut aufschreienden Kritiker vermutlich auch, dass die Parlamentarier die von NGOs und Medien beständig behaupteten Missstände nicht entdecken konnten und das öffentlich sagten. Mehr brauchte es nicht.

Als erste reagierte Karin Blum, Frau des heutigen Traiskirchener Bürgermeisters, Andreas Babler. Sie verfasste in ihrer Funktion als Führungskraft der örtlichen SPÖ-Vorfeldorganisation »Kinderfreunde« eine Aussendung, in der sie einen ganzen Strauß von in Interviews getätigten Aussagen von mir gezielt und sinnentstellt zusammenschnitt. Ziel von ihr und ihren Auftraggebern war es vermutlich, mir eine zutiefst zynische Gesinnung gegenüber Asylwerbern vorwerfen zu können.

Blum schaffte es mit ihren Vorhaltungen in mehrere Medien. Unterstützung bekam sie von meiner Erfahrung nach fragwürdigen NGOs wie »Familien und FreundInnen gegen Abschiebung« und »Asyl in Not«. Deren Obmann, Michael Genner, hatte nach dem plötzlichen Tod von Innenministerin Liese Prokop mit einem geschmacklosen Nachruf für Aufsehen gesorgt. So schrieb er: »Die gute Meldung zum Jahresbeginn: Liese Prokop, Bundesministerin für Folter und Deportation, ist tot.« Seiner Auffassung nach war sie »völlig abgestumpft, gleichgültig gegen die Folgen ihrer Gesetze und Erlässe, ein willfähriges Werkzeug einer rassistisch verseuchten Beamtenschaft«. Daraus schloss er: »Kein anständiger Mensch weint ihr eine Träne nach.«

Diese Episode hat mit der Geschichte rund um den FPÖ-Besuch natürlich nichts zu tun. Sie zeigt aber deutlich, welche charakterlichen Eigenschaften manche von jenen in sich tragen, die die geltenden Regeln des Asylsystems als unmenschlich bezeichnen, oder gänzlich außer Kraft setzen wollen.

Neben Genner reihte sich mit Hannes Jarolim sogar ein Nationalratsabgeordneter der SPÖ in die Schlange jener ein, die wegen eines Interviews für den Pressedienst der FPÖ meinen Rücktritt forderte. Das mag auf manchen vielleicht dünnhäutig wirken. Tatsächlich traf mich seine Kernbotschaft weniger als die Argumente, auf denen er sie aufbaute. Im Lauf meiner langjährigen Tätigkeit als Betreuungsstellenleiter wurde – insbesondere von Personen links der politischen Mitte – mehrfach nach meiner Amtsenthebung gerufen. Das ist, wenn es öffentlich geschieht, zwar nicht angenehm, gehört jedoch zu jenen ideologisch motivierten Anfeindungen, die ich als beruflich gut abgesicherter Beamter über mich ergehen lassen muss.

So empfand ich es als merkwürdig bis unredlich, dass sich Jarolim, im Zivilberuf Rechtsanwalt und insgesamt ein Jurist von gutem Ruf, bei seiner Rücktrittsforderung auf den unsauberen Zitate-Zusammenschnitt Blums und selbst dargelegte Unwahrheiten berief. In einer von ihm persönlich eingebrachten parlamentarischen Anfrage an Innenministerin Johanna

Mikl-Leitner unterstellte er »Mängel in der Versorgung mit lebenswichtiger Kleidung und Verpflegung« sowie »Engpässe in der Grundversorgung«.

Hätte sich der Abgeordnete vorher informiert, dann hätte er gewusst, dass Asylwerber in Traiskirchen dreimal täglich eine warme Mahlzeit erhalten und – im Gegensatz zur Unterbringung bei NGOs – bei Bedarf neue und keine gebrauchte Bekleidung bekommen. Möglicherweise wusste das Jarolim sogar, aber wie ich schon einmal erwähnt habe: Für manche gilt in der Debatte rund um Traiskirchen das in Stein gemeißelte Motto, dass nicht sein kann, was nicht sein darf.

Meine Minister: Von hart bis herzlich

Von meiner ersten Dienstzuteilung bis zur Pensionierung im März 2017 erlebte ich in Traiskirchen genau ein Dutzend Innenminister. Während dieser Zeit wurden ganze Stäbe unseres Hauses politisch umgefärbt, Regierungen wechselten, wir erlebten die unterschiedlichsten Migrationsbewegungen aus den entlegensten Winkeln dieser Erde. Eines zog sich jedoch wie ein roter Faden durch sämtliche Ministerkabinette, egal, welcher Couleur: Im Grunde wäre es allen am liebsten gewesen, wenn das Thema Flüchtlinge nicht allzu laut, am besten gar nicht, in der Öffentlichkeit diskutiert worden wäre. Debatten über Zuwanderung von Fremden im Allgemeinen und das Ansuchen um Asyl im Speziellen scheinen nämlich seit jeher ungeeignet dafür zu sein, daraus politisches Kapital zu schlagen. Zumindest aus Sicht der gerade Regierenden.

Franz Löschnak war jener Ressortchef, den ich zunächst als Gendarm, ab 1991 dann als Führungskraft (aber noch nicht Leiter) in Traiskirchen erlebte. Was man heute anscheinend fast schon vergessen hat, ist, dass Asylwerber, sobald sie in größerer Zahl auftreten, seit jeher für hitzige Debatten, angespannte Situationen bis hin zu Übergriffen innerhalb der Bevölkerung führen. Es ist also kein Phänomen der Flüchtlingsbewegung 2015, dass die Bürger ihrer Skepsis gegenüber jenen, die da kommen, Gehör verschaffen. Auch 1991 war so ein Jahr.

Franz Löschnak bekam das im Rahmen einer öffentlichen Rede in Traiskirchen zu spüren: Es hagelte Eier und Tomaten auf ihn. In einem Land wie Österreich sind solch explizite Unmutsäußerungen gegenüber Politikern selten.

Die Episode war also durchaus als starkes Signal von Bürgern zu sehen, die mit der gegenwärtigen Lage äußerst unzufrieden waren. Laut den damaligen Aufzeichnungen bewohnten zu diesem Zeitpunkt nämlich nicht weniger als 2800 Asylwerber das Gelände.

Der SPÖ-Minister musste seinem Parteifreund, Bürgermeister Fritz Knotzer, etwas bieten, um dem Sturm der Entrüstung über die Flüchtlingspolitik des Innenministeriums etwas Wind aus den Segeln zu nehmen. Am Verhandlungstisch traf man zwei Vereinbarungen. Erstens: Das Flüchtlingslager wurde in Betreuungsstelle umbenannt. Zweitens: Ab sofort durften sich nur noch 1000 Personen gleichzeitig auf dem Gelände der Einrichtung aufhalten.

Die örtliche Parteiführung trug bei der anschließenden, öffentlichen Vermarktung des Erreichten besonders dick auf, nahm die erfolgte Umbenennung derart wörtlich, dass ihre Proponenten in Medien behaupteten, das Lager sei ab sofort geschlossen. So funktioniert österreichische Flüchtlingspolitik.

Doch Löschnak, der innerhalb des Beamtenapparats seines Ressorts als korrekter und glaubwürdiger Chef galt, machte Traiskirchen und seiner politischen Führung damals noch ein weiteres Zugeständnis: Obwohl es im gesamten Bundesgebiet noch mehr Bewerber gab, erhielt die Kleinstadt im Süden Wiens den Zuschlag für die Errichtung der Sicherheitsakademie, der zentralen Aus- und Fortbildungsstätte von Österreichs Exekutive.

Es war eine Art Dankeschön dafür, dass man dort die größte Einrichtung für Flüchtlinge im Land betreiben durfte. Auch Fritz Knotzer wusste, wie man sich für so viel Entgegenkommen erkenntlich zeigt. Er schenkte dem Minister kurzerhand einen Dackel, weil dessen eigener kurz zuvor verstorben war.

Wie eng der Bau der Sicherheitsakademie, kurz SIAK, mit dem Flüchtlingslager und der heutigen Betreuungsstelle verbunden ist, ergibt sich schon allein aufgrund der Lage. Um den modernen Neubau überhaupt aus dem Boden stampfen zu können, löste das Ministerium 85.000 aus dem bestehenden 200.000 Quadratmeter großen Gelände heraus. Dort, wo heute Polizeischüler hören, wann und wie sie einen Tatverdächtigen festnehmen, lag einst unser Sportplatz.

Nachdem Löschnak persönlich den medial inszenierten Spatenstich für die Bauarbeiten vorgenommen hatte, tat sein Nachfolger Caspar Einem alles dafür, um den tatsächlichen Beginn eben dieser zu verhindern. Mit dem Sohn des Komponisten Gottfried von Einem war plötzlich ein Politiker an die Spitze des Innenministeriums geraten, der Polizisten eigentlich nicht mochte. Zumindest vermittelte er vielen von ihnen dieses

Gefühl. Straff und hierarchisch durchorganisierte Organisationen schienen ihm zutiefst zuwider zu sein, weshalb er die von Löschnak angekündigten Bauarbeiten für die neue Polizeischule absagte. Unter anderem mit der Begründung, er wolle keine »Kaserne«.

Seine Abneigung gegenüber dem Projekt ging so weit, dass er den für das Vorhaben mitverantwortlichen Spitzenbeamten im Haus untersagte, sich mit seinem Parteifreund, dem Traiskirchener Bürgermeister Knotzer, weiter über das Thema zu unterhalten. Heute, knapp 20 Jahre später, kann ich es ja sagen: Die Kollegen trieben das Projekt trotzdem weiter voran. Sie sprachen nämlich nicht mit Knotzer, sondern mit mir. Ich gab das Gehörte ins Traiskirchener Rathaus weiter, wartete auf Antwort und informierte den Absender wieder darüber. So blieben alle formal auf der sicheren Seite und umgingen faktisch dennoch die Order des Ministers. Eine Art Stille-Post-Spiel für Staatsdiener in der Zwickmühle.

Was Caspar Einem von seinen Vorgängern und Nachfolgern unterschied, konnte ich einige Male während seiner persönlichen Besuche in der Betreuungsstelle beobachten: Anders als in der Gegenwart von Uniformierten blühte er im Umgang mit Flüchtlingen regelrecht auf. Er herzte diese Menschen, zeigte sich interessiert an ihren persönlichen Schicksalen und empfand es – zumindest wirkte das so auf einige von uns – als Bringschuld unseres Landes, ihnen bedingungslos zu helfen. Im Rahmen einer Führung, die mein Vorgänger für Einem organisiert hatte, unterhielt er sich in Haus 4, dem sogenannten Andreas-Hofer-Haus, mit einem Asylwerber, der sich seine Zeit bei uns mit dem Malen von Bildern vertrieb. Der Minister begutachtete seine Werke und legte für eines von ihnen 1000 Schilling auf den Tisch. Für den malenden Flüchtling entsprach das einem kleinen Vermögen.

Bei der Erwähnung dieser Episode möchte ich nicht missverstanden werden.

Menschlich gesehen zeichnete Einem sein einfühlsames und herzliches Verhalten gegenüber Asylwerbern durchaus aus. Innerhalb des Hauses gab es einschließlich mir aber nicht wenige, die ein solches Auftreten nicht für angemessen hielten. Den eigenen Leuten das Gefühl zu geben, mit ihnen nicht viel anfangen zu können und gleichzeitig als Innenminister einen Zugang zu Flüchtlingen zu pflegen, wie es nur die NGOs tun. In Deutschland würde man heute sagen »das geht gar nicht«.

Mit dem Ende der Ära Franz Vranitzkys als Bundeskanzler zog im Innenministerium – unter Neo-Kanzler Viktor Klima – ein völlig anderer Politikertyp ein, als es Caspar Einem war. Karl Schlögl stand innerhalb der SPÖ deutlich weiter rechts als sein als Linker punzierter Vorgänger und konnte sich wohl auch deshalb besser mit seinen Aufgaben als Ressortchef identifizieren. Er beendete den Baustopp der Sicherheitsakademie und erwies sich sowohl im Umgang mit dem Flüchtlingsthema als auch bei der Bekämpfung der Kriminalität als Praktiker. Dabei hatte er es nicht leicht.

In seine Amtszeit fiel beispielsweise die spektakuläre Briefbombenserie des Franz Fuchs. In die Kritik geriet er auch, als der nigerianische Asylwerber Marcus Omofuma während eines Abschiebefluges erstickte, weil ihn Polizisten zuvor mit unangemessenen Mitteln ruhiggestellt hatten.

Eine Geschichte, die ich selbst miterlebte, charakterisiert vielleicht am besten, welcher Typ Politiker da im Jänner 1997 die Leitung übernommen hatte. Wir hatten gerade die Gleichenfeier für die neu errichtete Polizeiinspektion Traiskirchen organisiert, die, wie die Sicherheitsakademie, auf einer Parzelle der Betreuungsstelle entstanden war. Anders als üblich setzte sich der Innenminister beim Buffet danach nicht zu den Ehrengästen, sondern nahm – wie ich auch – am Tisch der Bauarbeiter Platz.

Der Mann konnte wirklich reden, hatte auch dann ein ehrliches Ohr für die Menschen, wenn die Kameras nicht mit dabei waren. Für mich ist Schlögl bis heute der geborene Bürgermeister. Alle anderen müssen diesen Beruf in mühsamer Kleinarbeit erlernen. Einen Beruf, den er bis heute in der Wienerwaldgemeinde Purkersdorf ausübt.

Jedenfalls wurde mit den Arbeitern bald über das Thema Fußball gesprochen. Sturm Graz empfing an jenem Abend in der Gruppenphase der Champions League den englischen Großklub Manchester United. Schlögl erzählte den Männern, dass er dort Repräsentationspflichten wahrnehmen sollte und fragte, ob einer von ihnen mitkommen wolle. Tatsächlich zeigte ein Arbeiter aus dem steirischen Feldbach Interesse, fügte aber hinzu, dass es sich wohl doch nicht ausgehe, weil er ja am nächsten Morgen wieder in Traiskirchen auf der Baustelle erscheinen müsse. Schlögl empfand das offenbar als Herausforderung. Binnen kürzester Zeit organisierte er dem Bauarbeiter eine Matchkarte, nahm ihn in seinem Dienstwagen zuerst nach Graz mit und brachte ihn nach dem Spiel wieder zurück nach Traiskirchen. Dennoch ging das Spiel damals mit 0:3 verloren.

Aus Sicht der SPÖ verloren gingen damals auch die Nationalratswahlen wenige Monate später. Mit dem Kabinett Wolfgang

Schüssel I als Kanzler kam ein Innenminister zu uns, der Jahre später wegen Bestechlichkeit vor dem Richter stand – und zu drei Jahren Haft verurteilt wurde: Ernst Strasser. Der Mann erarbeitete sich innerhalb des nicht gerade kleinen Apparats mit knapp 30.000 Bediensteten einigermaßen rasch einen gewissen Ruf.

Meiner Empfindung nach war dieser zumindest zu Beginn seiner Amtszeit nicht der schlechteste. Aufgrund seiner forschen, fordernden, oft auch cholerischen Art gingen viele – auch ich – davon aus, dass er sich dies nur deshalb leisten konnte, weil er selbst ein überaus korrekter Mensch sein musste. Fleißig und moralisch ohne Tadel.

So lautete jedenfalls die Annahme. Mein Gott, was haben wir uns geirrt. Als ich dann Jahre später jenes heimlich von Journalisten aufgenommene Video sah, auf dem ihnen Strasser selbstbewusst seine Dienste als EU-Parlamentarier zum Kauf anbot, konnte ich es zunächst nicht glauben. Inzwischen hat er seine Strafhaft verbüßt und – wie andere auch – ein Recht auf eine zweite Chance im Leben.

Was Strasser überhaupt nicht mochte, waren Kontakte von Beamten zu Journalisten. Diesbezüglich verlangte er absolute Disziplin und Verschlossenheit des Apparats nach außen. Umso mehr empfand ich mich selbst unter seiner ständigen Beobachtung, weil er mir regelmäßig den Auftrag erteilte, die nicht vermeidbaren und unangenehmen Medienauftritte zu Asylthemen zu übernehmen.

Für mich glich das einem Tanz auf einem brodelnden Vulkan, den ich als frisch ernannter Leiter der Betreuungsstelle nun nicht mehr ablehnen konnte.

Wie gefährlich und ungeliebt diese Aufgabe unter Strasser war, dafür gibt es Indizien. Das aus meiner Sicht stärkste: Obwohl ich unter dem legendären Umfärber, also jenem Mann, der binnen kürzester Zeit zahlreiche SPÖ-nahe Spitzenkräfte gegen ÖVP-treue Beamte ausgetauscht hatte, vom Referatsleiter für Dienstleistungen zum Chef der Dienststelle aufstieg, hat mir seither niemand persönlich vorgeworfen, ein Strasser-Getreuer zu sein.

Zu tun hatte das damit, dass ich für den Minister die ungeliebte Arbeit mit Journalisten erledigte. Hierfür benötigte Strasser keinen nibelungentreuen Parteigänger, sondern einen Mitarbeiter, der stellvertretend für ihn die Kritik auf sich zog – und nicht auf die Partei. Ohne es darauf angelegt zu haben: Mir ist dies offenbar gelungen. Eine Reihe von Kollegen im Haus bemitleideten mich dafür. Ich sah es als Preis für die übertragene Verantwortung. Wobei es mir wichtig ist, an dieser Stelle festzuhalten, dass ich keiner Partei angehöre.

Im Grunde genommen hatte Strasser wohl auch kein Interesse an Asylpolitik und Flüchtlingen. Einerseits deshalb, weil er schnell realisierte, was all seine Vorgänger und Nachfolger binnen kürzester Zeit erfuhren: Mit dem Thema ist als Regierender bei den Wählern nicht zu punkten. Andererseits zeigte er keinerlei Empathie für diese Menschen. Was bei Caspar Einem zu stark ausgeprägt war, war bei ihm vielleicht zu wenig vorhanden.

Im Rahmen einer seiner Besuche hatte ein Flüchtlingshelfer von außerhalb des Innenministeriums gemeinsam mit einigen Afrikanern eine Art Folkloreveranstaltung mit Tanz vorbereitet. Die Aufführung ließ Strasser mit versteinerter Miene über sich ergehen. Es schien fast so, als wären diese Menschen wie Luft für ihn.

Im Dezember 2004 trat Strasser aus bis heute – zumindest öffentlich – nicht restlos geklärten Gründen überraschend zurück.

Foto: BMI/Egon Weissheimer

Ernst Strassers Traiskirchen-Besuch im Juli 2004 war begleitet von Folkloreveranstaltungen und Demonstrationen. Das Sicherheitsaufgebot war enorm. Als Hausherr führte ich (rechts neben ihm) den Minister und seine Entourage über das Gelände.

Für nur elf Tage zog anschließend Günther Platter zum ersten Mal als Amtsinhaber ein. Ihm folgte die viel zu kurz dienende Liese Prokop, die am 31. Dezember 2006 an den Folgen eines Aortenrisses verstarb. Ihr Führungsstil war unkonventionell, aber liebenswürdig und effizient. Das bekam auch Bürgermeister Knotzer zu spüren, als dieser einmal mehr versuchte, mit dem Verhindern einer notwendigen Gebäudesanierung in der Betreuungsstelle am Wählermarkt zu punkten.

Im Rahmen einer Begehung mit Prokop wegen der dafür nötigen Baubewilligung bemängelte Knotzer, dass ihm »Parkplätze für die Flüchtlinge« fehlten. Angesichts dieser doch etwas seltsam anmutenden Forderung reagierte Prokop rasch, boxte dem Bürgermeister herzhaft auf den Oberarm und sagte: »Fritz, jetzt mach aber bitte einmal einen Punkt.« Am Ende bekamen wir die Baubewilligung.

Foto: BMI/Alexander Tuma

Liese Prokops Führungsstil war für eine Innenministerin liebenswert unkonventionell. Während ihrer Amtszeit verlieh sie mir den Berufstitel Regierungsrat. Zum Jahreswechsel 2006/2007 starb sie an den Folgen eines Aortenrisses.

Wolfgang Schüssel übernahm anschließend formal für neun Tage, ehe ein alter Bekannter erneut im Amtszimmer im ersten Stock des Palais Modena in der Herrengasse einzog.

Günther Platter hatte ich Anfang der 1980er Jahre in der Gendarmerie-Zentralschule in Mödling kennengelernt. Als einer der ihren genoss er zumindest unter den ehemaligen Gendarmen im Haus einen gewissen Startvorteil.

Als Tiroler in Ostösterreich freute er sich immer wieder, im Rahmen seiner vielen Termine bekannte Gesichter wie meines zu sehen. Bei einem seiner dienstlichen Abstecher nach Traiskirchen staunte seine Entourage, die ihn standesgemäß mit »Herr Bundesminister«, kurz HBM, ansprach, nicht schlecht, als er mir mit offenen Armen zur Begrüßung entgegentrat und sagte: »Für Dich, lieber Franz, bin ich nach wie vor der Günther.«

Als Zugereister wurde Günther, also der HBM Platter, von seinen Beratern ziemlich rasch über das politische Sendungsbewusstsein des damaligen SPÖ-Bürgermeisters von Traiskirchen, Fritz Knotzer, aufgeklärt. Ich war dabei, als sich dieser von Platter wünschte, die Betreuungsstelle Traiskirchen in Betreuungsstelle Ost umzubenennen.

Dahinter stand der Wunsch, die in der Öffentlichkeit fest verankerte gedankliche Verbindung zwischen dem Flüchtlingsthema und der Stadt zumindest ein wenig zu lösen. Der Minister hatte offenbar handfestere Probleme erwartet und wirkte ob der vergleichsweise einfachen Forderung regelrecht erleichtert. »Herr Bürgermeister, wenn Sie sonst keine Wünsche haben, das kann ich gerne tun.« Ich erlebte Platter jedenfalls als sehr angenehmen und verlässlichen Menschen. Die gemeinsame Zeit bei der Gendarmerie verband.

Nach Platter, und einem Tag Wilhelm Molterer, folgten die Jahre der starken Frauen. Im Juli 2008 zog Maria Fekter ins Innenministerium. Die oberösterreichische Industrielle trat stets hart, aber sehr herzlich auf, und wurde deshalb binnen kürzester Zeit im Haus ehrfurchtsvoll »die Chefin« genannt. Andere meinten sogar, sie sei damals der einzige echte Kerl in der Regierung gewesen.

Fekter schien den Umgang mit Polizisten jedenfalls zu genießen, sie war beliebt und berüchtigt für ihre bewundernswerte Kondition. Einmal marschierte sie bei uns im Eiltempo zu Fuß in den dritten Stock des Hauptgebäudes. Ihre Entourage folgte ihr keuchend.

Maria Fekter übergab an eine weitere Politikern, die ebenfalls Eindruck im Haus hinterließ: Die Niederösterreicherin Johanna Mikl-Leitner. Zu ihr hatte ich insbesondere gegen Ende ihrer Amtszeit ein besonderes Verhältnis. Die massive Migrationsbewegung des Jahres 2015 hatte uns beide – sie noch viel mehr als mich – zu Angriffszielen von NGOs, Flüchtlingshelfern, politisch und weltanschaulich exponierten Journalisten und Teilen jener Bevölkerungsgruppen gemacht, die sich selbst als »die Zivilgesellschaft« bezeichneten. Uns schweißte die Kritik auf eine gewisse Art und Weise zusammen.

Einige Male rief Mikl-Leitner mich am Diensthandy an, wenn ich mir tags zuvor wieder meine öffentliche Tracht Prügel in einem Medium dafür abgeholt hatte, weil ich trotz der Überforderung eines ganzen Staates versuchte, in meiner Funktion die Gesetze der Republik zu vollziehen. Ich hatte Verständnis dafür, dass sie, als die große Krise vorüber war, in die Landespolitik wechselte.

Foto: BMI/Alexander Tuma

Johanna Mikl-Leitner besuchte mich als Innenministerin mehrfach in Traiskirchen. Hier im Jahr 2012 in meinem Büro. Der öffentliche Druck des Jahres 2015 machte uns gewissermaßen zu Schicksalsgenossen.

Seit der vom niederösterreichischen Landeshauptmann Erwin Pröll orchestrierten Personalrochade mit Mikl-Leitners Nachfolger Wolfgang Sobotka ist es in meiner Dienststelle – zumindest nach außen hin – etwas ruhiger geworden. Ich wünsche es niemandem, aber ich bin überzeugt davon, dass auch noch Sobotka, jedenfalls aber einer seiner Nachfolger, sich erneut außerordentlichen Migrationsbewegungen wird stellen müssen. Die Welt ist im Wandel.

NGOs: Der Eigennutz der Gemeinnützigen

Der Grund für die bisherige und in den folgenden Kapiteln verdeutlichte Kritik an Kritikern ist nicht in der prinzipiell wichtigen Arbeit zu suchen, die NGOs für die Gesellschaft leisten. Eines der Motive, die mich dieses Buch schreiben ließen, heißt Transparenz für die Bürger. Sie sind es, die das System – auch meine Stelle – finanzieren, am Laufen halten, mit dem Geleisteten oder Nicht-Geleisteten im Alltag der folgenden Jahre buchstäblich werden leben müssen. Wenn jedoch das Wissen der Öffentlichkeit über die Zustände in diesem System zumindest teilweise auf massenmedial verbreiteten Un- und Halbwahrheiten beruht, fühle ich mich in meinem bescheidenen Einflussbereich zur Gegenrede verpflichtet. Denn vieles, was über das Flüchtlingslager Traiskirchen von Hilfsorganisationen und Journalisten an die Öffentlichkeit getragen wurde und wird, kann man auch gänzlich anders darstellen und bewerten. Man muss sich nur darauf einlassen.

Kampf der Privatisierung

Die Aufnahme, die Verfahren, die Versorgung und die Beratung von Flüchtlingen finden seit jeher unter einer gewissen öffentlichen Beobachtung statt. Das macht Sinn, denn der Staat und sein Beamtenapparat sind dem Steuerzahler zu Transparenz verpflichtet. Die Bürger haben ein Anrecht darauf zu erfahren, wie die Gesetze im Land vollzogen und angewendet werden.

In erheblich erweiterter Form beanspruchen dieses Recht auch Nichtregierungsorganisationen für sich. Diese meistens als NGOs (Englisch für non-governmental organizations) beschriebenen Vereine kümmern sich in großem Ausmaß und ursprünglich aus einer ausschließlich philanthropischen Motivation heraus um Vertriebene und andere Migranten. Zu ihren bekanntesten Vertretern gehören die Caritas, die Diakonie, das Hilfswerk und die Volkshilfe.

Im Windschatten der Großen haben sich im Lauf der Jahrzehnte jedoch auch eine Reihe kleinerer Organisationen und Einzelpersonen positioniert, die sich im weitesten Sinne als Flüchtlingshelfer verstehen. Das Spektrum der Großen reicht von der Verteilung von Sachspenden bis hin zur Rechtsberatung und Unterbringung im Auftrag von Bund und Ländern.

Für die Erbringung des Angebots im Auftrag der Behörden steht den NGOs ein Entgelt zu. Da die Zahl an Flüchtlingen, die die Republik in den vergangenen Jahren per Gesetz während der Asylverfahren zu versorgen hatte, groß ist, werden im Rahmen ihrer Betreuung hohe Summen umgesetzt. Das ist kein Vorwurf, sondern Tatsache und in einem zivilisierten Rechtsstaat wie Österreich wohl auch nötig. Es gibt ein Sprichwort, das lautet: Was nichts kostet, ist nichts wert. Leistung, das ist einer der zentralen Bestandteile unserer Gesellschaft, gibt es nirgendwo kostenlos.

Das Wissen um diesen größeren Zusammenhang ist wichtig, um die Inhalte dieses Kapitels richtig einordnen zu können. Dabei geht es mir bei der Beschreibung nicht um die Diskreditierung bestimmter Organisationen. Was NGOs und Freiwillige in Österreich im Allgemeinen und im Speziellen auch in der Flüchtlingsarbeit leisten, kann sich sehen lassen. Es ist ein hoffnungsvolles Zeichen dafür, dass es im Land Zusammenhalt, Menschlichkeit und soziale Verantwortung gibt. Das stimmt mich – trotz des derzeit öffentlich verbreiteten Pessimismus – positiv für die Zukunft.

Doch wo Geld ist, wird darum gekämpft. Mit allen Mitteln. Das reicht – ich werde es später noch beschreiben – von medial begleitetem Aktionismus bis hin zur Instrumentalisierung schwerer Straftaten wie angeblichen Vergewaltigungen, die nach der Auffassung von Gerichten so jedoch nie stattgefunden haben dürften.

Es ist nämlich nicht mehr so, dass die Leistungen der Organisationen allein von freiwilligen, engagierten, an die gute Sache glaubenden Menschen erbracht werden. Im Lauf der vergangenen Jahre haben die NGOs immer größere Stäbe von hauptberuflichen, angestellten Mitarbeitern und Führungskräften aufgebaut. Im Bereich des Asylwesens gibt es Kritiker, die schon länger und mit leicht boshaftem Unterton von der »Asylindustrie« sprechen.

Dieser (ab)wertende Ausdruck wird der Sache nicht gerecht, offenbart jedoch zumindest einen Teil des Problems. Längst sind die einst autonomen Helfer nämlich selbst Teil des Systems geworden, von ihm abhängig und stehen im Wettbewerb. Was ich damit meine, erschließt sich dann deutlich, wenn man die großen Organisationen strukturell ein wenig durchleuchtet.

Beginnen wir mit dem »Marktführer« Caritas. Die Vorfeldorganisation der Katholischen Kirche gab im Jahr 2015 laut ihren Büchern insgesamt 799 Millionen Euro für unterschiedlichste Projekte aus (Daten für 2016 waren zum Zeitpunkt der Drucklegung noch nicht verfügbar). Geht man anschließend in die Details, stößt man in der Jahresabrechnung auf die Position »Asyl, Migration und Integration«.

Mit einem Projektvolumen von 114 Millionen Euro gab die Organisation nur noch für Pflege (270 Mio.) und Behindertenarbeit (177 Mio.) mehr aus. Die anderen neun ausgewiesenen Geschäftsbereiche folgen deutlich dahinter.

Erwähnenswert ist an dieser Stelle auch, dass sich die Migrationsbewegung des Jahres 2015 erheblich auf die Ausgaben in diesem Segment ausgewirkt hat. Im Jahr 2014 waren die Aufwendungen mit 68 Mio. Euro zwar ebenfalls eine stattliche Summe, aber eben doch deutlich geringer.

Zurück ins Jahr 2015. Die Größenordnung der Geschäftszahlen gleichen – wie dargestellt – jenen eines großen Unternehmens. Der Bericht über die Beschäftigtenzahlen tut es auch. 14.871 angestellte Mitarbeiter sind durchaus beeindruckend. Wenn man nun auch noch berücksichtigt, dass die Caritas ihre Aufwendungen von 799 Mio. Euro nur zu elf Prozent über Spenden finanziert, wird schnell klar, warum NGOs wie sie jede noch so kleine Veränderung in der Betreuung von Flüchtlingen öffentlich, und das nicht selten harsch, kritisiert. So stammen nicht weniger als 58 Prozent aller Einnahmen der Caritas aus Mitteln, die die öffentliche Hand für in Auftrag gegebene Dienstleistungen bezahlt.

Dabei nenne ich hier die Caritas nur exemplarisch. Auch die anderen in der Flüchtlingsarbeit aktiven NGOs sind abhängig von öffentlichen Aufträgen, haben eine Vielzahl an angestellten Mitarbeitern zu beschäftigen und zu bezahlen. Bei der Diakonie waren es im Vorjahr 7500, beim Hilfswerk 9849 und bei der Volkshilfe 9000. Natürlich bei weitem nicht alle in der Flüchtlingsarbeit, die dargestellte Kostenstruktur der Caritas gibt jedoch einen Eindruck davon, dass es in diesem Sektor um viel Geld, Arbeitsplätze und damit auch politischen Einfluss geht.

Die Kenntnis dieses Rahmenwerks ist wichtig, um zu verstehen, warum die Vergabe der Flüchtlingsbetreuung an zur Gänze privat geführte Unternehmen zu Beginn der 2000er Jahre in NGO-Kreisen für große Aufregung sorgte. Die Aufregung war sogar so groß, dass – so stellte es sich zumindest für mich dar – mit unlauteren Mitteln gekämpft wurde. Beispielsweise wurde eine behauptete, vor Gericht jedoch nicht bestätigte Vergewaltigung einer Asylwerberin durch einen Mitarbeiter einer Privatfirma dazu benutzt, um gegen das Engagement gewinnorientierter Dienstleister zu argumentieren.

Mit Gemeinnützigen, so war jedenfalls meine Wahrnehmung der unterschwellig verbreiteten Botschaft, wäre das niemals passiert. Im Rahmen einer weiteren Episode scheuten sich mehrere NGOs nicht davor, Asylwerber für ihre Sache vor laufenden Kameras vorzuführen. Die Ministeriumsspitze beauftragte mich damals mit der Medienarbeit dazu. Diese tief sitzende Ablehnung gegenüber ausschließlich privatwirtschaftlich organisierter Flüchtlingsbetreuung begleitet uns in Traiskirchen bis heute. Mit all ihren Auswirkungen. Aber alles der Reihe nach.

Über die Auslagerung – sprich Privatisierung – von Flüchtlingsbetreuung denkt man an den maßgeblichen Stellen im Innenministerium schon länger nach. Insbesondere in Jahren, in denen nur wenige Asylwerber ins Land kamen, wurden diese Ideen immer wieder aus der Schublade geholt, immer wieder diskutiert und immer wieder verworfen. In den Diskussionen brachten die beteiligten Personen die unterschiedlichsten Argumente vor, alle hatten etwas für sich, und manchmal hoben sie sich gegenseitig auf. Das – vermutlich – stärkste Argument für eine Auslagerung war und ist der Kostenansatz. Staatsbedienstete, meistens Beamte, sind vergleichsweise teuer. Auch kann der Staat seine Mitarbeiterzahl nicht so einfach der Nachfrage anpassen, wie dies ein Unternehmen tut.

Für viele mag sich das brutal anhören, immerhin sprechen wir hier über Arbeitsplätze und die dahinter stehenden Familien. Es ist aber auch ein Stück unserer Realität, dass sich die öffentliche Hand für ihre Ausgaben rechtfertigen muss. Letztendlich werden diese nämlich vom Steuerzahler beglichen. Und der hat wenig Verständnis dafür, wenn kostenintensive, vielleicht unkündbare Beamte Asylwerber betreuen, und gleichzeitig – weil es an öffentlichem Geld fehlt – die staatlichen Zuschüsse für das Gesundheitssystem gestrichen werden.

Andererseits: Natürlich weiß wohl niemand besser als der Hausherr, wie er die eigenen Gesetze und Vorgaben zu vollziehen hat. Persönlich habe ich es immer bedauert, dass der Staat dieser Aufgabe nicht mehr selbst nachkommt. Für mich ist das eine prinzipielle Frage von Verantwortung. Dennoch, über die

Leistungen der von uns beauftragten Unternehmen kann und will ich mich nicht beschweren. Sie machen weitaus bessere Arbeit, als man aufgrund der Unterstellungen der von ihnen aus dem Markt gedrängten NGOs meinen möchte.

Nach jahrelangem Beratschlagen, Diskutieren und Pläne-wälzen war es ausgerechnet der später strafrechtlich verurteilte Innenminister Ernst Strasser (siehe dazu das Kapitel: »Meine Minister«), der in der Frage der Ausgliederung etwas zustande brachte. Es war die Zeit der FPÖ-ÖVP-Koalition unter der Führung von Bundeskanzler Wolfgang Schüssel, in der das Motto »mehr privat – weniger Staat« auch in jenen Bereich ausstrahlte, in dem ich tätig war. Strasser argumentierte den einzuschlagenden Weg in der für ihn typischen Art mit den Worten: »Der Staat ist kein guter Wirt.«

Die bisher gut vom Staat lebenden NGOs arbeiteten sich an Strasser entsprechend ab. Unmenschlich, menschenrechtswidrig und und und ... Was in vielen Ländern dieser Erde längst gelebte Praxis war, durfte ihrer Meinung nach ausgerechnet bei uns nicht geschehen. Dabei tat die Bundesverwaltung eigentlich nur das, was die Bürger von ihr erwarten durften. Im Rahmen einer öffentlichen Ausschreibung wurde die bestmögliche Leistung zum bestmöglichen Preis gesucht.

Zusätzlich zu einer internen Kommission des Ministeriums begleitete ein externer Wirtschaftsprüfer das Verfahren, aus dem die aus Deutschland stammende Firma European Homecare, kurz EHC, als Sieger hervorging.

Der einzige ernst zu nehmende Gegner im Verfahren war eine Bietergemeinschaft bestehend aus Caritas, Rotem Kreuz, Diakonie und Volkshilfe. Ein ursprünglich dritter Bewerber war schlichtweg zu klein für die geforderte Aufgabe und gab letztendlich kein verbindliches Angebot ab.

Groß war die Aufregung, als im Februar 2003 schließlich die Zuschlagsentscheidung bekannt gegeben wurde. Besonders kritisiert wurde, dass sich die Republik letztendlich für den kostengünstigeren Anbieter entschieden hatte und gegen die behauptete Qualität, die – natürlich – nur das NGO-Konsortium bieten konnte. Die 12,89 Euro (exklusive Umsatzsteuer) pro Asylwerber und Tag, die EHC verlangte, wurden als Dumpingpreis bezeichnet, mit dem das Betreuungsniveau der Bietergemeinschaft keinesfalls erreicht werden könne. Im Orkan der Kritik blieb vollkommen unberücksichtigt, dass im Rahmen des Wettbewerbs ein klar vorgegebenes Leistungsverzeichnis zu erfüllen war.

Daran musste sich selbstverständlich auch der Billigstbieter halten. Das Innenministerium hatte also gar keine andere Wahl, als sich bei gleicher Leistung für den besseren Preis zu entscheiden. Auch aus Verantwortung gegenüber den Financiers, den Steuerzahlern.

Die Kostenstruktur der Unterlegenen war damals offenbar nicht wettbewerbsfähig. Ursprünglich war von einem Angebot in der Höhe von 19 Euro pro Asylwerber und Tag die Rede. Später sollen mit Nachverhandlungen noch 16 Euro möglich gewesen sein. Immer noch weit entfernt von EHC.

Das Unternehmen begann am 1. Juli 2003 mit seiner Arbeit. Begleitet von kritischen Nebentönen der NGOs wurde damals auch eine Gesetzesnovelle vorbereitet, die mit 1. Mai 2004 in Kraft treten sollte. Beides, so schien es, galt es zu bekämpfen. Und mehrfach war ich als frischgebackener Leiter der Dienststelle mittendrin bzw. stand plötzlich – zumindest teilweise – selbst in der Kritik. Was war geschehen?

Die Gangart wurde mit einem Schlag rau. Ein gewisser Klaus Neumann war damals Chef des Vereins SOS Menschenrechte. Er hatte den Auftrag, sich innerhalb der Mauern um sogenannte unbegleitete, minderjährige Flüchtlinge, im Amtssprech auch UMF genannt, zu kümmern. In einem Interview für das ORF-Fernsehen äußerte er sich vage und vorsichtig zu einem Gerücht. Innerhalb des Lagers gäbe es Hinweise, dass es in der Betreuungsstelle zu einer Vergewaltigung einer Asylwerberin durch einen Mitarbeiter gekommen sein könnte.

Rasch griffen zahllose andere Medien den Vorfall auf, begleitet von dazu befragten NGO-Vertretern. In vielen Berichten schwang mehr oder weniger offensiv vorgetragen der unausgesprochene Zwischenton mit, dass der Vorfall zu erwarten gewesen sei. Das, so der Tenor, passiere nun einmal, wenn man anstatt von Nichtregierungsorganisationen einen auf Gewinn orientierten Anbieter wähle.

Dabei war die dahinter steckende Strategie offensichtlich. Der – mutmaßliche – Täter wurde anfangs nämlich ins Klischee passend als Mitarbeiter von EHC präsentiert. Erst als das aufgrund des sich langsam lichtenden Nebels durch Ermittlungen der Behörden nicht mehr zu halten war, wurde kleinlaut auf die Fakten umgeschwenkt. Tatsächlich war der Beschuldigte ein Mitarbeiter des für die Bewachung zuständigen Sicherheitsdienstes ÖWD (Österreichischer Wachdienst), den das Innenministerium bereits vor EHC mit Aufgaben betraut hatte.

Die Angelegenheit wurde jedenfalls von Medien und anderen Flüchtlingsbetreuern einigermaßen groß thematisiert. Der

Verdächtige war gelernter Maurer, 47 Jahre alt und offensichtlich schwerer Trinker. Mit seinem dicken Schnauzbart und der blau-roten Knollennase sah er nicht wie 47, sondern eher wie 74 aus. Das Opfer war eine erheblich jüngere Asylwerberin aus Kamerun. Außer Streit stand für alle Seiten, dass es im Aufenthaltsraum des Hauses 13 zum Geschlechtsverkehr gekommen war. Während sie jedoch einige Zeit später eine Vergewaltigung anzeigte, bestand er darauf, dass der Sex einvernehmlich stattfand.

Nachdem die Staatsanwaltschaft die Tat zunächst gar nicht anklagen wollte, gelang es der Afrikanerin mit anwaltlicher Hilfe eine sogenannte Subsidiaranklage bei Gericht durchzusetzen. Bei diesem Verfahren übernimmt ein Privatbeteiligter stark vereinfacht gesagt die Rolle des Staatsanwalts. Als Leiter der Einrichtung, die gleichzeitig der Tatort war, musste ich auch als Zeuge beim Prozess am Landesgericht Wiener Neustadt aussagen. Freilich konnte ich über den Tathergang selbst nichts sagen, es gab schließlich keine unmittelbaren Zeugen. Allerdings wollte das Gericht von mir mehr über die Rahmenbedingungen in der Betreuungsstelle, das Prozedere und den Hintergrund von Opfer und Beschuldigtem wissen.

Das Verfahren fand unter regem Medieninteresse statt. Dabei kam nicht nur heraus, dass das Opfer zuvor wohl auch als Prostituierte gearbeitet hatte. Zeugen hatten beide heftig turtelnd in einem nahen Café beobachtet. Demnach sollen sie sich dabei derart auffällig und störend für die anderen Gäste benommen haben, dass sie aus dem Lokal verwiesen wurden.

Die Szene soll eher dem Treffen zweier verliebter Teenager geglichen haben, als einem Treffen zwischen einem Vergewaltiger und seinem späteren Opfer. Aber was weiß man schon. Jedenfalls wurde der Vorfall vom Gericht als entlastendes Indiz gewertet. Der zuständige Schöffensenat tat schließlich das, was er tun musste: den Angeklagten im Zweifel freizusprechen.

Die Wiener Wochenzeitung »Falter« nahm anschließend die Urteilsbegründung der vorsitzenden Berufsrichterin zum Anlass, in einer Titelgeschichte massive Zweifel an der Überparteilichkeit der Frau zu äußern. Diese habe der Afrikanerin »die niedrigsten Motive unterstellt«. Tatsächlich gab es später noch Ermittlungen gegen die Asylwerberin wegen des Verdachts der Verleumdung, diese wurden jedoch eingestellt. Doch zurück zur Kritik an der Richterin. Diese, so der »Falter«, habe keine Zweifel »an der Schuld der Frau« gehabt und in Form des Urteils letztendlich mit ihr »abgerechnet«.

Vorwürfe, die offenbar haltlos waren. Die kritisierte Richterin klagte wegen übler Nachrede und gewann. Die Zeitung musste ihr 7000 Euro Entschädigung zahlen und erlitt, weil sie mit der Sache trotz Niederlage noch einmal den Europäischen Gerichtshof für Menschenrechte anrief, später noch eine zweite Schlappe.

Was in jener Nacht wirklich im von innen versperrten Aufenthaltsraum des Hauses 13 geschah, wissen bis heute nur der entlassene Wachmann und die Frau aus Kamerun. Der Öffentlichkeit wurde der Fall jedoch von Anfang an als logische Folgeerscheinung der Privatisierung der Flüchtlingsbetreuung präsentiert. In meinem schlichten Büro oberhalb des Torpostens jedoch nahm ich den Vorgang als einen geschmacklosen Stellvertreterkrieg zwischen einer auf Gewinn orientierten Privatfirma mit vermeintlich etablierten Flüchtlingshelfern wahr, die mit allen Mitteln gegen das Eindringen eines Fremden in ihr angestammtes Revier kämpften.

Ein weiteres Mittel, das die Organisationen häufig dafür einsetzen, um sich selbst Öffentlichkeit zu verschaffen und Traiskirchen den Schwarzen Peter zuzuschieben, ist der erhobene Zeigefinger. Es war nicht lange nach dem öffentlich debattierten Verdacht auf Vergewaltigung, als eine Kampagne startete, in deren Rahmen vorgeblich obdachlose Asylwerber gezielt als Druckmittel eingesetzt wurden. Die Details dazu erzähle ich später.

Frühling 2004. Die Tschetschenien-Krise steuerte auf ihren Höhepunkt zu, und wir schrammten mit 1786 belegten Betten hart an der behördlich festgelegten Höchstbelagszahl entlang. Wieder einmal brachten wir viel zu wenige Menschen in Betreuungsstellen in den Ländern unter. Mein medial im Fokus stehender Einflussbereich im Süden Wiens quoll über vor Menschen, obwohl es nicht in meiner Macht stand, die Lage nachhaltig zu verändern. Doch wir versuchten, das Beste daraus zu machen.

Neben Asylwerbern, die vor dem Tor auf Einlass warteten, hatten wir innerhalb der Zäune und Mauern des Geländes ernsthafte Sicherheitsprobleme. Mitte April wohnten etwa 900 russische Staatsbürger aus der kleinen Teilrepublik Tschetschenien bei uns. Zuwanderer und Flüchtlinge aus dieser Region haben sich hierzulande inzwischen einen gewissen Ruf erworben. Woher der rührt, erlebten wir damals auch.

Immer wieder versuchten Personen vor dem Tor uns mit den verrücktesten Aktionen zu erpressen, um doch Einlass zu bekommen. Dabei durfte ich sie aufgrund einer ganzen Reihe von Bescheiden und Vorschriften von Behörden, auf die ich gar keinen Einfluss hatte, nicht aufnehmen. Der Torschranken öffnete sich erst dann für sie, wenn Plätze frei wurden. Das von mir geführte Quartier war schlichtweg überfüllt. Hätte ich alle eingelassen, hätte ich mich über Regeln hinweggesetzt und Strafen riskiert. Hielt ich die Regeln ein, passte es den NGOs nicht. Ich wählte Variante 2.

Aus der Gruppe der Tschetschenen wurden jedenfalls massive Drohungen an uns herangetragen. Entweder ich würde die Tore für die vor der Betreuungsstelle wartenden Landsleute öffnen, oder die Bewohner wollten mit Messern und aus den Stockbetten ausgebauten Eisenstangen auf die privaten Flüchtlingsbetreuer von EHC, den Wachdienst und die damals noch nicht mit der Polizei fusionierte Gendarmerie losgehen. Es bestand Gefahr in Verzug, ich ließ eine Standeskontrolle mit anschließender Zimmerdurchsuchung durchführen. Das Ergebnis war beängstigend: Wir stellten knapp 50 Messer in Längen zwischen 30 und 40 Zentimetern sicher.

Für Probleme wie diese hatten die NGOs freilich kein Verständnis. Lieber bezogen sie mich und meine Mitarbeiter in Traiskirchen in ihre Attacken gegen den ungeliebten Innenminister Ernst Strasser ein. Immerhin war er es gewesen, der eine private Firma zunächst nur mit der Rückkehrberatung und anschließend mit der gesamten Flüchtlingsbetreuung in Traiskirchen beauftragt hatte.

Stellvertretend für Strasser musste ich meinen Kopf beispielsweise dann hinhalten, wenn Familien mit – angeblich – kranken Kindern ebenfalls keinen Einlass fanden, weil wir, wie erwähnt, nicht mehr Personen beherbergen durften. Ich wurde deshalb medienwirksam wegen Amtsmissbrauchs und Aussetzung (§ 82 Strafgesetzbuch) angezeigt. Weil wir Beamte, die Angestellten dieses Staates, jedoch nur das tun durften, was uns das Gesetz gewährte, wurde das von der Diakonie angestrengte Verfahren gegen mich rasch eingestellt.

Es soll nicht hartherzig klingen, aber ich denke, dass in der Debatte um ein angeblich menschenfeindliches Österreich nicht vergessen werden darf, mit welchen Realitäten wir es zu tun haben. Da kommen Menschen aus aller Herren Länder zu uns. Alle haben sie ihre Motive; die einen schlagen zu Recht den Weg über das Asylverfahren ein, die anderen nicht. Zum Zeitpunkt ihres Eintreffens wissen wir das aber noch nicht, versuchen mit großem Aufwand und im Einzelfall abzuklären, wer da vor den Toren steht.

Das kostet manchmal Zeit, wenn zu viele auf einmal kommen sogar viel Zeit. Für die Ankommenden ist das nicht immer angenehm, aber die, die das System betreiben, verzögern es nicht aus Bosheit oder Unfähigkeit. Sie machen ihre Arbeit, versuchen sicherzustellen, dass Sicherheit und Rechtsstaatlichkeit auch längerfristig garantiert sind. Beamten wird, wenn sie sich auf Gesetze berufen, nicht selten und etwas abschätzig der Stehsatz »Vorschrift ist Vorschrift« vorgeworfen. Damit macht man es sich jedoch viel zu einfach, denn mit dem Abwälzen der Verantwortung auf Paragrafen hat das nichts zu tun. Es geht um Gesetzestreue, um den Diensteid, um ordentlich gemachte Arbeit für Dienstgeber und Staat. Letztendlich also für alle, die Teil dieses Landes sind.

In den sauren Apfel eben dieser Pflichterfüllung musste ich in der Karwoche des Jahres 2004 beißen. Es war am Palmsonntag gegen 21 Uhr, als ich von meinem stellvertretenden Abteilungsleiter im Innenministerium einen Anruf erhielt. Was ich denn im eben angetretenen Urlaub zu tun gedenke, wollte er wissen. »Pflastersteine verlegen«, antwortete ich wahrheitsgemäß und wusste in derselben Sekunde, dass ich die geplanten Arbeiten an unserem Haus am Waldrand wohl verschieben musste. 12 Stunden später war ich im Innenministerium im Kriseneinsatz.

Die großen Nichtregierungsorganisationen, darunter waren die Caritas und die Diakonie, hatten nämlich angekündigt, ab sofort ihrer Ansicht nach obdachlose Flüchtlinge mit einem Stadtplan ausgestattet ins Innenministerium in der Herrengasse zu schicken. Man sehe nicht mehr ein, warum der Staat Flüchtlinge auf die Straße setze und deren Versorgung stillschweigend gemeinnützigen Vereinen überantworte.

Meine Aufgabe sollte es nun sein, die angekündigten Asylwerber zu empfangen, einzusammeln, mit ihnen in ein Gebäude der zuständigen Asylbehörde zu fahren und dort abzuklären, wer sie sind. Gleichzeitig erhielt ich von den verantwortlichen Spitzenkräften erstmals im Leben ein sogenanntes »Wording«. Bis heute bin ich einer, der die Dinge beim Namen nennt, nicht viel davon hält, Sachen schöner (oder vielleicht auch nur unverständlicher) zu beschreiben, als sie sind. In dieser für die Politik brenzligen Situation wollte man aber genau das von mir, weil auch jede Menge Medien erwartet wurden. Lassen Sie es mich so sagen: Ich bemühte mich.

Es dauerte nicht lange, bis das unwürdige Schauspiel begann. Doch längst nicht alle Asylwerber kamen von selbst. Die NGOs brachten sie teilweise selbst, sogar in den Fahrzeugen der langsam eintreffenden Journalisten saßen welche und stiegen schließlich vor dem Innenministerium aus.

Während sich die Gruppe, bestehend aus NGO-Vertretern, Medienleuten und Flüchtlingen auf die ersten inszenierten Interviews vorbereitete, begann es zu regnen. Trotz der kühlen Temperaturen wurde mir plötzlich heiß. Mein Typ war gefragt, und das »Wording«, das man mir vorher gegeben hatte, wie weggeblasen. Entsprechend ehrlich fielen meine Antworten aus.

Der ORF wollte wissen, wo wir denn die obdachlosen Asylwerber unterbringen würden. Ich erklärte vor der Kamera, dass wir sie zunächst alle überprüfen und anschließend den NGOs zurückgeben würden. »Denn die wissen schließlich, wo sie vorher untergebracht waren.« Das war zwar nicht im Sinne des wie weggeblasenen »Wordings«, entsprach aber der Realität. Anschließend spannte ich meinen mitgebrachten Schirm auf und trat in den Regen. Die Asylwerber folgten mir zu den Bussen, die sie zur zuständigen Asylbehörde in der Schlachthausgasse bringen sollten. Sie jedoch hatten keinen Schirm, mussten ungeschützt im Regen gehen. Die Szene wurde schließlich abends in den »Zeit im Bild«-Nachrichten gesendet.

Doch die Show musste weitergehen. Als wir in der Schlachthausgasse ankamen, waren die Vertreter von Medien und NGOs schon dort. Ich hatte den Eindruck, dass die folgenden Szenen mit den Asylwerbern abgesprochen waren. Als die sich nämlich weigerten, bei der Asylbehörde ihre Identität feststellen zu lassen, besetzten sie öffentlichkeitswirksam den Bus, mit dem wir sie durch die Stadt gefahren hatten. Die Republik Österreich befand sich einmal mehr in Geiselhaft von Asylwerbern und Organisationen. Erst nach vielen Stunden des Verhandelns konnten wir die verfahrene Situation schließlich lösen. Nachdem irgendwann die Polizei gekommen war, dauerte es den Flüchtlingen im Bus offenbar selbst zu lange. Sie verließen das Fahrzeug und gingen, manche in Begleitung von NGO-Vertretern, ihrer Wege.

Wie die öffentlich hochgespielte und vom Gericht nie festgestellte Vergewaltigung spielte, das war allen im Haus klar, auch diese Aktion vor dem Hintergrund der Privatisierung der Bundesbetreuung. Bis heute wettern die Hilfsorganisationen über die Verträge, die wir diesbezüglich mit gewinnorientierten Unternehmen abgeschlossen haben. Was soll ich sagen? Sie bringen die geforderten Leistungen.

Ich habe meine Zweifel daran, dass diese Aufgabe die einen besser als die anderen erfüllen könnten. Sicher ist aber, dass seitens unserer Auftragnehmer keine Un- und Halbwahrheiten über den Ablauf von Asylverfahren in Österreich verbreitet werden, die letztendlich nur der eigenen Medienpräsenz, dem eigenen Einfluss dienen sollen.

Als unrichtig erwies sich übrigens auch der Vorwurf, dass die Betreuung von Flüchtlingen automatisch ein sicheres Geschäft sei. Als nach einigen Jahren in Traiskirchen die Zahl der Asylwerber kurzzeitig deutlich zurückging, kündigte die Firma EHC im Mai 2010 den Vertrag, führte den Betrieb jedoch noch so lange fort, bis ein Nachfolger die Dienstleistung übernehmen konnte. An der anschließenden, neuerlichen Ausschreibung nahmen unsere beständigsten Kritiker nicht einmal mehr Teil. Den Zuschlag erhielt schließlich die schweizerische Firma ORS (Organisation für Regie und Spezialaufträge). Sie arbeitet bis heute für uns. Und bis heute ist die Kritik der NGOs an dieser rechtmäßigen Vergabe nicht verstummt.

Wie glaubwürdig ist die Kritik einer NGO am in Traiskirchen ausgegebenen Essen, wenn Mitglieder einer prüfenden Delegation eben dieser NGO selbst nie vor Ort gegessen, eine ausdrückliche Einladung dafür sogar abgelehnt haben? Dieses – und mehr – möchte ich im Folgenden beschreiben.

Die Kritik an der Betreuung von Flüchtlingen in Traiskirchen hat Tradition. Insofern reihten sich der im vorangegangen Kapitel beschriebene Aktionismus und die Medienkampagne gegen die Privatisierung der Bundesbetreuung (unter der steten Aufsicht der Republik, denn die Kontrolle der Betreuungsfirmen gehört zu meinen eigenen, zentralen Aufgaben) nur in eine ganze Kette von Ereignissen ein.

Regelmäßig zu beobachten ist allerdings, dass die Aktivitäten zur – vermeintlichen – Aufdeckung von Missständen im staatlichen Asylsystem stets dann gehäuft auftreten, wenn sich auf dem Gelände außergewöhnlich viele Flüchtlinge aufhalten. Das ist normal und verständlich. Im vorangegangenen Kapitel benannte ich die Tschetschenienkrise als so ein Ereignis. In den Abschnitten, in denen das Wirken der örtlichen Bürgermeister beschrieben wird, reichten die Ereignisse vom Regimesturz in Rumänien bis hin zum bisher heftigsten Krisenjahr 2015.

Die Umstände, wie es zu dieser beispiellosen Flucht- und Migrationsbewegung kam, sind ausreichend beschrieben. Und auch wenn der große Strom von annähernd einer Millionen Menschen an Österreich und damit meiner Dienststelle in Wahrheit vorüberzog: Die 88.912 Asylanträge, die wir in diesem

Jahr verzeichneten, übertrafen das bisher Dagewesene. An allen Ecken und Enden wartete Arbeit.

Es fehlte vor allem an Personal zur Abarbeitung der Verfahren, die koordinierte Verteilung der Menschen war schwierig, und letztendlich mangelte es vor allem an einem: Betten. Oder präziser: Es fehlten befestigte Unterkünfte, wo die Antragsteller während ihrer Verfahren leben, und nicht nur überleben konnten. In einem wohlhabenden Land wie Österreich gelten gewisse Mindeststandards.

Weil eben diese Unterkünfte fehlten und die für die Schaffung neuer Quartiere Verantwortlichen in den Bundesländern nicht immer jenen Eifer zeigten, den sich viele wünschten, passierte das, was immer passiert, wenn schlichtweg zu viele auf einmal das gleiche Ziel haben: Es kommt zu Staus. Die Betreuungsstelle Traiskirchen war und ist die größte, bekannteste und seit Jahrzehnten sinnbildlich für das gesamte System stehende Stauzone für dieses Problem.

Wer auf ein Quartier in den Bundesländern wartet, muss so lange bei uns bleiben, bis ein Platz frei wird. Gleichzeitig hatte ich sicherzustellen, dass der Betrieb und das Leben in meinem Einflussbereich so sicher wie nur irgendwie möglich stattfanden, in Bezug auf die körperliche Unversehrtheit, die Gesundheit und die Menschenwürde.

Eine Organisation, die dem Innenministerium dennoch vorhielt, für vermeintlich unhaltbare Bedingungen in Traiskirchen verantwortlich zu sein, diese sogar in Kauf zu nehmen, war Amnesty International (AI).

Ja, wir hatten – wie alle – unsere Probleme. Seit der Veröffentlichung des AI-Berichts ist mir aber jegliches Vertrauen in diese einst so angesehene Organisation abhandengekommen. Das hat Gründe.

Als der Zustrom nach Europa größer, die Grenzen durchlässiger und Quartiere knapp wurden, geriet natürlich auch Traiskirchen zusehends in den Fokus der Öffentlichkeit. Längst reichten die knapp 1700 per Bescheid und sonstiger Vorschriften genehmigten Betten nicht mehr aus, um alle Menschen unterzubringen, die kein Quartier in den Bundesländern bekamen. Es wurde eng auf dem Gelände, in den Gemeinschaftsräumen, in den Unterkünften und in den Nassräumen. Das Innenministerium stellte koordiniert Zelte im Rahmen des Erlaubten und auf dem angrenzenden Grundstück der Sicherheitsakademie auf, weitere Flüchtlinge campierten »wild« auf dem Gelände – und trotzdem hatten wir immer noch nicht genug Betten, um allen ein Dach über dem Kopf zu bieten. Es bestand objektiver Verbesserungsbedarf.

Gleichzeitig drangen Schauergeschichten an die Öffentlichkeit über vermeintlich unhaltbare Zustände. Geschickt wurden der Bevölkerung Bilder in die Köpfe gepflanzt, die es nicht gab. Weil Traiskirchen eine Unterkunft und keine Kulisse für TV-Kameras ist, hatten Medien nur in begründeten Ausnahmefällen zutritt und konnten nicht, wie sich viele das wünschten, kommen, wann sie wollten. Das weckte Misstrauen, Vorwürfe über Einschränkungen der Pressefreiheit wurden laut und damit stieg die Motivation, Berichte über Asylquartiere mit Bildern zu unterlegen, die an unzumutbare Massenlager im fernen Ausland erinnerten. In dieser Situation, die ich aus Sicht der Journalisten und ihrem Bedürfnis nach möglichst freiem Informationszugang nachvollziehen kann, trat Amnesty International auf den Plan.

Geschickt nutzte die Organisation den immer größer werdenden Druck, um sich selbst als – angeblich – unabhängige Prüfer ins Spiel zu bringen. Eine Situation, in der das Innenministerium in Wahrheit nicht auskam. Als der Öffentlichkeit zu Transparenz verpflichtete Behörde stimmten wir dem Antrag von Amnesty auf »Überprüfung« schließlich zu.

Der 6. August 2015 war ein warmer, sonniger Tag. Wir, ein Flüchtlings-Generalkoordinator, ein Verwaltungsbeamter aus dem Innenministerium, eine Dolmetscherin und ich schwitzten schon in der Hitze, noch bevor die Abordnung von Amnesty International am Eingangsschranken erschien. Noch heißer wurde mir, als ich sah, wer da kam. AI-Generalsekretär Heinz Patzelt, der selbst nicht mit dabei war, hatte zuvor öffentlich angekündigt, eine Abordnung, bestehend aus »Menschenrechtsexperten, Ärzten, Dolmetschern und Dokumentaristen«, nach Traiskirchen zu entsenden.

Gekommen sind an diesem Vormittag nur drei von vier angekündigten Personen, weil eine aus der Gruppe erkrankt war. Unter ihnen befand sich auch ein Arzt, den ich seit über einem Jahrzehnt kenne, und der meiner Beobachtung nach noch kein objektives Wort über diese Einrichtung verloren hat. Doch dazu komme ich später noch.

Als Hausherr begrüßte ich die Gruppe, übergab das Wort anschließend an den Flüchtlings-Generalkoordinator und wir setzten uns zu einem Vorgespräch im Besprechungsraum neben meinem Büro zusammen. Der Generalkoordinator und ich bemühten uns, die angespannte Stimmung mit Scherzen aufzulockern. Unseren Gästen kam dabei jedoch kein Schmunzler aus. Nicht, dass Sie mich falsch verstehen. Sinn und Zweck des

Smalltalks war es nicht, die Besucher zu umgarnen oder gar zu manipulieren. Auch wir waren an einem möglichst objektiven Bericht von AI interessiert, weil wir wussten, dass dieser 1:1 an die Öffentlichkeit gehen würde. Vieles im Leben geht einfach leichter und ist angenehmer für alle, wenn man versucht, sich auf die Menschen, mit denen man zu tun hat, einzulassen, mit ihnen so etwas wie eine persönliche Basis aufzubauen. Ein korrekter, menschlicher Umgang ist mir wichtig.

In dieser Situation signalisierte uns die AI-Abordnung aufgrund ihres Verhaltens aber, dass man daran nicht interessiert war. Ob ich diesbezüglich zu dünnhäutig bin? Ich würde sagen, nein. Als Leiter des Lagers Traiskirchen musste ich mich seit vielen Jahren gerechtfertigter und auch ungerechtfertigter Kritik stellen. Schon aus Gründen der Seelenhygiene nehme ich das längst nicht mehr persönlich. Das abweisende Verhalten, das die Amnesty-Prüfer uns gegenüber an den Tag legten, schuf bei mir sofort den Eindruck, dass das Ergebnis des Lokalaugenscheins bereits feststand.

Wir konnten sagen, was wir wollten: Sogar dann, wenn wir persönlich auf einen der Gekommenen eingingen, schien es, als hätten sie das abzuwickelnde Programm vorher auswendig gelernt. Ich hatte das Gefühl, als ob sie uns ganz bewusst von oben herab behandeln würden, sie würdigten uns mit keiner Anmerkung, mit keinem Wort. Fast so, als wären wir, die wir uns redlich um ein gutes Klima bemühten, nicht da.

Die Gruppe – verzeihen Sie den Ausdruck, aber er beschreibt die Situation am präzisesten – stolzierte regelrecht über das Gelände und durch die Häuser, ehe wir sie auf eigenen Wunsch auch ohne Begleitung ihren Recherchen nachgehen ließen.

Sechs Stunden, nachdem sie gekommen waren, gingen sie wieder. Vor dem Tor warteten bereits Journalisten. Ich selbst konnte Amnesty nicht mehr verabschieden, weil ich zu einer weiteren NGO musste, die sich ebenfalls auf dem Gelände befand: Am gleichen Tag waren nämlich auch die »Ärzte ohne Grenzen« vor Ort, um nach vermuteten Missständen zu suchen.

Bevor der Endbericht knapp eine Woche später – am 14. August – veröffentlicht werden sollte, gab es im Innenministerium im Erdgeschoss des Gebäudes am Wiener Minoritenplatz noch zwei weitere Abschlussgespräche. Neben der AI-Abordnung, dem Generalkoordinator und mir nahmen daran noch der stellvertretende Sektionschef und für Asyl und Migration zuständige Spitzenbeamte des Hauses, Peter Webinger, und einer seiner Abteilungsleiter, Gernot Maier, teil.

Webinger stand zu jener Zeit als einer der wenigen Beamten des Hauses auch medial in der Auslage. Einerseits konnte die Innenministerin inzwischen unmöglich alle Pressetermine allein abwickeln. Andererseits hatte sich Webinger innerhalb und auch außerhalb des Ressorts als geradliniger und sachlicher Experte zum Thema Migration einen Namen gemacht. Ich selbst empfand seine damaligen öffentlichen Auftritte stets als überlegt und professionell.

Das erste dieser beiden Treffen mit Amnesty verlief fair und korrekt, an das zweite erinnere ich mich deshalb noch gut, weil es streckenweise kurz vor dem Abbruch stand. Verantwortlich dafür war die unverantwortliche Gesprächsführung der Amnesty-Prüfer. Warum sie dieses Spielchen mit uns spielten, dafür habe ich bis heute keine Erklärung. Jedenfalls stellten sie uns Fragen, die wir mündlich beantworteten. Anschließend wiederholte die AI-Gesprächsführerin unsere Angaben laut, gab diese dabei jedoch sinnentstellt und unrichtig wieder und hielt uns die von ihr veränderten Antworten auch noch kritisch vor. Bis heute rätsle ich, mit welcher Absicht das geschah.

Ich kann mir nur vorstellen, dass wir damit gezielt provoziert werden sollten, um Fehler zu begehen. Jedenfalls ging das eine ganze Weile so, bis es, wie erwähnt, fast zum Gesprächsabbruch kam. Erst danach hatte dieses merkwürdige Vorgehen ein Ende. Ich hatte jedenfalls einen Vorgeschmack darauf bekommen, wie Amnesty die Realität darstellte. Ähnliches war für den angekündigten Endbericht zu erwarten.

Mein Pessimismus war gerechtfertigt. Unter großem Medieninteresse, mit viel Pathos in der Stimme stellte Generalsekretär Heinz Patzelt, gemeinsam mit zwei Mitgliedern des Erkundungsteams, die AI-Deutung des Gesehenen der Öffentlichkeit vor.

»Unfassbar zornig« mache ihn das Ergebnis der Erkundungsmission. Im bis heute auf der AI-Webseite abrufbaren Bericht steht, dass während der Untersuchung »die Nahrungs- und Gesundheitsversorgung (...) unzureichend« war. Duschvorhänge würden nicht aufgehängt, Fenster nicht geschlossen, der Besuch der Nassräume damit laut Patzelt zu einer »unfreiwilligen Peepshow«. Auch die Toiletten seien in einem schlechten, hygienischen Zustand, denn »teilweise«, so steht es im Bericht, »schwammen Exkremente herum«.

Schließlich sagte der Generalsekretär das, worauf die Kritiker des heimischen Asylwesens gewartet hatten: »Ich habe so etwas in Österreich nicht für möglich gehalten.« Das saß. Aber stimmte es auch?

Unbestreitbar waren wir, das Innenministerium, die Länder, Gemeinden – ja der ganze Staat in weiten Teilen überfordert. Daher ist es richtig, dass wir zu wenige Betten hatten, es Obdachlose gab und dass die Weiterverteilung in die Bundesländer viel zu schleppend funktionierte. So ist das nun einmal in Ausnahmesituationen.

Aber gegen die übrigen, damals von Patzelt, seiner Delegationsleiterin und einem begleitenden Mediziner erhobenen Vorwürfe wehre ich mich. Das Innenministerium und ich nahmen sie damals fast stoisch zur Kenntnis, hielten nach biblischem Vorbild nach der linken auch noch die rechte Backe hin. Die Lage war angespannt genug, wir wollten nicht noch eine öffentliche Auseinandersetzung mit einer NGO. Über eineinhalb Jahre später ist es jedoch Zeit, eine andere Version ans Licht zu bringen. Die Wahrheit.

Die Kritik an der mangelnden medizinischen Versorgung hatten wir vor allem einem iranischstämmigen Allgemein- und Nuklearmediziner zu verdanken. Der Mann ist Primararzt in einem Wiener Spital und hatte Traiskirchen vorher schon mehrfach als Experte für den Menschenrechtsbeirat und auch die Volksanwaltschaft besucht. Seinen Nebenberuf beschrieb er 2010 in einem Interview mit »derstandard.at« so: »Caritas, die Diakonie, SOS Menschenrechte, Hemayat und andere weisen mir Personen zu, die für ihr Asylverfahren ein Gutachten benötigen, in dem bestätigt wird, dass Folter stattgefunden hat.«

Der im AI-Bericht behauptete Mangel an medizinischer Versorgung war und ist jedenfalls nicht vorhanden. In Traiskirchen hatte die Gesundheitsstation damals sieben Tage die Woche geöffnet und kam dabei auf insgesamt 182 Ordinationsstunden.

Dauerte es abends länger als bis 17 Uhr, wurde niemand weggeschickt. Fälle, die das aus vier gleichzeitig anwesenden Allgemeinmedizinern bestehende Team nicht selbst behandeln konnte, wurden zu Fachärzten oder in Spitalsambulanzen in der Nähe überwiesen.

Während des absoluten Höchststandes von 4740 Flüchtlingen am Gelände hatte jeder Arzt rein rechnerisch 1185 Personen zu versorgen. Das klingt nach viel, relativiert sich aber, wenn man das mit der Versorgung der heimischen Bevölkerung mit Allgemeinmedizinern mit Kassenvertrag vergleicht. Dieser Schlüssel liegt nämlich bei 1:2200. Ganz abgesehen davon: Von unseren Öffnungszeiten können Österreicher, die insbesondere am Wochenende einen Arzt suchen, nur träumen.

Jetzt kann man zu Recht einwenden, dass das nur Zahlen sind und ich als Beamter des Innenministeriums keine Ahnung von Medizin hätte. Stimmt. Allerdings hatten wir eine Woche vor dem Besuch von Amnesty International eine Gruppe von Ärzten und Pflegern der niederösterreichischen Landessanitätsdirektion bei uns, die ebenfalls von Unterkunft zu Unterkunft zog, anschließend in die aufgestellten Zelte ging und letztlich auch die Sanitätsstation besuchte.

Die anwesenden Experten deckten ein breites, medizinisches Spektrum ab, unter ihnen befanden sich unter anderem Internisten, Pulmologen und Kinderärzte. Ihr – mir bis zum AI-Besuch nur mündlich vorliegender – Bericht hörte sich ganz anders als der von Amnesty an. Landessanitätsdirektorin Irmgard Lechner im O-Ton: »Unter den gegebenen Umständen können wir erkennen, dass Sie professionell mit der Situation umgehen. Wir sehen keine Versäumnisse, haben nichts zu beanstanden.«

Wenn Asylwerber bei uns hungern müssten, wäre das wahrlich ein Skandal. Die Wahrnehmung – und Veröffentlichung – von Amnesty hat jedoch nichts mit der Realität zu tun. Bis zu zwei Stunden lang sollen sich Asylwerber angeblich angestellt haben. Auch »unzureichend« soll die Versorgung gewesen sein. Ein Urteil, das eine aus 14 Fachleuten bestehende Kommission des Flüchtlingshilfswerks der Vereinten Nationen (UNHCR) und des Roten Kreuzes so überhaupt nicht bestätigte. Nachdem sich das Innenministerium ohne ein Wort zu sagen von Amnesty International öffentlich hatte vorführen lassen, luden wir dieses Team ein, um eine wirklich objektive Bewertung inklusive Verbesserungsvorschlägen für den Betrieb zu bekommen. Wir waren an der Sache, nicht an Schlagzeilen interessiert. Bis heute wurde dieses »Multisektorale Assessment« von den Behörden nicht an die große Glocke gehängt. Tatsächlich empfehlen die Experten auf Seite 33 des Papiers, die Anzahl der gekochten Portionen – bei uns gibt es dreimal täglich Essen, zweimal davon warm – zu reduzieren. Ihre Kritik: Weil wir Vorwürfe der Unterversorgung mit allen Mitteln vermeiden wollten, kochten wir einfach zu viel. Täglich landete eine erhebliche Zahl an Portionen im Müll.

Auch geschmacklich brachte AI im Endbericht Kritik an. An einer Stelle kann man lesen: »Vielfach erzählen Asylwerber, dass das Essen anlässlich des Besuches von Amnesty International deutlich besser ist als sonst.« Selbst ausprobiert haben sie es jedoch nicht. Tatsächlich boten wir dem Team während unserer gemeinsamen Tour über das Gelände nämlich an, mit uns ein Mittagessen aus der Großküche einzunehmen. Im Protokoll ist dazu nur ein Wort vermerkt: »Abgelehnt.« So sieht öffentlichkeitswirksames Fact-Finding im 21. Jahrhundert aus.

Ich will Sie, liebe Leserinnen und Leser, nicht mit weiteren Details langweilen. Aber die vorangegangen Tatsachenkomplexe illustrieren, wie weit die Wahrnehmungen auseinandergehen können. Die einen laden damit zur Pressekonferenz, die anderen nehmen es aus Gründen der Staatsräson zunächst ohne mit der Wimper zu zucken als gegeben hin.

Wenn, wie behauptet, Exkremente durch Toiletten schwimmen, dann hat das nicht automatisch mit Vernachlässigung von Flüchtlingen durch die Republik Österreich zu tun, sondern liegt vielleicht nur daran, dass die Person, die sich zuvor hier erleichtert hat, die Spülung nicht betätigte. Achtmal am Tag wurde damals in Traiskirchen der Sanitärbereich gereinigt und desinfiziert. Heute geschieht das laut Vorgabe der Bezirkshauptmannschaft nur noch zweimal. Frauen, die während des Duschens die blickdichten Fenster nach außen nicht verschließen, nehmen absichtlich in Kauf, dass man sie beobachten kann. Ganz ähnlich verhält es sich mit einer ganzen Reihe weiterer Vorwürfe aus dem Bericht, die sich mit etwas Kenntnis der Umstände vor Ort hätten erklären lassen.

Als interessant empfand ich den Umstand, dass die auch nach der Veröffentlichung des Berichts wiederholt vorgetragene Kritik von Amnesty genau einen Monat später plötzlich verstummte. Am 7. September 2015 machte sich nämlich der für Asylfragen zuständige EU-Kommissar Dimitris Avramopoulos vor Ort ein Bild von der Lage. An jenem Tag lebten mit 3995 Flüchtlingen immer noch viel mehr Personen in der Anlage, als wir Betten in befestigten Unterkünften hatten.

Avramopoulos' Fazit fiel jedoch diametral anders aus, als jenes von Amnesty. Er sagte: »Allgemein handelt es sich (...)

um eine gastfreundliche und ordentliche Umgebung.« Natürlich blieb auch ihm (und seinem Team) nicht verborgen, dass Traiskirchen einen gewaltigen Rückstau an Menschen auf dem Gelände hatte. Dennoch: Er, Avramopoulos, müsse »Österreich Lob dafür aussprechen, dieses Lager eingerichtet zu haben«. Die Flüchtlinge würden hier nämlich »auf eine sehr humane Art und Weise behandelt«, sagte er. Die Ergebnisse des AI-Berichts thematisierte fortan niemand mehr, nicht einmal Amnesty selbst.

Ich habe lange nicht verstanden, warum eine weltweit vertretene NGO die Realität so selektiv ausgelegt hat. Bei meinen Recherchen zu Amnesty bin ich später auf den Amerikaner Francis Boyle gestoßen. Der Mann ist Professor für Rechtswissenschaften an der Universität von Illinois und war einst Mitglied des Exekutivkomitees von Amnesty in den USA. In einem Interview, das er nach seiner Zeit dort gab, warf er der NGO vor, für mediale Präsenz alles zu tun. »Amnesty ist hauptsächlich an Öffentlichkeitsarbeit interessiert, nicht an Menschenrechten. An zweiter Stelle steht das Geld. Danach folgt das Anwerben von neuen Mitgliedern. Anschließend reihen sich interne Machtkämpfe ein und ganz am Schluss die Menschenrechte.«

Caritas: Tausche Vertrauen gegen PR-Kampagne

Wenn der Chef der Wiener Caritas Versprechen bricht, um auf Facebook in Boulevardmanier Aufsehen zu erregen, hilft das keinem einzigen Flüchtling. Solche Aktionen polarisieren unsere Gesellschaft nur noch mehr. Im Juni 2015 erlebte ich live mit, wie es die in Asylfragen stets moralisierende Caritas selbst mit der Moral hält.

Ohne die sogenannten Gemeinnützigen, die Nichtregierungsorganisationen also, wären viele Hilfs-, Dienst- und Unterstützungsleistungen in diesem Land wohl nicht zu finanzieren, letztendlich vermutlich gar nicht zu erbringen. Ihre Leistungen für unsere Gesellschaft sind anzuerkennen und haben öffentliche Wertschätzung verdient. Vieles von dem, was sie erbringen, erleichtert zahlreichen Menschen das Leben, sorgt dafür, dass es in unserer Welt zumindest ein kleines bisschen menschlicher zugeht.

Diese meistens als Vereine mit vielen Freiwilligen und inzwischen nicht wenigen Angestellten organisierten Einrichtungen leisten Großes. Aber eben nicht nur, wie ich es am Beispiel der Projektionsfläche meiner Dienststelle immer wieder erlebte. Auch darüber muss man sprechen. Dabei greifen die Angesprochenen zum Erreichen ihrer Ziele mitunter zu Mitteln, die ethisch wohl nicht dem entsprechen, was man hierzulande unter christlichen Werten versteht.

Warum ich das erwähne? Weil es im Folgenden um ein Erlebnis mit dem Generalsekretär der Caritas der Erzdiözese Wien geht, der aus einem als vertraulich vereinbarten Informationstermin im Lager Traiskirchen eine Medienkampagne zu Gunsten seiner Organisation lostrat.

Klaus Schwertner ist der Nachfolger von Michael Landau, der heute als Präsident der Caritas Österreich bekannt ist. Die Wiener Caritas ist die größte und in Sachen Flüchtlings- und Öffentlichkeitsarbeit mit Abstand aktivste Teilorganisation dieses katholisch geprägten Vereins. Und sie ist jene, die sich mit Abstand am deutlichsten auch politisch und ideologisch exponiert.

Sowohl unter Landau als auch seit der Amtsübernahme Schwertners im Jahr 2013 war und ist die Caritas Wien ein äußerst kritischer Partner der Republik Österreich im Flüchtlingswesen. Auf Bundes- und auf Landesebene führt sie einerseits Dienstleistungen im Auftrag der öffentlichen Hand durch (zum Beispiel Rechtsberatung, Unterkünfte etc.), wird andererseits jedoch nicht müde, dem Staat vorzuwerfen, dass er die Versorgung von Flüchtlingen – höflich formuliert – nachlässig betreibe.

Gesetze, Unterbringung und soziale Standards seien schlecht, unmenschlich und stark verbesserungsfähig. Damit treibt die Caritas die behördlichen Einrichtungen und Politiker seit Jahren vor sich her. Und dann, wenn der Druck mit Hilfe von in dieser Sache nicht selten ideologisch motivierten Journalisten groß genug wird, werden die Forderungen von den Adressaten erfüllt.

Dann steigen Standards und Tagsätze wieder, werden Verfahren aufwändiger und teurer. Die Caritas schafft damit häufig Tatsachen, mit denen der Staat und die ihn finanzierenden Bürger letztendlich leben müssen. Denn die österreichischen Verhältnisse und Annehmlichkeiten (Grundversorgung während des Verfahrens, Sozialleistungen, wenn dieses überstanden ist) sprechen sich herum in der Welt, sind ein nicht unbeliebtes Marketing-Argument bei Schlepperorganisationen.

Das verursacht meiner Erfahrung nach letztendlich noch mehr Zuwanderung, die zu einem erheblichen Teil eben auch ungerechtfertigter Weise über die Asylschiene passiert. Wie häufig Flucht vor politischer Verfolgung missbräuchlich als Grund für Migration angegeben wird, zeigt die hohe Zahl an rechtskräftig negativ beschiedenen Verfahren unter allen Anträgen.

Das Wirken der Caritas ist meiner Erfahrung nach und bei aller Wertschätzung für das in der Sache Geleistete mitverantwortlich dafür, dass Österreich erstens ein beliebtes Zielland unter Flüchtlingen ist und sich zweitens in immer aufwändigeren und teureren Verfahren verstrickt.

Zurück zu Klaus Schwertner ins Krisenjahr 2015. Es war am späteren Nachmittag des 17. Juni, als ein Anruf aus dem Ministerium kam. Ich möge mir doch heute noch etwas länger Zeit nehmen, denn Kardinal Christoph Schönborn wolle spontan Traiskirchen besuchen.

Anlass war das Schicksal einer syrischen Frau mit Kind, der angeblich die Abschiebung nach Ungarn drohe. Ebendort, so hieß es, sitze derzeit auch ihr Ehemann in Haft. Weil die Frau krank sei, bringe der Kardinal einen Arzt und eine Ordensschwester mit.

Was das Büro des Kardinals bei der Kontaktaufnahme mit dem Innenministerium nicht erwähnt hatte, war, dass sich im Windschatten des höchsten, katholischen Kirchenmannes im Land auch Klaus Schwertner Zutritt zum Gelände verschaffen wollte. Mehrfach hatte der öffentlich sehr umtriebige und mit Journalisten bestens vernetzte Chef der Wiener Caritas in der Vergangenheit um Einlass ersucht. Und mehrfach hatten wir abgelehnt.

Allzu gut war uns noch in Erinnerung, wie er und die Caritas einige Jahre vorher bei der Besetzung der Wiener Votivkirche durch Asylwerber Partei für die von ausländischen Anarchisten unterwanderten Flüchtlingsaktivisten ergriffen hatten. Das Innenministerium wollte sich in Bezug auf Asylverfahren jedoch nicht erpressen lassen. An ähnlicher Öffentlichkeitsarbeit über die Betreuungsstelle Traiskirchen hatten wir im Sommer 2015 schlichtweg kein Interesse.

An diesem Junitag lag die Sache in Bezug auf eine Zugangserlaubnis jedoch etwas anders. Der Kardinal, so hieß es nach der ersten Ankündigung, werde sich auf seinem Weg vom Wallfahrtsort Mariazell zu uns um etwa 45 Minuten verspäten. Während dieser Wartezeit tauchte Klaus Schwertner plötzlich am Torposten auf. Ich begrüßte ihn und er fragte mich, ob er sich nicht vielleicht dieses Mal im Rahmen der Delegation des Kardinals ein Bild von der Lage in unserer Einrichtung machen könne. Er sagte, er sei noch nie hier gewesen und wolle sich das Lager einmal von innen anschauen. Ich musste handeln.

Mancher Leser wird nun vielleicht schmunzeln, wenn ich davon erzähle, dass der Zutritt zum Lager durch ein Wortungetüm namens Betreuungseinrichtungsbetretungsverordnung – kurz BEBV – geregelt ist.

Was nach wieherndem Amtsschimmel klingt, hat einen ernsten Hintergrund. Eine Flüchtlingsunterkunft ist kein öffentlicher Ort, an dem nach Belieben geschaut, fotografiert oder gefilmt werden darf. Sie ist eine Unterkunft von Menschen, deren Privatsphäre ebenfalls Schutz verdient. Die BEBV schreibt nun vor, dass über den Besuch von externen Gästen vom Betreuungsstellenleiter, also mir, und seinen vorgesetzten Spitzenbeamten im Ministerium entschieden wird. Also liefen kurz nach Schwertners Erscheinen am Schlagbaum die Telefone zwischen Traiskirchen und Wien heiß. Dabei wurde durchaus intensiv diskutiert und abgewogen. Einerseits wolle man niemanden ins Lager lassen, dem man zutraute, aus dem Besuch eine Medienkampagne mit übertriebenen oder skandalisierenden Inhalten zu gestalten.

Andererseits standen wir ob des Besuchs des Kardinals natürlich unter einem gewissen Druck. Wie würde das aussehen, wenn man den Kirchenmann einlasse, einen weltlichen Vertreter aus einer seiner Vorfeldorganisationen jedoch nicht? Also fällten wir durchaus mit einem mulmigen Gefühl den Entschluss, Schwertner einzulassen.

Dabei schwand diese Ahnung mit jeder Minute, die ich mich mit ihm während des Wartens auf den Kardinal unterhielt. Nach anfänglich beidseitiger Reserviertheit kamen wir uns im Lauf eines intensiven Gesprächs näher, bauten so etwas wie Vertrauen zueinander auf.

Dabei versprach er von sich aus, die Informationen und Eindrücke, die er während des Besuchs sammeln würde, nicht in Presseaussendungen oder einer Kampagne zu verwerten und überdies auch keine Fotos zu machen.

Ich hingegen sagte ihm Offenheit und präzise Informationen zur Lage auf dem Gelände zu, das damals, Mitte Juni, den behördlich verordneten Höchstbelag trotz der errichteten Gruppenzelte mit 3001 Personen längst überschritten hatte. Ja, wir hatten damals wegen der Nichtübernahme von Flüchtlingen durch die Länder Überbelag, und ja, es gab obdachlose und wild zeltende Menschen auf dem Gelände. Das war kein Geheimnis.

Ich verließ mich auf Schwertner, und er sich auf mich.

Solche Vereinbarungen über die Weitergabe von Hintergrundinformationen werden immer wieder getroffen. Nicht selten auch mit ehrlichen und an der Sache interessierten Journalisten. Dabei geht es nicht darum, der Öffentlichkeit Informationen vorzuenthalten oder die Wahrheit zu verbiegen, sondern um die Tatsache, dass über manche Details krisenhafter

Konstellationen abseits der medialen Bühne besser und zielführender gesprochen werden kann.

Dabei ist es jedoch wichtig, dass beide Seiten möglichst gut mit Informationen ausgestattet sind. Man muss dafür also offen sprechen können. Dieses Mal versuchten wir dies mit der Caritas. Ein Fehler, wie sich noch herausstellen sollte.

Noch während unseres Gesprächs traf schließlich der Kardinal mit der angekündigten Verspätung ein. Sein Chauffeur hielt, und Schönborn, der auf der Rückbank des Wagens saß, stieg aus. Seine Delegation, deren Mitglieder inzwischen aus Wien angereist waren, umfasste sechs Personen, und nachträglich betrachtet würde ich die Stimmung in der Runde als gelöst und freundschaftlich bezeichnen. Das vertrauensbildende Gespräch mit Schwertner trug – mitsamt den von ihm angebotenen Zusagen – natürlich dazu bei.

Es war nicht das erste Mal, dass Schönborn uns einen Besuch abstattete. Einige Jahre zuvor war er schon einmal da gewesen, damals jedoch im Winter und in Begleitung von Sternsingern, die eine Gruppe von unbegleiteten minderjährigen Flüchtlingen besuchten. Dieses Mal hatte ich für den Kardinal also eine umfangreichere Führung über das Gelände vorbereitet, damit er und seine Entourage, zu der nun auch Schwertner gehörte, sich ein Bild über die schwierige Situation machen konnten.

Schönborn hörte aufmerksam zu, besuchte mit mir auch das vom Innenministerium errichtete Zeltlager am Nachbargrundstück der Sicherheitsakademie und hörte sich im Rahmen seiner zeitlichen Möglichkeiten geduldig die Geschichten der Asylwerber an, die dem Kirchenmann ihre Situation schildern wollten.

Schließlich wollte Schönborn besagte Syrerin mit Kind treffen, mit der er sich schließlich in der Krankenstation ohne mein Beisein unterhielt. Gegen Ende des Besuchs tauschten wir noch Höflichkeiten aus. Um 18.10 Uhr war alles vorbei, der Kardinal und seine Begleiter verließen das Gelände. Ich meldete im Ministerium einen hohen Besuch ohne Zwischenfälle und die Einhaltung des von Schwertner versprochenen Fotografierverbots.

Noch am selben Abend veröffentlichte Schwertner den ersten, skandalisierenden Eintrag auf Basis des eben zu Ende gegangenen Besuchs in seinem Facebook-Profil.

Das wenige Stunden vorher abgegebene Versprechen über den Verzicht auf eine öffentliche Kampagne war offenbar schnell vergessen. Unterstützt wurde Schwertner vom Medienreferat der Bischofskonferenz und der Katholischen Presseagentur, Kathpress.

Am nächsten Morgen erschien auf deren gemeinsamer offizieller Webseite (www.katholisch.at) ein Artikel in Aufmachung einer Boulevardzeitung. Die Überschrift lautete: »Lager Traiskirchen: ›Ort der Schande für Österreich‹«. Als einzige Quelle für den Bericht wird Klaus Schwertner angeführt. Dieser gab in dem Artikel an, dass er »aufgrund eines Einzelfalls« zuvor einige Stunden Zugang zum Lager gehabt habe.

Wenigstens griff er uns nicht unmittelbar an und sagte, »dass vor Ort so gut wie möglich versucht wird, eine menschenwürdige Unterkunft zu ermöglichen«. In Folge verschickte die Kathpress ihren Text auch an die ungleich bedeutendere Austria Presseagentur, aus der viele österreichische Medien ihre Basisinformationen gewinnen. Angereichert wurde der Text mit folgender politischer Botschaft: »Mit Blick darauf, dass drei Viertel der Gemeinden derzeit keinen einzigen Flüchtling unterbringen, könne ›niemand behaupten, das Boot ist voll‹«, so der Caritas-Generalsekretär.

Wir, die Beamten des Innenministeriums, hatten an genau solchen weltanschaulichen Spielchen kein Interesse, wollten nicht, dass der Besuch Schwertners in Traiskirchen dafür instrumentalisiert wird. Wurde er aber.

Natürlich übernahmen praktisch alle Medien des Landes Schwertners Informationen, die – so zitierten ihn einige Zeitungen – »von Mitarbeitern des Lagers vor Ort genannt wurden«. Also mir. Was ich am Tag danach noch gar nicht mitbekommen hatte, war, dass Schwertner, als er dem Kardinal und mir leise gefolgt war, auch heimlich Fotos angefertigt hatte.

Diese an sich unspektakulären, offenbar mit einem Smartphone aufgenommenen Fotos gab er ebenfalls an zahlreiche Medien weiter, die diese insbesondere im Internet als vermeintlichen Beweis für »unhaltbare Zustände« veröffentlichten.

Zwar zeigten diese alles andere als das, dennoch stützten sie aufgrund ihrer Authentizität Schwertners Story. Aufmerksam geworden bin ich auf die Bilder jedoch erst, als mir eine mir bekannte Lehrende vom Joanneum Graz eine E-Mail schickte. Darin beschwerte sich die Frau über die Öffentlichkeitsarbeit der Wiener Caritas und versuchte, das mit Medienausschnitten zu belegen. Dabei zu sehen waren eben diese Fotos von Klaus Schwertner.

Acht Tage später, 17 Uhr. Mein Mobiltelefon läutete und auf dem Display erschien die Telefonnummer des Caritas-Generalsekretärs. Ich hob ab und ließ mir zunächst nichts anmerken.

Schwertner berief sich auf unser vertrauensbildendes Gespräch vor dem Besuch des Kardinals und erkundigte sich, ob er etwas tun könne um die Lage in Traiskirchen zu erleichtern. Offensichtlich suchte er persönlichen Zugang zu mir, um seine Organisation ein Stück weit wieder in die Betreuungsstelle hereinzubringen. Doch dann sprach ich ihn darauf an.

Er rang nach Worten. Ich kann mir nicht erklären, warum, aber offensichtlich war er tatsächlich der Meinung gewesen, ich hätte nichts von der Kampagne bemerkt, die er im Widerspruch zu seinem Versprechen losgetreten hatte. Er sagte, dass er mir eigentlich nur helfen wollte, weil er ja wüsste, dass es mir als Beamten nicht erlaubt sei, Missstände aufzuzeigen. Ich antwortete ihm, dass ich von seiner Vorgehensweise enttäuscht und persönlich getroffen war. Und dass der Vorfall auch dem gemeinsamen Ziel, der Verbesserung der Situation, nicht dienlich sei. Anschließend entschuldigte Schwertner sich. Schmallippig. Zumindest empfand ich das so.

Die Episode beschäftigt mich noch heute. Nicht, dass ich deswegen schlaflose Nächte hätte. Aber abgesehen davon, dass wir uns alle vorgeführt fühlten, bin ich bis heute der Überzeugung, dass Klaus Schwertner mit dieser Art des Handelns auch der Wiener Caritas nachhaltigen Schaden zugefügt hat. Mehrfach habe ich versucht, mich in seine Lage zu versetzen. Dabei konnte ich nachvollziehen, dass er als Geschäftsführer eines großen Unternehmens einerseits um Arbeitsplätze kämpfte, andererseits die Caritas als Organisation positionieren wollte, die für Flüchtlingshilfe im Sinne der Nächstenliebe steht. Vor diesem Hintergrund hatte und habe ich Respekt für sein persönliches

Engagement, seinen Einsatz für die Sache. Die Methode, mit der er das versuchte, widerstrebte mir aber.

Selbst Kardinal Christoph Schönborn dürfte damit hadern, schließlich war es sein Besuch, den Schwertner für seine Aktion genutzt hatte. Einen Monat nach dem Vorfall beschwerte ich mich schriftlich bei Schönborn über den Vorfall, erbat eine Stellungnahme. Diese wurde mir von seinem Büro zwar zugesichert, allerdings warte ich bis heute auf sie.

Etwas mehr als ein Jahr nach dieser Episode wurde Klaus Schwertner im November 2016 vom Public Relations Verband Austria mit dem Titel »Kommunikator des Jahres« geehrt. Als Begründung nannte der Verband seine »Umtriebigkeit rund um die Themenstellung ›Menschen auf der Flucht‹«. Die Laudatio für Schwertner hielt die aus dem ORF bekannte Moderatorin Barbara Stöckl. Sie bezeichnete den Caritas-Generalsekretär als einen »der führenden Köpfe der Zivilgesellschaft, der Humanität, Solidarität, Moral und christliche Nächstenliebe hochhält«.

Überfluss statt Mangel: Tonnenweise Spenden im Müll

Mein persönliches Erlebnis mit dem Chef der Wiener Caritas hinterließ jedoch nicht nur Schaden für die NGO, Misstrauen bei mir und heillos übertriebene Medienberichte über angeblich unterversorgte Flüchtlinge im Lager. Es hatte Konsequenzen, die uns und zahllose Bürger über mehrere Wochen hinaus beschäftigen sollten. Die vermeintlich skandalösen Zustände in Traiskirchen eröffneten eine öffentliche Eskalationsspirale, auf die Medien und mehrere Nichtregierungsorganisationen aufsprangen: Österreicher, spendet! Was blieb, waren bis zu 149 Tonnen Müll im Monat. Das kam so.

Die Caritas ging damals voran, zahlreiche andere, namenlose Privatinitiativen und engagierte Bürger folgten und begannen, in schier unvorstellbaren Mengen Sachspenden zu sammeln und zu verteilen. Was dabei alle ignorierten und keiner der Journalisten hören wollte, weil ihnen ihre Quellen bei den NGOs vom Gegenteil berichteten: Unsere Lager waren voll.

Der Auftragnehmer des Innenministeriums für die Bundesbetreuung, die Firma ORS, hat nämlich einen Vertrag zu erfüllen. Tut ORS das nicht, wird die Firma vertragsbrüchig und muss für sie wirtschaftlich nachteilige Konsequenzen fürchten. Teil dieses Vertrages ist – neben Unterbringung, Verpflegung, Betreuung, Programmgestaltung und und und – die Versorgung der betreuten Asylwerber mit Hygieneartikeln und Kleidung. Das erfolgt täglich. Mit Neuware.

Im Prinzip handelt es sich dabei um nicht immer modische, aber jedenfalls ordentliche und zweckmäßige Billigprodukte, die ORS in großen Mengen nach Österreich importiert. Die Art der kostenlos ausgegebenen Kleider entspricht der jeweiligen Jahreszeit. Damals, im Frühsommer 2015, war trotz Überfüllung der Anlage ausreichend Ware vorhanden. Zusätzlich Unmengen an Spenden, die man uns direkt überlassen hatte. Das passte jedoch nicht ins Bild vieler Helfer und Journalisten. Die Botschaft: Weil das Innenministerium nicht fähig sei, müsse eben die Zivilgesellschaft einspringen.

Es ist schwer anders zu beschreiben: Eine Lawine begann über uns hereinzubrechen. Bürger reichten Kleidung, Nahrung und Spielzeug durch den Zaun, die Caritas rief zu Sachspenden auf und platzierte auf dem Parkstreifen vor dem Haupteingang ein Fahrzeug namens Omni.Bus, wo Spenden entgegengenommen und ausgegeben wurden.

Von weit her kamen Leute mit gut gefüllten Pkw zu uns und gaben Sachspenden ab. Es entstand ein regelrechter Wettlauf um die Position des besten, schnellsten und großzügigsten Flüchtlingshelfers. Der Arbeiter-Samariterbund schickte uns vier vollgefüllte Lkw mit Gütern, bat mich, die Lieferung im Hof sozusagen offiziell im Rahmen eines Fototermins entgegenzunehmen. Gleichzeitig beschwerten sie sich über den – ebenfalls öffentlichkeitswirksamen – Caritas-Omni.Bus außerhalb der Anlage und die damit einhergehende Medieninszenierung. Konkurrenzdenken?

Was wir damals wirklich brauchten, nämlich Unterkünfte und Betten in den Bundesländern, um die viel zu vielen Personen aus Traiskirchen verlegen zu können, das kam nicht. Stattdessen nutzten einige Bürger den unkoordinierten, unnötigen und unbedachten Spendenaufruf der Hilfsorganisationen für eine Art Entrümpelung der eigenen vier Wände. In dem Gewühl erinnere ich mich an Rollstühle, Kinderwagen, Skier und Eislaufschuhe.

Auch Bücher waren dabei, darunter solche mit Titeln wie »Wenn die Röcke kürzer werden, wächst die Wirtschaft« oder »Lexikon des unnützen Wissens«. Ich erhielt täglich Anrufe von Spendenwilligen, die alles Mögliche nach Traiskirchen bringen wollten. Ein engagierter Mann bot uns trotz lange nicht ausgereizter Kapazitäten von Küche und Kühlhaus 20 Kilogramm Bananen an, ein anderer wollte unbedingt eine einzelne, selbst gebackene Torte auf dem Gelände verteilen. Der Belagsstand an diesem Tag: 3838 Asylwerber.

Unter all den mit gutem Willen ausgestatteten Menschen blieb mir einer in besonderer Erinnerung. Zunächst: Er kam ein Jahr später, nämlich am 21. Juni 2016. Das änderte nichts an der edlen Absicht, helfen zu wollen. Der über und über tätowierte Mann – er betreibt in Wien ein Tattoo-Studio – fuhr mit seinem Fahrzeug vor und öffnete den Kofferraum. Wir staunten nicht schlecht, als wir darin 720 gläserne Totenschädel gefüllt mit feinstem Bio-Honig entdeckten.

Der Mann wollte kein Aufsehen, keine Anerkennung, keine Medien, keine Fotos. Er selbst sei als Siebenjähriger nach Österreich gekommen und wolle nun etwas dazu beitragen, dass es jene, die sich gerade bei uns befanden, zumindest etwas angenehmer hätten. Wenn man damit bei all den Kriegen und dem Terror, der derzeit die Welt regiere, auch noch auf das weltweite Bienensterben aufmerksam machen könne, sei ihm das nur Recht. An dieser Stelle komme ich seiner Bitte gerne nach. Der Mann hatte auf seine Art Stil. Die Asylwerber freuten sich über den Qualitätshonig, nur haben wir diesen vor der Ausgabe aus den etwas unpraktischen und unserer Meinung nach für eine Flüchtlingseinrichtung auch unpassenden Totenkopf-Gläsern geholt. Die nicht unspektakulären Behälter wurden später zu beliebten Souvenirs. Irgendwann einmal habe ich mir die Mühe gemacht und im Internet über den Spender recherchiert. Dabei fand ich heraus, dass er den hochwertigen Honig in der besonderen Verpackung für 39 Euro das Glas (700 Gramm) verkauft. Wir hatten also mit einem Schlag Süßes im Verkaufswert von 28.080 Euro bekommen. Herzlichen Dank!

Zurück in den Sommer 2015. Binnen weniger Tage nach den ersten öffentlichkeitswirksamen Spendenaufrufen Anfang Juli wurde die schiere Menge an Gütern zum ernsten Problem. Das soll nicht despektierlich wirken, es war die Realität. Dabei wurde die Spendenbereitschaft der Bevölkerung noch weiter mit Fotos von Menschen angeregt, die zerrissene Jeans trugen.

Mit genau solchen Bildern führte man Bürger in die Irre. An den üblichen Adressen wird man mir nun vorwerfen, ich sei zynisch. Tatsache ist, dass die Dichte an Jeans mit Löchern an jeder Schule oder Universität höher ist. Wer Kleidung brauchte und zu unserer Ausgabe ging, bekam welche. Wer nicht, der trug aus freien Stücken seine eigenen.

Draußen vor dem Haupteingang verteilte die Caritas ihre Willkommenspakete, die anfangs und insbesondere zur Freude der Kinder Osterratschen enthielten. Unsere jungen Bewohner hatten damit einen riesen Spaß, und vor dem Hintergrund ihrer Lage gönnten wir ihnen diesen von Herzen. Weniger erfreut über die Ratschen waren unsere Nachbarn. Es gab eine Reihe von Anzeigen wegen übermäßiger Lärmbelästigung.

Im Rahmen unkoordinierter Lieferungen von Privatpersonen an Asylwerber kam es regelmäßig zu chaotischen, manchmal sogar tumultartigen Szenen. Ich beobachtete Bürger, die mit ihren mit Sachspenden gefüllten Autos auf den das Gelände umgebenden Straßen parkten, Kofferraum und Türen öffneten und sofort von einer Unzahl von Menschen bestürmt wurden. Dabei entwendeten Flüchtlinge auch private Dinge aus den Autos, die eigentlich nicht gespendet werden wollten. Ob dies mit Absicht oder nur als Folge des Aufruhrs geschah, kann ich nicht sagen. Jedenfalls erstatteten auch hier einige Personen Anzeige wegen Diebstahls.

Neben den Sachspenden kam es im Lauf der Zeit immer häufiger vor, dass die unterschiedlichsten Personen und Gruppierungen dazu übergingen, den Bewohnern auf dem Gelände durch den schmiedeeisernen Zaun und über die Mauern Lebensmittel und Getränke zu reichen. Auch in diesem Fall hatten falsche Darstellungen der Hilfsorganisationen dazu geführt, dass weite Teile der Öffentlichkeit glaubten, der Staat würde den Flüchtlingen zu wenig Nahrung und Wasser zur Verfügung stellen.

Im Kapitel zum Bericht von Amnesty International habe ich dargestellt, wie diese Mär von unabhängigen Experten widerlegt wurde. Weil das jedoch kein Medium nach außen trug, und große Mengen an Nahrungsmitteln von Privaten und unter fragwürdigen Bedingungen übergeben wurden, entwickelte sich binnen kürzester Zeit eine Rattenplage, für deren Bekämpfung wir schließlich einen Kammerjäger beauftragen mussten.

Die Menge der dargebotenen Sachspenden war schließlich derart groß, dass wir buchstäblich im Müll versanken. Zur Ausgabe von abgegebenen Kleiderspenden versuchte es unser Auftragnehmer ORS täglich mit einem Wühltisch auf dem Gelände, auf dem jeder nehmen konnte, was er für brauchbar hielt. Nachdem die Teilnehmer die Waren durchsucht hatten, lag stets derart viel Bekleidung auf dem Boden, dass man den darunter liegenden Rasen nicht mehr sah.

Mit den Spenden wuchs der Müllberg. Es war leider eine Tatsache, dass ein sehr großer Anteil der in guter Absicht nach Traiskirchen gebrachten Sachspenden die Betreuungsstelle schon bald wieder im stinkenden Bauch eines Lkw der Müllabfuhr verließ. Der Aufwand, den wir für die Sammlung betreiben mussten, war enorm. Weil viele Flüchtlinge die durchwühlten und für sie unbrauchbaren Dinge einfach liegen ließen, gingen wir dazu über, Freiwillige unter den Flüchtlingen für die Beseitigung des Abfalls einzusetzen.

Für diese sogenannten Remunerantentätigkeiten bezahlte der Staat damals noch ein erhöhtes Taschengeld von drei Euro pro Stunde. Man senkte diesen Satz mit 1. Jänner 2017 jedoch auf 1,60 Euro. Dabei kamen enorme Mengen zusammen, wir mussten auf tägliche Müllentleerung um- und zahlreiche neue Sammelbehälter aufstellen. Am Höhepunkt standen auf dem Gelände 60 Container zu 1100 Liter, mehrere 100 Müllsäcke zu 80 und 110 Litern, ein Container mit 24.000 und ein weiterer mit 36.000 Litern Volumen.

Die gesammelten Mengen waren beeindruckend und korrelierten mit den öffentlichen Spendenaufrufen der Nichtregierungsorganisationen. Mit der Zahl der untergebrachten Personen allein sind die Steigerungsraten nämlich nicht erklärbar.

Im Mai 2015 verließen 20 Tonnen Müll meine Dienststelle, die in diesem Zeitraum im Durchschnitt knapp 2000 Personen Unterkunft gab. Im Juni stieg deren Zahl auf 3000 Flüchtlinge, und die entsorgte Abfallmenge nahm in vergleichbarem Ausmaß auf 34 Tonnen zu. Anfang Juli begannen die NGOs massiv mit ihren Spendenprogrammen.

Während dieses Monats stieg unser Belagsstand auf 4420 Personen, nahm also erneut um etwa 50 Prozent zu. Unsere Müllmengen jedoch gingen durch die Decke. Im Juli waren es 86 Tonnen, im August 149 und im September 145 Tonnen. Es gab eine Woche, in der wir 50 Tonnen an freiwilligen Spenden entsorgen mussten. Die Flüchtlinge wollten keine Kleidung und kein Essen mehr, weil sie einfach schon genug hatten.

Vergleicht man nun Mai mit September, ist eine Verdoppelung des Belagsstandes von durchschnittlich 2000 auf 4000 Personen festzustellen. Die angefallene Müllmenge jedoch hat sich dabei mehr als versiebenfacht. Gegen Jahresende hin, als der Spendenfluss nachließ und die Zahl der Bewohner des Lagers auf Normalniveau für dieses Jahr zurückging, pendelte sich unsere Müllproduktion wieder rund um den monatlichen Wert von knapp 20 Tonnen ein.

Auf der Basis meiner eigenen Beobachtung schätze ich, dass der so angefallene Abfall zu etwa 95 Prozent aus zuvor – und unnötigerweise – ausgegebenen Sachspenden bestand.

Dabei hatten nicht nur wir mit der Mülllawine zu kämpfen. Auch die Straßen entlang der Lagermauer und des Zauns waren übersät mit nicht benötigten Waren. Täglich schickte die Gemeinde mehrere Pritschenwagen aus ihrem Fuhrpark, ließ Arbeiter die weggeworfenen Spenden einsammeln und abtransportieren. Die Bezirkshauptmannschaft Baden sah in dem verstreuten Spendenmüll eine Gefahr für den Straßenverkehr und verhängte Maßnahmen wie Einbahnregelungen, um das Unfallrisiko möglichst gering zu halten.

In den von unserem Gelände abtransportierten Containern entdeckte ich neue Kleidung, an der zum Teil noch Preisschilder hingen, ich sah Kinderspielzeug wie Traktoren und Autos in Originalverpackung und ungeöffnete Hygieneartikel. Über Medien und NGOs war zuvor ein Bild der Unterversorgung gezeichnet worden. Hilfsbereite Bürger und Familien nahmen sich das aus Mitleid zu Herzen, spendeten Gebrauchtes und kauften Neuware, um vermeintlich von der Republik Österreich im Stich gelassenen Menschen zu helfen.

Was mich beim Anblick all dieser Dinge in den Großbehältern schmerzte, das war weniger die Tatsache des Wegwerfens an sich, sondern der Gedanke daran, dass hinter all diesen Dingen der gute Wille hilfsbereiter Bürger stand, die zuvor schlichtweg die falschen Informationen bekommen hatten. Gut, weil gezielt abgesprochen, funktionierte das leider nur mit Großspendern wie zum Beispiel Banken, die gezielt Mängel beseitigen wollten. Einmal zum Beispiel, es war während der Phase, in der viele Menschen unter Notunterständen im Freien schlafen mussten, brachte uns ein Unternehmen nach Absprache isolierte Unterlegmatten, auf denen man mit einem Schlafsack zumindest halbwegs von der Bodenkälte geschützt eine Nacht verbringen konnte.

Dabei mache ich den Flüchtlingen für den Umgang mit der Spendenflut keinen Vorwurf. Angesichts der gigantischen Mengen, die da kamen, waren diese schlichtweg überfordert. Die meisten von ihnen hatten alles bis auf die Kleider am eigenen Leib irgendwo auf der Welt mitsamt ihrer Heimat zurückgelassen, konnten das Bild, das sich ihnen bei den wilden Spendenausgaben auftat, wohl schlichtweg nicht einordnen. Diesbezüglich herrschte Überfluss, kein Mangel.

Mein Vorwurf richtet sich gegen die NGOs, die mit Hilfe unkritisch berichtender Medien die Bevölkerung emotional mobilisierten, um Plüschtiere und sonstige Spielsachen aus den Kinderzimmern zu räumen. Um Kleidung, die man an anderer Stelle dringender gebraucht hätte, aus ihren Kästen zu nehmen. Um all dies nach Traiskirchen zu transportieren, wo wir es schließlich – weil nicht benötigt – in großen Mengen entsorgen mussten. Weil wir damals selbst alle Hände voll zu tun hatten, waren wir nicht einmal in der Lage, eine moralisch vertretbare Nachfolgespendenverwertung durchzuführen. Zudem waren es die Asylwerber selbst, die die Sachen zuvor im Überfluss weggeworfen hatten.

Übrigens: Die Erzählung von der vermeintlichen Unterversorgung der Flüchtlinge wird von der Caritas bis heute gut wahrnehmbar aufrechterhalten. Der zu Beginn dieses Kapitels beschriebene Omni.Bus der Organisation steht nämlich seit dem Sommer 2015 in der Nähe des Haupteingangs. Und wie damals schon besteht auch im Frühling 2017 kein Bedarf an Sachspenden. Wir, also die Lagerleitung und das Innenministerium, wurden von der Caritas inzwischen sogar in aller Stille darum gebeten, ihr einen Container zur Entsorgung von Spenden zur Verfügung zu stellen. Sachspenden, für die kein Bedarf besteht, werden von hilfsbereiten Bürgern also zur Caritas nach Traiskirchen gebracht, die die gleichen Güter auf Kosten des Steuerzahlers mit dem Müll entsorgt. Wozu also der ganze Aufwand?

Ich habe dazu eine klare Meinung: Der Omni.Bus dient der Organisation seit Beginn seines Bestehens als Mittel zum Aushorchen von Asylwerbern über die Gegebenheiten im Inneren der Bundesbetreuungsstelle. Seit dem Vertrauensbruch durch Caritas-Wien Generalsekretär Klaus Schwertner (siehe Kapitel: »Caritas: Tausche Vertrauen gegen PR-Kampagne«) sind die Chancen, dass die Organisation die Einrichtung bald wieder besuchen darf, eher gering. Die Funktion, die für die katholische Kirche seit vielen Jahrhunderten die Beichte erfüllt, übernimmt für die Caritas hier das Personal des Omni.Bus. Deshalb haben ihn die Beamten und Flüchtlingsbetreuer in Traiskirchen auch »das Ohrwaschel« getauft.

Quelle beide: Franz Schabhüttl

Seit dem Sommer 2015 nimmt und verteilt der Omni.Bus der Caritas – mit kurzer Unterbrechung – vor dem Flüchtlingslager Sachspenden. Notwendig war das nie. Schon damals entsorgten wir deshalb Tonnen überflüssiger Güter, die Bürger in guter Absicht nach dem Aufruf der Caritas gebracht hatten. Heute stellen und bezahlen wir der Organisation – auf eigenen Wunsch – sogar einen eigenen Müllcontainer. Verkehrte Welt?

Volksanwaltschaft: Ideologie statt Kontrolle

Demokratische Staaten funktionieren dann, wenn sich Macht und Befugnisse auf unterschiedliche Behörden und Organe verteilen, die sich gegenseitig kontrollieren, bewerten und korrigieren. Im anglo-amerikanischen Raum entstand dafür der Begriff von Checks and Balances. Wo unabhängige Dritte kritisch hinschauen, treten Missstände irgendwann ans Tageslicht. Und dort, wo der Staat selbst versagt, helfen – Pressefreiheit vorausgesetzt – unabhängige Medien dabei, die Dinge beim Namen zu nennen.

In Österreich hat der Staat als eines dieser eigenen Kontrollorgane die Volksanwaltschaft geschaffen.

In Behördenverfahren, in denen alle anderen rechtlichen Möglichkeiten ausgeschöpft sind, sollen die Volksanwälte für die Bürger die letzte Möglichkeit darstellen, Mängeln in der Verwaltung vielleicht doch noch zu begegnen. Kostenlos und möglichst unabhängig. Und obwohl die Volksanwaltschaft für das Flüchtlingslager Traiskirchen eigentlich keine Zuständigkeit besitzt – hier befinden sich die Betroffenen in laufenden, nicht aber in abgeschlossenen Verfahren –, bekommen wir regelmäßig von ihr Besuch.

Dabei sind es weniger die von den Parteien besetzten und vom Parlament gewählten Volksanwälte selbst, die meine Dienststelle besuchten und besuchen. Die Grüne Terezija Stoisits (siehe Kapitel: »Politische Aktionisten und Regierende«) war da die Ausnahme. Regelmäßig jedoch besuchen uns die ebenfalls der Volksanwaltschaft unterstellten Kommissionen, in meinem Fall die sogenannte Kommission 6, die für Niederösterreich und das Burgenland zuständig ist.

Das folgende Kapitel soll veranschaulichen, dass man die wichtige Möglichkeit unabhängiger und objektiver Kontrolle leider auch massiv fehlinterpretieren kann. Ich werde zeigen, dass im Themenfeld der Asylpolitik leider auch staatliche Institutionen die Bestätigung ideologisch begründeter Meinung vor Faktentreue und Anstand stellen können. Wie bei den NGOs scheint das auch bei der Volksanwaltschaft von den jeweils handelnden Personen abhängig zu sein. Bemerkenswert dabei ist, dass die von Unsachlichkeit und Unhöflichkeit geprägten Besuche der Kommission 6 in den Verantwortungsbereich von Peter Fichtenbauer fallen, also jenen Volksanwalt, der von der Freiheitlichen Partei in die wichtige Institution geschickt wurde. Ausgerechnet jene Partei, die die Regierenden stets kritisiert und alles besser zu wissen meint, hat offenbar selbst ihre Defizite.

Es mag nun einigen als vermessen erscheinen, wenn ich so deutlich eine Einrichtung kritisiere, die mir, meinen Mitarbeitern und Vorgesetzten im Lauf der vergangenen Jahre mehrfach auf die Finger geschaut hat. Ich darf dabei jedoch versichern, dass das nichts mit Wehleidigkeit zu tun hat. Mir geht es um Objektivität.

Das, was die Mitglieder der Kommission 6 vor Ort bemängeln, findet sich in keinem Regelbuch, keiner Anweisung, keiner Vorschrift und in keinem Gesetz. Sie kritisieren Dinge, die ihnen nicht gefallen und geben damit ihren persönlichen Meinungen mit ihren staatlich legitimierten Ämtern Gewicht. Gefallen, mögen oder nicht mögen ist bei dieser Art von Kontrolle jedoch keine Kategorie. Oder sollte es jedenfalls nicht sein. Das ist eine Feststellung, die ich nicht alleine treffe. Mehrfach haben Kollegen aus dem Innenministerium in ihren Bereichen – meistens bei der Polizei – Ähnliches erlebt.

In Traiskirchen sah dieses Vorgehen zum Beispiel so aus: Eines kalten Tages stand wieder die Kommission 6 am Eingangstor, verlangte Einlass. So gut wie immer durften sie sich – und im Gegensatz zu vielen anderen Besuchern – frei bei uns bewegen. Dabei entdeckten die Mitglieder einen unbegleiteten minderjährigen Flüchtling, der ohne Socken und nur mit Flip-Flops an den Füßen über das Gelände spazierte.

Dem Innenministerium, mir und der Betreuungsfirma ORS hielt die Kommission vor, Kinder sich selbst zu überlassen, kein Interesse an deren Betreuung und offensichtlich auch Gesundheit zu zeigen. Das Urteil stand fest: Systemversagen. Dann ging ich der Sache nach, bat um die Identität des Jugendlichen, suchte ihn gemeinsam mit Mitarbeitern von ORS in seiner Unterkunft in Haus 5 auf. Wir baten ihn, uns dabei zu helfen, offenbar festgestellte Missstände aufzuklären, uns seinen Spind zu öffnen und zu zeigen, über welche Kleidung er verfügte.

Konsequenzen hatte er keine zu befürchten, das teilten wir ihm auch mit. Freiwillig öffnete er seinen Schrank. Darin befanden sich zwölf Paar Schuhe, einige von ihnen neu und eigens für den Winter gedacht. Der junge Mann lächelte. Das Team der Kommission 6 nahm unseren Bericht über die Nachschau ohne mit der Wimper zu zucken zur Kenntnis.

An sich war die Episode für mich keine große Sache oder Überraschung. Sie soll Ihnen, liebe Leserinnen und Leser, jedoch veranschaulichen, wie »Erhebungen« der Kommission 6 der Volksanwaltschaft funktionieren. Die – vorzugsweise – kritische Behauptung eines Einzelnen wird in der Regel und fast dankbar als per se glaubwürdig angenommen. Gegenäußerungen sind praktisch nicht möglich und von Eigeninitiative abhängig. Wenn wir Glück haben, entsteht aus solchen »Recherchen« nicht gleich eine Presseaussendung. Das ist eine Vorgehensweise, die selbst bei unseriösen Boulevardmedien nur in seltenen Fällen stattfindet. Eine vom Parlament betraute Kontrollinstanz sollte sie sich gar nicht leisten.

Ich habe leider nicht Buch geführt über die Zahl der Besuche, die die Kommission 6 und die ihr vorangegangene Gruppe des Menschenrechtsbeirats Traiskirchen abgestattet haben. Es müssen jedoch zwischen 10 und 15 Mal gewesen sein. Alle von ihnen endeten mit negativen Stellungnahmen. Das passiert, wenn man nicht nach objektiven Grundsätzen vorgeht, auf die Einhaltung festgeschriebener Standards achtet, sondern seiner eigenen Philosophie oder Ideologie Raum verschaffen möchte. Was meine ich damit?

Geht es um Flüchtlinge, dann vergessen die Mitglieder der Kommission 6 nicht selten, dass es sich bei ihnen um selbstständige Menschen handelt. Das erkennt man daran, dass die staatlich legitimierten Kontrolleure ihnen offenbar keine Eigenverantwortung zutrauen. Das ergibt sich aus den immer gleichen Vorwürfen, die man uns macht: »Was tut ihr mit Asylwerbern? Sucht ihr sie täglich einzeln auf, besprecht mit ihnen den Tagesablauf? Ladet ihr sie zum Frühstück ein? Fordert ihr sie auf, ihre Zimmer in Ordnung zu halten?

Tun sie das nicht, wer macht dann die Zimmer? ORS?« Außenstehenden mag das absurd erscheinen, tatsächlich wirkt ein Großteil der Kritik der Kommission 6 so, als würde es sich bei erwachsenen Flüchtlingen um Menschen mit kindlichen Gemütern handeln. Diese fast schon entrückte Fürsorge inklusive des Vorwurfs der Vernachlässigung an uns geht noch weiter.

»Zeigt ihr Asylwerbern die Duschen? Wer achtet darauf, dass der Duschvorhang geschlossen bleibt? Achtet jemand darauf, dass die WC-Türen bei der Benutzung verriegelt sind?« Der Staat, das Innenministerium und die Betreuungsstellenleitung von Traiskirchen sind für so manches verantwortlich zu machen. Die Kommission 6 hat bei der Suche danach jedoch leider ihr Augenmaß verloren.

Bei ihrer Arbeit stützt sich die Kommission immer wieder auf Gerüchte. Im Winter 2016 erlebte ich so einen Fall. Dabei hätte ich es wissen können. Seit einigen Jahren schon gehört nämlich auch jener Wiener Primararzt zur Gruppe, der auch 2015 mit dem Amnesty-Bericht bemerkenswerte »Tatsachen« über Traiskirchen veröffentlichte, die später ein vom Innenministerium nie publizierter Bericht des UN-Flüchtlingshochkommissariats UNHCR widerlegte.

Dieses Mal war die Kommission gekommen, weil eine Journalistin einer Qualitätszeitung eine unrichtige Behauptung des Traiskirchener Bürgermeisters Andreas Babler ungeprüft veröffentlicht hatte. Angeblich, so Babler, befanden sich noch im Jänner 2016 zahlreiche Asylwerber als dauerhaft Obdachlose in einem Wartezelt auf dem Gelände. Folglich wäre das Innenministerium noch immer nicht in der Lage, Antragsteller koordiniert ins Lager aufzunehmen.

Die Falschmeldung brachte uns zwei Besuche der Kommission 6 ein. Den ersten davon gleich Mitte Februar. Schon auf dem Weg zum Tor hätten sie eine Gruppe von fünf unbegleiteten

Minderjährigen getroffen, die die Betreuungsstelle nach eigenen Angaben nicht betreten durften und – angeblich – gezwungen waren, mitten im Winter außerhalb der Mauer zu nächtigen. Um nicht zu erfrieren, hätten sie gleich dort, entlang der Straße vor dem Haupteingang, ein Feuer gemacht.

Wir erhielten die Identitäten der vermeintlich Betroffenen und gingen der Sache nach. Schließlich wussten wir zu diesem Zeitpunkt nicht, ob hier tatsächlich ein Mangel vorhanden war, oder ob einmal mehr ein Gerücht den Aufstieg zur Tatsache hinter sich gebracht hatte. Vier der fünf Personen konnten wir ausfindig machen.

Wir hatten sie in den Systemen. Das bedeutete aber auch, dass sie Code-Karten hatten, die beim Betreten und Verlassen des Geländes elektronisch erfasst werden. Eine Nachschau im Computer ergab, dass diese vier nach dem Verlassen des Lagers nicht einmal versucht hatten, hereinzukommen. Die fünfte Person war überhaupt ein Phantom, über sie existierte schlichtweg kein Eintrag.

Entlang der Straße suchten Mitarbeiter schließlich nach Ascheresten und Zeugen für das Feuer. Das Viertel ist dicht bewohnt, eine Polizeidienststelle liegt unmittelbar daneben und der private Sicherheitsdienst des Lagers bestreift die Gegend regelmäßig. Auch nachts. Ergebnis: keines. Niemand hatte die Gruppe und schon gar nicht das behauptete Lagerfeuer gesehen. Wenige Monate später kam die Kommission erneut zu einer Nachprüfung. Doch anstatt sich mit unseren Recherchen auseinanderzusetzen, sie ernst zu nehmen, beharrte die Gruppe auf dem Wahrheitsgehalt ihrer Vorwürfe. So arbeitet normalerweise kein seriöses Kontrollorgan.

Das Vorgehen der Kommissionen, je nach Bundesland tragen sie unterschiedliche Namen, schadet jedoch nicht nur dem Vertrauen, das Parlament und Öffentlichkeit in sie setzen. Es schadet auch jenen, deren Lage die Mitglieder vorgeblich verbessern wollen. Im Dezember 2015 besuchte die Gruppe die provisorisch in einer Halle des Autobahnbetreibers Asfinag untergebrachte Betreuungsstelle Leoben.

Sechs Stunden waren sie dort, stellten sich und ihre Arbeit vor, fragten sich ungestört durch die anwesenden Flüchtlinge. Eine Stunde nach ihrer Abreise brach das Chaos los, der Tag endete in einer üblen Massenschlägerei unter den Flüchtlingen. Ein Polizei-Großeinsatz war die Folge. Erst später fanden wir heraus, dass die Kommission und ihr Vorgehen die Leute derart aufgewühlt hatten, dass es anschließend zum Gewaltausbruch kam.

Freilich fehlen dafür Beweise, dennoch war die Sache für uns klar. Schließlich hatten wir in Traiskirchen ebenfalls mehrfach beobachtet, wie die Kommissionsmitglieder mit ihrer Arbeit tief in die Privatsphäre der Asylwerber eindrangen, nur um einen erhofften Missstand in der Betreuung aufzudecken. Einige Male beobachtete ich sie, wie sie mitten im Speisesaal und während des Essens ihre Fragenmarathons bestritten. Ich habe nie verstanden, warum man unsere Bewohner nicht einmal beim Essen in Ruhe lassen konnte.

Halbwahrheiten ohne Grenzen

Wer um jeden Preis öffentliche Aufmerksamkeit will, der umgebe sich selbst mit einem seriösen Nimbus und platziere folgenden Satz in einem an Journalisten verteilten Papier: »Die Lagerbewohner und private Helfer berichten von bisher mehreren Geburten im Freien und auch von Totgeburten. Dazu gibt es von Seiten der Lagerleitung keinen Kommentar.« Das klingt, als hätten die Berichterstatter einen der schlimmsten Orte auf Erden besucht. Was aber soll die Bevölkerung des kritisierten Landes denken, wenn diese ungeprüften Feststellungen niemals stattfanden? Die Hintergründe zu dieser – wie ich meine – bemerkenswerten Geschichte, lesen Sie im folgenden Abschnitt.

Ärzte ohne Grenzen, international auch als Médecins sans Frontières bekannt (MSF), sind eine Nichtregierungsorganisation von Weltruf. In den 1970er Jahren von Medizinern und Journalisten gegründet, gehen ihre Mitglieder sprichwörtlich dorthin, wo es weh tut. Es gibt kaum eine Krisenregion, kaum einen gefährlichen Ort auf dieser Welt, an dem Ärzte ohne Grenzen nicht irgendeine Art von medizinischer Versorgung anbieten. So war es eigentlich nur logisch, dass uns der österreichische Flügel der Gruppe ebenfalls seine Hilfe anbot. Wobei diese Formulierung beschönigend ist.

Tatsächlich setzte uns MSF nämlich massiv unter Druck, sie uneingeschränkt ins Lager einzulassen, damit sie dort ihrer Arbeit nachgehen könnten. Sie instrumentalisierten dafür Medien und behaupteten über diesen Kanal, sich mit uns über ein Engagement geeinigt zu haben. Sie veröffentlichten Berichte von Besuchen in Traiskirchen, die noch vor der vereinbarten

Möglichkeit zur Stellungnahme durch uns an die Öffentlichkeit gingen. Ganz zu schweigen davon arbeiteten sie in dem Bericht mit Halbwahrheiten, die in den meisten Fällen leicht zu entkräften waren.

Das reichte von angeblich medizinisch unbehandelten Jugendlichen bis hin zu kolportierten Totgeburten auf dem Rasen der Einrichtung. Ich erlaube mir die Frage: Sollte so eine Organisation arbeiten, die weltweit von Millionen Spendern unterstützt wird? Die Details dazu lesen Sie in diesem Kapitel.

Ich habe es im Jahr 2016 schon einmal öffentlich in einem Interview festgehalten und wiederhole es an dieser Stelle: Ärzte ohne Grenzen wollte meiner Wahrnehmung nach und von Anfang an mit dem Innenministerium nur ins Geschäft kommen, die prekäre Lage in der Betreuungsstelle und die öffentliche Debatte dazu nutzen, um sich selbst öffentlich zu positionieren. Ärzte ohne Grenzen weiß: Wo Not kommuniziert wird, da fließen Spendengelder und Auftragshonorare in großer Höhe.

Natürlich, Organisationen wie MSF oder auch die Caritas schütten keine Gewinne an Eigentümer, Shareholder oder Aktionäre aus. Sie beschäftigen jedoch längst enorme Apparate mit festem Personal, das sie – wie kommerzielle Unternehmen auch – möglichst halten, bezahlen und auch ausbauen wollen. Das funktioniert nur mit Geld und Öffentlichkeit. Dabei scheinen viele Mittel recht. Ärzte ohne Grenzen hat meinen Vorwurf von damals medial zurückgewiesen. Sie, liebe Leserinnen und Leser, können sich im Folgenden selbst ein Bild darüber machen.

Es war am gleichen, heißen Augusttag, an dem ich auch die Abordnung von Amnesty International zur »Überprüfung« auf dem Gelände hatte. Neben der Organisation eines mit 4000

Asylwerbern heillos überbelegten Flüchtlingslagers musste ich mich also auch noch um den Ausgleich der Interessen zwischen ideologiegetriebenen NGOs und meiner Dienststelle kümmern.

Während der ersten, vorsichtigen Gespräche mit der Delegation hielt Ärzte ohne Grenzen uns vor, sie hätten bereits auf dem Weg hierher und durch den Zaun hindurch kranke Menschen, Unterversorgung, einen »medizinischen Notstand« wahrgenommen. Inklusive nicht versorgter Schwangerer und Säuglinge. Ich führte die Gruppe über das Gelände, ließ meine Gäste vorangehen und versuchte, mich im Hintergrund zu halten. Es sollte nicht der Eindruck entstehen, wir würden ihnen nur jene Orte zeigen, die dem Innenministerium genehm waren. Wir wussten schließlich, dass wir ein Problem wegen Überbelegung und damit Obdachlosigkeit hatten. Unserer Auffassung nach unverschuldet.

Im Laufe des Nachmittags wurde die Abordnung immer kleiner, mehr und mehr Ärzte beendeten ihren Besuch. Es war einer der letzten von ihnen, der mich darauf hinwies, dass er zu einem Taubstummen auf dem Gelände Kontakt gehabt hätte, der seit 20. April des großen Fluchtjahres obdachlos auf der Wiese lebe. Also seit einer Zeit, in der wir eigentlich noch für alle Bewohner Betten gehabt hatten. Ich ging der Sache nach.

Der Arzt gab mir die Identität dieser Person. Gemeinsam mit einem anderen Mitarbeiter von Ärzte ohne Grenzen ging ich dorthin, wo sich dieser Obdachlose zuvor aufgehalten haben soll. Weil wir ihn nicht fanden, begannen wir, uns in Zeichensprache durchzufragen. Sie würden staunen, was für Fertigkeiten man im Lauf der Jahre erwirbt, wenn man es mit Fremdsprachen zu tun hat, für die nicht immer gleich ein passender

Dolmetscher aufzutreiben ist. Jedenfalls konnten wir so eine Person ausfindig machen, die den Gesuchten offenbar kannte.

Er zückte ein Handy, ging ein paar Meter abseits und begann zu telefonieren. Bemerkenswert an diesem Telefonat war, dass der – angeblich – Taubstumme wenige Minuten später zu uns auf die mit Zelten übersäte Wiese kam. Ob er es selbst war, der mit unserem Kontaktmann am Telefon sprach, oder die Kommunikation über eine dritte Person erfolgte, kann ich jedoch nicht mit Sicherheit sagen. Jedenfalls wuchsen in mir plötzlich – wie ich meine – begründete Zweifel an der Seriosität, mit der Ärzte ohne Grenzen den Kontrollbesuch bei uns durchführte. Diese Zweifel wuchsen weiter als ich – nun wieder mittels Zeichensprache – herausfand, dass der vorgeblich Taubstumme nicht seit 20. April obdachlos war, sondern seit genau diesem Tag und laut Aufzeichnungen Zimmer 109 im ersten Stock des Hauses 9 bewohnte.

Ihnen mag das als Kleinigkeit erscheinen. Für mich war es ein Exempel dafür, wie Ärzte ohne Grenzen, Amnesty International oder die Caritas arbeiteten: Einzelpersonen befragen, ohne Gegencheck spektakuläre Behauptungen zur Lage verwerten und an die Öffentlichkeit weitergeben. Behörden wie das Innenministerium haben bei dieser PR-Strategie das Nachsehen. Prominente NGOs genießen bei den meisten Journalisten fast uneingeschränkte Glaubwürdigkeit.

Nur in den seltensten Fällen wurden behauptete Missstände bei uns auch überprüft, bevor man die Bevölkerung darüber in Kenntnis setzte.

Ähnliches geschah bei einem zweiten Besuch von Ärzte ohne Grenzen bei uns. Der anschließende Bericht aus den zwei Lokalaugenscheinen hatte es entsprechend in sich. Demnach hätten Bewohner des Lagers und Helfer von »mehreren Geburten im Freien und auch von Totgeburten« berichtet. Und weiter: »Dazu gibt es von Seiten der Lagerleitung keinen Kommentar.«

Einmal mehr ließ sich das Innenministerium von einer NGO öffentlich vorführen. Für die Medien war dieses Detail – und zahlreiche weitere – ein gefundenes Fressen. Da suchten Tausende in Österreich Schutz, und eines der reichsten Länder der Erde schien nicht in der Lage zu sein, auf seinem eigenen Territorium Säuglingen einen würdigen Start ins Leben zu ermöglichen.

Tatsächlich lief es so ab. Während meiner Zeit in Traiskirchen ist keine einzige Geburt oder Totgeburt unter freiem Himmel dokumentiert. Weder von unseren eigenen Ärzten, noch von Rettungsteams, die immer wieder bei Notfällen auf das Gelände kommen. Das hätten wir Ärzte ohne Grenzen auch gesagt, wenn sie uns gefragt hätten. Leider ging ihr Bericht an die Medien, noch während wir mit dem Team von ihnen zusammensaßen, um ihnen die Zusammenhänge in Traiskirchen zu erklären.

Das Innenministerium tat daraufhin das, was es sehr selten tut: Kritiker in Form von öffentlichen Mitteilungen kritisieren. Dieses Mal ging es jedoch um Falschinformation der Bevölkerung zu einem strategisch bedeutsamen Ereignis. Unwahrheit für Unwahrheit wurde im Rahmen eines Dokuments, das an alle Medien ging, entgegnet (siehe Anhang dieses Buchs). Medial berücksichtigt wurde das präzise verfasste Papier nicht. So funktionieren NGO-Öffentlichkeitsarbeit und Journalismus im 21. Jahrhundert.

Letztendlich schadete sich Ärzte ohne Grenzen mit dem Vorgehen selbst. Aus Respekt und Anerkennung vor dem Namen der Organisation bestand unter den Führungskräften im Ministerium die Meinung, dass man letzten Endes wohl nicht daran vorbei komme, Ärzte ohne Grenzen Hilfsdienste anbieten zu lassen. Selbst dann, wenn es objektiv keinen Grund gab sie anzunehmen.

Das hatten uns die Experten der Landessanitätsdirektion Niederösterreich und später das UNHCR bestätigt. Durch die Taktik, uns medial mit äußerst fragwürdigem Vorgehen unter Druck zu setzen, schloss sich diese Tür. Letztendlich fand die ursprünglich als unausweichlich angesehene Kooperation nicht statt.

Die andere Bilanz des Christian Konrad

19. Oktober 2015, 14 Uhr, Besprechungszimmer der Bundesbetreuungsstelle Traiskirchen: Ich stelle mich vor. »Schabhüttl Franz, Grüß Gott.« Der Gast streckt mir die Hand entgegen und sagt: »Ah, ich habe schon oft von ihm gehört, Hofrat ist er, und Menschenfreund ist er auch keiner, Menschen mag er nicht. Meine Damen sagen mir, dass er nicht sehr freundlich ist zu Menschen.«

So lernte ich Christian Konrad, den Flüchtlingskoordinator der Bundesregierung kennen. Der ehemalige Generalanwalt des Raiffeisen-Konzerns war während seiner aktiven Laufbahn als oberster Chef unter dem Giebelkreuz-Logo einer der mächtigsten Wirtschaftskapitäne des Landes. Und auch im Ruhestand gilt er bis heute als äußerst einflussreiche Person.

Der inzwischen 73-Jährige ist ein Macher mit Zug zum Tor, mit Höflichkeitsfloskeln schien er sich im Rahmen seines Besuches bei mir in Traiskirchen nicht aufhalten zu wollen. Konrad hatte eine Mission zu erfüllen. Sein Auftrag lautete: Bundesländer und Gemeinden dazu zu bringen, ausreichend Quartiere für Asylwerber zu schaffen. Für Traiskirchen hatte er keine Zuständigkeit, wenngleich sich beide Bereiche seit jeher wie kommunizierende Gefäße verhalten.

Flüchtlinge, die in den Ländern keine Plätze finden, müssen in meiner Dienststelle so lange warten, bis für sie irgendwo im Land ein Platz frei wird. Wir sind abhängig voneinander. Konrad, so lautete jedenfalls die Hoffnung einiger Mitglieder der damals amtierenden Bundesregierung, würde mit seinen Möglichkeiten und Methoden den Gordischen Knoten des österreichischen Asyl-Föderalismus zerschlagen und dabei als eine Art Verfahrensbeschleuniger wirken.

Das mag nach seinen eigenen Angaben in manchen Bereichen wie zum Beispiel Gemeinden gewirkt haben. In anderen, etwa in der Bundesbetreuung, widerspreche ich ihm. Hier verursachte er vor allem hohe Kosten für den Steuerzahler, die bei exakter Kenntnis der Sachlage eigentlich vermeidbar gewesen wären. Wie hoch diese Kosten sind, darüber wacht grundsätzlich die Amtsverschwiegenheit, von der mich die Republik Österreich nie entbunden hat, und auf deren Wirksamkeit sich sowohl Christian Konrad, als auch die Profiteure der Geldflüsse bis zuletzt verließen. Was sie nicht ahnten: Über einen Umweg gelang es meinem Co-Autor und mir, mich von diesem dienstlichen Schweigegelübde zumindest teilweise freizuspielen. Doch dazu komme ich noch.

In den Akten findet man Großzelte, Sicherheitsdienste, die rund um die Uhr Personal stellen mussten, Betreuung und Verpflegung für hunderte Menschen sowie mobile Hygiene- und Sanitärcontainer. Bürger mit wirtschaftlichem Sachverstand würden so wohl schnell auf eine Gesamtsumme im siebenstelligen Eurobereich kommen. Alles streng geheim also? Nein. Für die interessierte Bevölkerung gibt es nämlich Möglichkeiten, die Mauer des Schweigens zu brechen. Dazu komme ich später.

Eines jener Denkmäler, das sich der mit NGOs bestens vernetzte Konrad setzte, war ein Wartezelt für 150 Personen. Das winterfeste Objekt, das noch bis April 2017 in Traiskirchen stehen wird, befindet sich zwar auf unserem Gelände, ist jedoch auch ohne das Stellen eines Asylantrags von jedem, der möchte, von außen zu betreten. Vom Zelt aus gibt es keinen Eingang in die Betreuungsstelle. Nach Konrads Argumentation im Herbst 2015 sollte es obdachlosen Flüchtlingen als Notunterkunft dienen, denen kein Platz innerhalb der Betreuungsstelle gewährt wurde, und die sich in der Region rund um unsere Anlage im Stadtgebiet aufhalten mussten. Solche Personen gab es laut unseren Aufzeichnungen jedoch nicht, wenngleich NGOs wie das Rote Kreuz oder die Caritas im Einklang mit Medien und dem Traiskirchener Bürgermeister immer wieder das Gegenteil behaupteten. Es handelte sich schlichtweg um andere Menschen, die sich hier aufhielten. Über die Details schreibe ich noch.

Die – angeblichen – Obdachlosen von Traiskirchen wurden jedenfalls zum öffentlichen Selbstläufer und eine Angelegenheit für Christian Konrad. Vom Wiener Bürgermeister Michael Häupl bekam Konrad zunächst einen Gelenkbus zur Verfügung gestellt. In diesem Bus nächtigten eine Zeit lang mehrere

Personen, die zuvor freiwillig das Lager Traiskirchen verlassen hatten. Während ihrer Zeit bei uns dürfen Asylwerber nämlich nicht länger als 48 Stunden am Stück der Bundesbetreuungsstelle fern bleiben.

Der Staat will damit im Rahmen des Möglichen verhindern, dass Antragsteller schon zu Beginn ihrer Verfahren untertauchen. Jedenfalls: Bei den angeblichen Obdachlosen handelte sich zu einem großen Teil um Menschen, die uns freiwillig verlassen hatten und sich anschließend auch nicht mehr bei uns meldeten. Wer das Lager nämlich für längere Zeit verlässt, irgendwann jedoch trotzdem zurückkehrt, wird auf Wunsch auch wieder aufgenommen. Die betroffenen Personen müssen es nur sagen.

Ich kann diesbezüglich nur Vermutungen anstellen, aber die »Obdachlosen«, die sich im Sommer 2015 rund um die Betreuungsstelle aufhielten, waren offenbar Flüchtlinge, die sich zwar von den vielen NGOs am Lagerzaun versorgen ließen, aber kein Interesse daran hatten, sich zurück in staatliche Betreuung zu begeben. Aus welchen Gründen auch immer.

Christian Konrad reichte der Gelenkbus als provisorische Unterkunft eines Tages nicht mehr, und so kam es zu jener ersten, persönlichen Begegnung mit mir, die ich zu Beginn dieses Kapitels bereits schilderte. Mit Konrad vor Ort war sein Co-Koordinator, Ex-ÖVP Generalsekretär und Ex-Abgeordneter, Ferdinand Maier. Über Ton und Auftreten Konrads war ich schon im Vorfeld aus unterschiedlichen Quellen aufgeklärt worden. Ich wusste also ungefähr, was mir bevorstand.

Nachdem er sich – wie eingangs beschrieben – bei mir vorgestellt hatte, zitierte er den Traiskirchener Bürgermeister Andreas Babler per Telefon zu sich.

Babler wusste, dass Konrad an diesem Tag das Lager besuchen wollte, hatte offenbar nur auf den Anruf gewartet und war binnen weniger Minuten hier. Konrad und er begrüßten einander, als hätten sich zwei gute Freunde nach langer Zeit endlich wieder getroffen. Doch die herzliche Stimmung verkehrte sich innerhalb von Augenblicken ins Gegenteil. Schnell machte Konrad klar, dass er das erwähnte Großraum-Wartezelt für Obdachlose errichten wolle. Gerne auch gegen den Willen des Bürgermeisters, der das zwar nicht ausdrücklich sagte, sein gedankliches Nein war ihm aber regelrecht anzusehen.

Nach einer anschließenden, etwa fünf Minuten dauernden Auseinandersetzung unter vier Augen hatte der Ex-Raiffeisen-Chef den Bürgermeister soweit: Das Wartezelt sollte kommen, der Steuerzahler bezahlen. Zwar versuchte Babler im Rahmen des anschließenden, gemeinsamen Rundganges mehrfach noch einen Kompromiss auszuhandeln, drang bei Konrad aber nicht mehr durch. Dieser rammte dem Bürgermeister nur jovial den Ellbogen in die Rippen und fragte, ob denn der Wein – Babler ist Nebenerwerbsweinbauer – schon eingebracht sei. Er war es.

Knapp zwei Monate später, am 8. Dezember, begannen die Aufbauarbeiten für Konrads Wartezelt. Das sorgte – verständlicherweise – nicht nur bei Anrainern für Ärger, die sich darüber beschwerten, dass dies ausgerechnet am Feiertag geschah. Denn eigentlich wollte Konrad das Vorhaben ohne Baubewilligung durchführen lassen.

Diese, so seine Rechtsansicht, sei im konkreten Fall nicht erforderlich. Das Innenministerium war anderer Meinung und holte bei der niederösterreichischen Landesregierung die dafür nötigen Gutachten ein. Letztendlich wurde gebaut, mit Baubewilligung. Die Kosten, die durch Errichtung und Betrieb entstanden, sind inzwischen enorm. Gemeinsam mit meinem Co-Autor ersuchten wir Konrads Pressesprecher, uns bei der Schaffung von Kostentransparenz zu unterstützen und mich so über einen Umweg vom Amtsgeheimnis freizuspielen. Erfolglos.

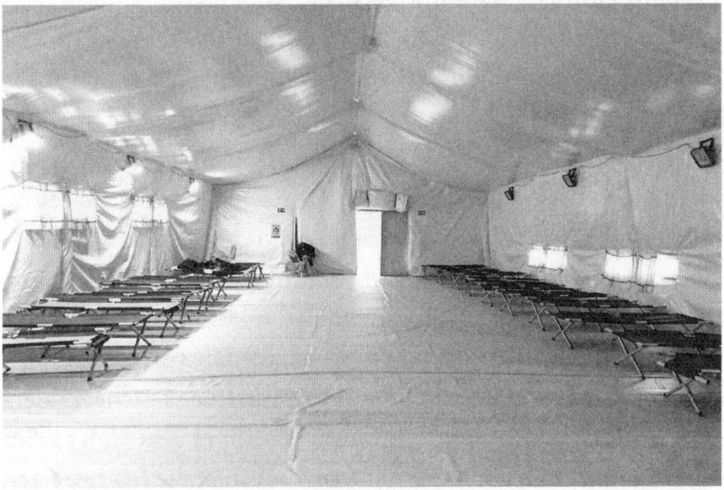

Quelle: Andreas Wetz

Das sogenannte Konrad-Zelt wurde am 8. Dezember 2015 errichtet. Obdachlose fanden wir dort jedoch nie. Seit Februar/März 2016 nutzen es auch Flüchtlinge kaum mehr, dann sieht es hier so aus, wie auf dem Foto. Die Kosten für den Betrieb, der bis April 2017 läuft, sind enorm. Und offenbar ein Staatsgeheimnis.

Dass das Zelt objektiv notwendig war, bezweifle ich bis heute. Die Mitarbeiter der Betreuungsfirma ORS und des Sicherheitsdienstes haben Personen, die es genutzt haben, regelmäßig nach ihren Identitäten gefragt. Anschließend wurden die Namen von meinen Mitarbeitern in den uns zugänglichen Systemen des Innenministeriums abgefragt. Bei den Besuchern handelte es sich durchwegs um Personen, die freiwillig aus dem Asylsystem ausgeschieden waren, um Asylwerber in laufenden Verfahren, die jedoch andernorts im Bundesgebiet eine Unterkunft hatten, sowie um eine ganze Reihe von Flüchtlingen, die in anderen Ländern Europas einen Antrag stellen wollten.

Menschen, die in die Betreuungsstelle wollten, aber nicht eingelassen wurden, fanden wir jedoch nicht. Wir trafen sogar Personen an, die behaupteten, Touristen zu sein, und aus ehemaligen Ostblockländern stammten. Und Menschen, hauptsächlich Iraner und Iraker, die in Deutschland nicht einreisen durften, aber in Österreich keinen Asylantrag stellen wollten.

Konrads Rundgang an jenem Tag im Oktober führte die aus ihm, Ferdinand Maier, Andreas Babler, mir und anderen Personen bestehenden Gruppe noch an andere Orte, an denen sich der ehemalige Raiffeisen-General auf Kosten des Steuerzahlers und zur Freude der jeweiligen Auftragnehmer und Nutznießer verewigt hatte. Gezählte sieben Mal wechselte die Gruppe nach Rückfrage Konrads bei Ferdinand Maier mit den Worten »Du, Ferry, was machen wir jetzt?« den Standort.

Einer dieser Orte war die sogenannte Spendenhalle auf dem ehemaligen Gelände des nicht mehr existierenden Reifenherstellers Semperit. Dort nutzen heute zahlreiche Betriebe das Gelände als Geschäftsfläche. Wenige hundert Meter von der Betreuungsstelle Traiskirchen entfernt hatte damals auch die Caritas der Erzdiözese Wien in einem Gebäude Quartier bezogen, das das Innenministerium – unter anderem auf Druck Christian Konrads – angemietet und kostenlos zur Verfügung gestellt hatte.

Zu eben dieser Caritas hat Konrad die besten Verbindungen. Auch wenn er selbst ehrenamtlich arbeitete, bekam er vom Innenministerium doch eine erkleckliche Summe Geld zur Verfügung gestellt, um sich einen kleinen Mitarbeiterstab leisten zu können. In eben diesen Stab berief er Peter Wesely, der Konrad schon während seiner Zeit bei Raiffeisen als persönlicher Pressesprecher zur Verfügung stand. Vor der gemeinsamen Zeit im Bankenkonzern war Wesely langjähriger Pressesprecher der Wiener Caritas.

Zurück zur Spendenhalle. Hintergrund für die Anmietung des Objekts war der objektiv unnötige, aber eben öffentlichkeitswirksame Aufruf mehrerer NGOs, Sachspenden nach Traiskirchen zu bringen (siehe dazu auch das Kapitel: »Überfluss statt Mangel«). Weil dadurch rund um das Gelände erstens ein Müllproblem entstand und zweitens die Verkehrssicherheit beeinträchtigt wurde, brauchte es eine Lösung.

Beides fiel nicht in die Verantwortung des Innenministeriums, dennoch zahlte es dafür. Die mehrjährige Anmietung der Spendenhalle sollte zumindest ein wenig Ordnung in das Chaos bringen, das die täglich weiter eintreffenden Güter verursachten. Auch dafür entstanden sachlich nicht gerechtfertigte Kosten in beträchtlicher Höhe. Im Rahmen der Recherchen für das vorliegende Buch ersuchten wir Konrads Büro und das Innenministerium wieder um Transparenz. Wieder rannten wir gegen eine Mauer des Schweigens. Wieder vertraute man auf die Wirksamkeit der mich zu Stillschweigen verpflichtenden Amtsverschwiegenheit.

Die Caritas, die das Gebäude für ihre Zwecke unentgeltlich nutzen durfte, musste es übrigens im März 2016, also nur ein halbes Jahr nach dem Einzug, schon wieder verlassen. Die Halle brannte nämlich aus; mit der Immobilie standen 120 Paletten voll mit gespendeter Kleidung und Hygieneartikeln in Flammen. Zum Glück kamen bei dem Feuer keine Personen zu Schaden. Die Brandermittler des Landeskriminalamts Niederösterreich widerlegten Gerüchte um eine Brandstiftung, machten vielmehr eine achtlos weggeworfene Zigarette als wahrscheinlichste Ursache für das Unglück aus. Wer zum Zeitpunkt des Ausbruchs des Brandes Zugang zur Halle hatte, konnte nachträglich jedoch nicht mehr festgestellt werden.

Zum Zeitpunkt von Christian Konrads Besuch stand auf dem Lagergelände bereits ein Feldlazarett des Roten Kreuzes, dessen Errichtung der Flüchtlingskoordinator ebenfalls zuvor eigenhändig verfügt hatte. Gekostet hat das den Steuerzahler – wieder – eine schöne Stange Geld. Wie viel genau? Die Organisation gab dazu auf Nachfrage keine Auskunft.

Eine medizinisch begründbare Notwendigkeit bestand meiner Einschätzung nach nicht.

Als das Feldlazarett kam, sank der Belagsstand nämlich schon wieder. Auch mehrere Gutachten der niederösterreichischen Landessanitätsdirektion bestätigten uns eine gute, medizinische Versorgung. Die vorangegangenen und öffentlichen Behauptungen von Amnesty International und Ärzte ohne Grenzen (siehe entsprechende Kapitel) wogen aber offenbar schwerer.

Als wäre die Versorgungsdichte noch immer nicht genug, engagierte das Innenministerium zusätzlich zu unserer eigenen Ärztestation noch ein mobiles Versorgungsteam der Notruf Niederösterreich GmbH, das noch einmal Kosten in hohem Ausmaß verursachte. In welchem Ausmaß? Sie werden es inzwischen erraten haben: Die Nutznießer schweigen wie der Staat. Hinzugefügt jedoch sei, dass zumindest diese Position nicht auf eine Anordnung Christian Konrads zurückging, sondern dem öffentlichen Druck auf Basis unrichtiger Behauptungen über – angeblich – unhaltbare Zustände geschuldet war. Hierbei hatte sich insbesondere Ärzte ohne Grenzen hervorgetan.

Quelle: Franz Schabhüttl

Das Rote Kreuz leistete in seinem Feldlazarett nach eigenen Angaben mit 352 Mitarbeitern in 58 Tagen 4908 »medizinische Versorgungen«. Über die Art der Versorgungen gab es auf Anfrage keine Auskunft. Ich vertrete bis heute die Meinung, dass die medizinische Versorgung durch unser Personal mehr als angemessen war.

Bei der Umsetzung seiner Vorstellungen war der auch innerhalb der Regierung umstrittene Koordinator nicht zimperlich. Selbst wenn es um organisatorische Abläufe in der Abfertigung von Flüchtlingen ging, von denen er fachlich keine Ahnung haben konnte, verlangte er Gehorsam. Am 10. Dezember 2015 erlebte ich das selbst. Ich war gerade dabei, unser medizinisches Angebot auf Personen auszuweiten, die eigentlich keinen Platz in der Betreuungsstelle hatten. Weil das jedoch Kapazitäten band, die Konrad für seine behaupteten Obdachlosen wollte, erhielt ich einen Anruf von seinem Pressesprecher. Dieser reichte das Mobiltelefon weiter und Konrad sprach persönlich mit mir. »Herr Hofrat, Sie bringen ab sofort alle Personen aus dem Obdachlosenbus unter. Ich will keine Diskussion. Wenn Sie das nicht machen, dann gibt es Konsequenzen für Sie.«

Konrad, der für die Bundesregierung Länder und Gemeinden dazu animieren sollte, Unterkunftsplätze für Asylwerber zu schaffen, ordnete also Führungskräften des Innenministeriums an, was sie zu tun hatten. Ohne jedwede Befugnis und Rechtfertigung.

Später schrieb er in einem Gastkommentar im Nachrichtenmagazin »Profil«: »Mein Ziel war es (...), bei vielen Gesprächspartnern den Blickwinkel über den unmittelbaren Verantwortungsbereich hinaus zu weiten. Damit konnten oft schnellere und bessere Lösungen erreicht werden. Ich gebe aber zu, dass ich hier oft an Grenzen gestoßen bin.« Mich wundert das nicht.

Dabei erwirkte Konrad in der Sache nicht selten das Gegenteil dessen, wozu er eigentlich geholt worden war: Das Schaffen von Plätzen für Asylwerber. Im oberösterreichischen Frankenburg zum Beispiel hatte sich der Bund auf Basis des damals beschlossenen Durchgriffsrechts gegen unkooperative Bürgermeister 300 zusätzliche Plätze gesichert. Letztendlich wurden es aber nur 100. Warum?

Die Antwort kann man noch heute in einer Presseaussendung der Frankenburger ÖVP nachlesen: »Ein besonderer Dank gilt auch Flüchtlingskoordinator Dr. Christian Konrad, der letztendlich in einem direkten Gespräch mit dem Innenministerium die Lösung herbeibrachte.«

Das exakt gleiche Schauspiel war im burgenländischen Bruckneudorf zu beobachten. Hier hatte der Bund – zunächst nur auf dem Papier – 450 Wohnplätze für Asylwerber geschaffen. Geworden sind es schließlich 80. Zitat aus einem Bericht des ORF Burgenland: »Die Lösung wurde zwischen dem Flüchtlingsbeauftragten der Bundesregierung, Christian Konrad, und dem Bruckneudorfer Bürgermeister Gerhard Dreiszker (SPÖ) ausgehandelt.«

Damit sieht die Erfolgsbilanz des Flüchtlingsbeauftragten nach Lesart des Innenministeriums nicht sonderlich erfolgreich aus. Im Folgenden halte ich es nun mit dem ehemaligen Finanzstaatssekretär Alfred Finz, der einst ankündigte, das von ihm mitgetragene neue Steuersystem sei so einfach, dass sich jeder Bürger seine Abgaben auf einem Bierdeckel ausrechnen könne.

Für Christian Konrad sähe eine solche Rechnung in Bezug auf Flüchtlingsunterkünfte wie folgt aus: 100 statt möglicher 300 Plätze in Frankenburg. 80 statt möglicher 450 Plätze in Bruckneudorf. Und schließlich 80 zusätzliche Betten in Potzneusiedl. Das entspricht unterm Strich der Verhinderung von 490 Betten.

Die öffentlichen Reaktionen auf diese »Erfolge« von Konrad und seinem Team beobachtete ich von meinem Traiskirchener Büro aus mit Staunen. Während der Flüchtlingskoordinator der Bundesregierung von Medien weiter mit Lob überhäuft wurde, musste sich der Bund anhören, wie wenig er für die Unterbringung von Asylwerbern tat. Verkehrte Welt.

Ich möchte Christian Konrad nachträglich nicht Unrecht tun. Denn selbstverständlich stand er unter einem gewissen Erfolgsdruck. Um seine Position zu rechtfertigen, muss auch ein prominenter Name seinen Herren liefern. Tut er das nicht, sind Spott und Häme für ihn und seine Auftraggeber im Nachhinein umso größer.

Das kann – wie geschildert – zu genauso wenig sparsamen wie zweckmäßigen Entscheidungen führen. Aus dem Bauch heraus und mit dem ausschließlichen Fokus auf Nächstenliebe mag man manche Projekte rechtfertigen können. Tatsächlich ist es aber nicht so, dass viel Angebot automatisch viel hilft.

Der effiziente Einsatz von Steuergeld sollte auch im Asylsystem ausnahmslos zur Anwendung kommen. Ich bin überzeugt davon, dass wir aus einer nachträglichen Prüfung der von Christian Konrad verfügten Maßnahmen durch den Rechnungshof viel lernen könnten. Er und sein Büro hatten bisher jedenfalls kein Interesse daran, Kosten und Notwendigkeit der 2015 verfügten Maßnahmen transparent zu machen.

Wir nahmen schriftlich Kontakt auf, telefonierten, trafen uns mit Konrads Pressesprecher. Wir wollten wissen, auf Basis welcher objektiven Kriterien, Studien und Fakten die genannten Projekte bestellt wurden. Wir erkundigten uns nach der Höhe der Kosten, die das Wirken des Flüchtlingskoordinators letztendlich verursachten. Antworten auf die Fragen gab es keine. Nur einen Verweis darauf, doch bitte im Innenministerium nachzuforschen. Denn auf das österreichische Amtsgeheimnis, so offenbar das Kalkül, ist schließlich Verlass.

Wesely stellte nämlich fest, dass die Projekte seines Chefs letztendlich vom Innenministerium beauftragt und bezahlt wurden. Verantwortlich sei also gewissermaßen die Republik. Wesely verkennt mit dieser Argumentation jedoch den Umstand, dass – insbesondere durch NGOs, die später von Konrads Aufträgen profitierten – massiv öffentlicher Druck aufgebaut worden war.

Die mediale Erzählung ging in die Richtung, dass man in einer Situation wie der Flüchtlingskrise keine bürokratischen Hürden wie beispielsweise ein Ausschreibungsgesetz brauchen könne, sich dadurch nur selbst behindere. Die Äußerungen des Bundesrettungskommandanten des Roten Kreuzes dazu habe ich bereits im Kapitel »Das Welcoming-Chaos« ausführlich beschrieben.

Womit Konrad, sein Pressesprecher und die mit Aufträgen bedachten Organisationen jedoch nicht rechneten, war, dass es uns, meinem Co-Autor und mir, unmittelbar vor Drucklegung dieses Buches gelang, mich unter Berufung auf das Auskunftspflichtgesetz zumindest teilweise vom Amtsgeheimnis freizuspielen. Tatsächlich gab der Staat auf unser Ersuchen einige der fraglichen Zahlen bekannt.

So verrechnete beispielsweise das Rote Kreuz für die Verpflegung seiner Mitarbeiter für das Feldlazarett laut Auskunft des Innenministeriums 12.554,13 Euro. Das Rote Kreuz selbst verweigerte uns nach gezielter Nachfrage Details zu dieser Rechnungsposition, hielt in einer schriftlichen Stellungnahme lediglich fest »dass die Mitarbeiter des Österreichischen Roten Kreuzes durch die Großküche verpflegt wurden und dasselbe gegessen haben, wie Asylwerber auch«.

Wie viele Portionen die Mitarbeiter der Organisation dort konsumierten, darüber schweigen sich Ministerium und Rotes Kreuz aus. Zwar kenne ich die entsprechende Abrechnung, allerdings verbietet mir das Gesetz, diese hier zu veröffentlichen.

Was mir das Gesetz nicht verbietet: Ich darf Sie, liebe Leserinnen und Leser, zum gemeinsamen Nachrechnen einladen. Nun kostet ein Essen in unserer Großküche mittags und abends 1,90 Euro. Das Frühstück ist etwas billiger, kostet 1,20 Euro. Jemand, der alle drei Mahlzeiten konsumiert, also den ganzen Tag hier ist, kommt folglich mit 5 Euro am Tag aus. Umgelegt auf das Feldlazarett bedeutet das: Während der 58 Tage des Projekts fielen für Mitarbeiter, die täglich hier waren ohne Berücksichtigung freier Tage maximal 290 Euro an.

Bei Gesamtkosten in der Höhe von 12.554,13 Euro würde das bedeuten, dass jeden Tag (und gerundet) 43,3 Mitarbeiter des Roten Kreuzes alle drei Mahlzeiten verzehrt haben. Tatsächlich waren jedoch nie mehr als eine Hand voll Mitarbeiter vor Ort. Das bedeutet: Die Rechnung geht nicht auf.

Die Gesamtkosten des Projekts Feldlazarett, das auf Wunsch von Christian Konrad umgesetzt wurde, belaufen sich übrigens auf 214.416,02 Euro.

Ebenfalls beachtlich waren die Ausgaben für das mobile Ärzteteam der Notruf Niederösterreich GmbH. Intern nannten wir das Projekt »Flying Doctors«. Die Schlussrechnung – die das Unternehmen selbst nicht offenlegen wollte - machte 256.668

Euro aus. Geld, das man sich hätte sparen können. Wie bereits in den vorangegangenen Kapiteln detailliert beschrieben, lag die Versorgungsdichte der Asylwerber mit Allgemeinmedizinern im Lager auch während der Zeit des höchsten Überbelags deutlich über jener der Wohnbevölkerung.

Auch für die ausgebrannte Halle der Caritas ließen sich durch unsere Umwegrecherche offizielle Daten erfragen. Bis Februar 2017 fielen – das Projekt war eine Initiative Christian Konrads – Mietkosten in der Höhe von 55.240 Euro an. Allerdings ist das Innenministerium noch bis 31. 8. 2018 an das Objekt gebunden. Das bedeutet, dass in etwa noch einmal die gleiche Summe aufzubringen sein wird. Glück im Unglück: Die Kosten für die Behebung der Brandschäden (110.000 Euro) übernimmt die Versicherung. Insgesamt eine stattliche Summe dafür, dass die Halle gerade einmal ein halbes Jahr von der Caritas kostenlos genutzt werden durfte.

Das mit Abstand kostspieligste Vorhaben Konrads war jedoch das Wartezelt für Obdachlose, die es nach strenger Auslegung – ich habe das vorher beschrieben – so nie gegeben hat. Anschaffung und Errichtung kosteten 115.840 Euro, der laufende Betrieb bislang 144.568,75 Euro. Dabei sind die größten Kostentreiber darin noch gar nicht enthalten, nämlich Bewachungs- und Betreuungsdienst. Wenn das Projekt unmittelbar nach Erscheinen dieses Buches endet, soviel darf ich verraten, ist ein Kassasturz mit viel Wehklagen zu erwarten.

Alle in diesem Kapitel vorgetragenen Inhalte beruhen auf dem Wissen, das ich mir in den vergangenen Jahrzehnten als Beamter und Leiter in Traiskirchen angeeignet habe. Dennoch bedeutet das umgekehrt nicht, dass ich mit meiner Kritik an den genannten Projekten vollinhaltlich richtig liegen muss. Irren ist menschlich.

Natürlich war ich – im Jahr 2015 wohl noch mehr als sonst – Gefangener meines eigenen Hamsterrads, in manchen Winkeln meines Tuns möglicherweise sogar betriebsblind. Ich will nicht einmal ausschließen, an Christian Konrads Stelle genau gleich gehandelt zu haben. Das Mitgefühl für Flüchtlinge, das er bei vielen Österreichern weckte, kann ihm niemand vorwerfen. Menschlichkeit ist nie falsch.

Trotzdem hatte Konrad ein grundsätzliches, ich meine sogar systemisches Problem: Er kannte die Vorgänge im Haus nicht. Der Bankmanager hatte keine Erfahrung mit den komplizierten und bürokratischen Prozessen des heimischen Asylwesens, die es nicht immer nur wegen der Unverbesserlichkeit österreichischer Beamter gibt, sondern auch auf praktischen Erfahrungen und Notwendigkeiten beruhen.

Am 3. September 2015 war ich selbst Augen- und Ohrenzeuge einer solchen Inkompatibilität. An jenem Tag traf sich der Krisenstab zur Migrationslage um 14 Uhr im Innenministerium zu einer Lagebesprechung. Auch Christian Konrad nahm daran teil. Während der Besprechung griff er demonstrativ zum Telefon und bestellte beim Baukonzern Strabag mit einem Federstrich 38 Wohncontainer zur Errichtung eines Containerdorfs in Potzneusiedl. Ihm erschien das normal. Die zahlreichen Beamten im Raum fragten sich aber: Warum nicht die Firma X oder Y? Wie wollte Konrad gewährleisten, dass die Strabag das wirtschaftlichste Angebot legte? Das Innenministerium, das all die Aufträge letztlich bezahlte, war damals, so wie ich das sehe, selbst nur Passagier. Man hatte von Kanzler und Vizekanzler einen Flüchtlingskoordinator vorgesetzt bekommen, dem es zu gehorchen galt. Sachlicher Widerspruch wurde von vielerlei Seite bestraft, intern, aber auch extern mit dem Argument, sich nicht mit unwilligen Beamten aufhalten zu können. Dass die »unwilligen« Beamten nur ihrem Diensteid folgen wollten und mussten, ging im öffentlichen Marktgeschrei unter.

Ich hatte häufig den Eindruck, dass Konrad Beamte nur als Bremser oder Verhinderer sah. Auf die Idee, dass sich Staatsdiener im Sinne der Steuerzahler an die Regeln von Zweckmäßigkeit und Sparsamkeit zu halten hatten, kam er offenbar nicht. Als externes Alphatier konnte er gewissermaßen gar nicht anders, als sich zumindest abschnittsweise wie ein Elefant im Porzellanladen fortzubewegen.

Helfer abseits der Mitleidsindustrie

Wenn Sie bis hierher im Buch gekommen sind, dann haben Sie viel Kritik gehört. Im Folgenden möchte ich darstellen, dass es auch anders geht. Kein Zweifel: Jene Organisationen und Personen, die ich im vorangegangenen Kapitel auf Basis meiner eigenen Erfahrungen dargestellt habe, leisten in vielen Bereichen mit Sicherheit positive Beiträge für diese Gesellschaft. Nur in meinem Wirkungsbereich eben hinterfrage ich das auf Basis selbst erlebter Episoden mit ihnen. Wie so vieles im Leben lässt sich die Welt nicht in Schwarz und Weiß allein einteilen.

Tatsächlich geht es – wenn man wirklich will – auch anders. Mir sind in Traiskirchen immer wieder Personen und Organisationen begegnet, die in erster Linie nicht sich selbst, sondern der Sache dienen wollten. Einige von ihnen möchte ich hier stellvertretend für viele andere nennen: Die Erzdiözese Wien, den Verein »Dialog« für Suchthilfe, meine Kolleginnen und Kollegen von »Beamte helfen« und schließlich den stets sachlich-kritischen Flüchtlingsberater des Innenministeriums, Kilian Kleinschmidt.

Religion ist für viele Menschen ein wichtiger Bestandteil ihres Lebens. Auch in sogenannten aufgeklärten Gesellschaften – wir in Europa bezeichnen uns als eine solche – spielt sie eine wichtige Rolle. In der gegenwärtigen Debatte rund um Migration und den immer stärker werdenden Einfluss des Islam ist das deutlich zu beobachten. Da berufen sich sogar Personen, die sonst wenig auf die ansässige Geistlichkeit geben, gerne auf christlich geprägte Werte des Abendlandes.

Umso höher ist es der Erzdiözese Wien anzurechnen, dass sich diese in einem wichtigen Projekt vorbehaltlos und ohne missionarischen Ehrgeiz einer gesellschaftlich wichtigen Aufgabe in Traiskirchen angenommen hat. Im Rahmen der sogenannten Kategorialen Seelsorge machen die Mitarbeiter der katholischen Kirche Flüchtlingen jedweder Konfession ein Angebot, ihr Gastland, seine Sitten, Gebräuche und auch Werte kennenzulernen. Sinn dieses Projekts ist es, dem Hass gegen Christen die mitunter gefährlichen Spitzen zu nehmen.

Die überwältigende Mehrheit unserer Flüchtlinge stammt inzwischen aus muslimischen Ländern. Die meisten dieser Länder leben keinen aufgeklärten, sondern einen restriktiven, ja gegenüber anderen Religionen sogar feindseligen Islam. Dabei bekommt die Bevölkerung oft gar nicht die Gelegenheit, sich auch offen mit anderen Konfessionen auseinanderzusetzen. Die zuweilen tiefe Abneigung gegenüber Christen wird nicht selten schon den Kleinsten mit der Erziehung regelrecht eingeimpft. Umgekehrt sind insbesondere Kinder durch positive Erfahrungen mit dem Fremden prägbar. Diesen Hebel versuchen die interkonfessionell arbeitenden Seelsorger der Erzdiözese Wien zu nutzen. Davon profitiert letztendlich die ganze Gesellschaft.

Einer der für mich auslösenden Momente für dieses Projekt war eine Begegnung mit einer unserer langjährigen Ärztinnen im Lager. Die Frau, die heute noch hier arbeitet, war schon immer und insbesondere bei unbegleiteten minderjährigen Flüchtlingen wegen ihrer einnehmenden Art beliebt. Grundsätzlich jedenfalls. Mit der Zunahme muslimischer Kinder wuchs die Distanz zwischen ihr und ihren jungen Patienten. Bis sie schließlich eines Tages von einem jungen Mann hörte, dass er sie und ihre Arbeit möge, das Ding, das sie um den Hals trug, jedoch nicht. Dort baumelte, befestigt an einer Kette, ein kleines Kreuz. Wir hatten ganz offensichtlich Handlungsbedarf. Doch dazu später.

Seit dem Ungarn-Aufstand 1956 hatte Traiskirchen geistlichen, gemeint ist katholischen, Beistand. Immer wieder fanden sich Priester, die sich um die seelsorgerischen Angelegenheiten von Flüchtlingen kümmerten. Bis immer mehr Muslime kamen, und unser letzter Pater aus dieser Riege, der eine kleine Kapelle im Hauptgebäude betrieb, im Jahr 2004 in Pension ging.

Zur gleichen Zeit hatte die muslimische Gemeinde in Österreich begonnen, in Traiskirchen selbst ein Angebot für Glaubensbrüder und -schwestern zu schaffen. Wie die Katholiken erhielten auch sie von uns dafür einen Raum zur Verfügung gestellt. Als wir jedoch bemerkten, dass die Muslime begannen, sich abzukapseln, ihre Gottesdienste hinter verschlossenen Türen abzuhalten, schlug ich Alarm. So konnte es nicht weitergehen. Als frisch ernannter Leiter der Betreuungsstelle hatte ich kein Interesse daran, dass sich innerhalb des Lagers starke, religiöse Gruppierungen zu manifestieren begannen. In einem Umfeld wie einem Flüchtlingslager wäre das schnell gefährlich geworden.

Um das Zusammenleben unterschiedlichster Menschen möglichst angenehm und friedlich zu gestalten, braucht es Gemeinsamkeiten und Offenheit, nicht Segregation und Rückzug. In Weihbischof Franz Scharl von der Erzdiözese Wien fand ich einen Zuhörer, der das genauso sah. Und am eigenen Leib miterlebte. Noch heute besucht er regelmäßig unser Gelände. Bei einer dieser Visiten passierte ihm Ähnliches, wie der beliebten Ärztin. Scharl war – wie es sich gehört – in der üblichen Bischofskleidung gekommen, inklusive eines mächtigen Kreuzes vor der Brust. Eben dieses Kreuz jedoch verursachte im Rahmen eines Aufeinandertreffens mit Kindern und Jugendlichen ablehnende Reaktionen. Ihm war schnell klar, dass man hier ansetzen konnte und musste.

Wir ergriffen deshalb zwei Maßnahmen. Anstatt der katholischen Kapelle und des muslimischen Gebetsraums eröffneten wir im Dachgeschoss des Mittelturms des Liszt-Hauses einen interkonfessionellen Raum, der für alle in Österreich anerkannten Religionen nutzbar sein sollte. Schon der Lage dieses Ortes wohnt Symbolik inne: Hoch über dem Gelände scheint man beim Blick aus den Fenstern förmlich über den Dingen zu schweben. Parallel zu diesem Raum begann die Erzdiözese mit der Seelsorge für Migrantinnen und Migranten in Traiskirchen. Von Anfang an schickte Scharl überwiegend Frauen, die unseren Bewohnern – vor allem den jungen – Aufmerksamkeit schenkten und versuchten, ihnen näherzubringen, dass die Geschlechter in Österreich gleichberechtigt und Christen Menschen wie alle anderen sind. Dabei dürfen sich die Mitarbeiter der Erzdiözese im Gegensatz zu vielen anderen hier tätigen Organisationen vollkommen frei auf dem ganzen Gelände und in den Häusern bewegen. Sie suchen die Flüchtlinge aktiv auf, laden aber auch ein zu Gesprächen, Töpferkursen, Sprachunterricht und – wer will – zu Gottesdiensten mit Geistlichen. Soweit ich das aus meiner bisherigen Erfahrung beurteilen kann, wurde durch diese Arbeit vor allem bei unseren neugierigen und aufgeschlossenen Bewohnern dem Feindbild Christentum der Schrecken genommen. Insbesondere dann, wenn dies bei jüngeren Asylwerbern gelingt, profitiert die spätere Aufnahmegesellschaft nachhaltig von diesem Projekt.

Quelle: Andreas Wetz

Der interkonfessionelle Raum war einst eine katholische Kapelle. Heute steht er Gläubigen aller in Österreich anerkannten Religionen zur Verfügung.

Nachhaltig von seinem Engagement profitiert hat Österreich auch von Kilian Kleinschmidt. Nur gesehen haben das wenige. Der Flüchtlingsberater des Innenministeriums werkte nämlich lieber im Stillen, gab natürlich auch Interviews, beteiligte sich aber nicht am politischen Ideologiewettbewerb in der Öffentlichkeit.

Der 1962 in Essen geborene Entwicklungshelfer wurde von der damaligen Innenministerin Johanna Mikl-Leitner engagiert. Genau genommen sollte er, der grundsätzlich für eine liberale Asyl- und Migrationspolitik steht, auch meine Arbeit in Traiskirchen kritisch betrachten. Es wird Sie nun vielleicht überraschen, wenn ich aus tiefster Überzeugung sage: Es war gut, dass wir Kleinschmidt hatten.

Der Grund für sein Engagement war seine Erfahrung. Als Entwicklungshelfer machte er auf einigen Krisenherden dieses Planeten Station. Für den Krisensommer 2015 zeichnete ihn jedoch sein vorangegangenes Engagement im jordanischen Flüchtlingslager Zaatari aus. Bevor er die riesige Anlage mit 150.000 Plätzen übernahm, herrschten dort Gewalt, Anarchie und Chaos. Unter seiner Führung verbesserten sich die Verhältnisse erheblich. Der Schlüssel zum Erfolg war unter anderem, den Menschen dort nicht alles kostenlos in Form von Almosen zur Verfügung zu stellen, sondern Verantwortung von ihnen zu verlangen. Kleinschmidt führte – wenn auch geringe – Gebühren für Wasser und Strom ein, verordnete Regeln. Die Bewohner des Lagers fühlten sich wieder als Individuen ernst genommen und respektiert.

Nun war Traiskirchen auch während seines Höchstbelags von knapp unter 5000 Personen größenmäßig nie mit Zaatari vergleichbar. Doch die Schemata, nach denen solche Unterkünfte generell funktionieren, ähneln sich weltweit. Dieses gemeinsame Wissen darum war wohl auch der Grund, warum ich mich mit Kleinschmidt – wir sagten bereits nach kurzer Zeit Du zueinander – von Anfang an verstand. Und das, obwohl er aus seiner Position heraus ein kritisches Auge auf mich und die von mir geführte Einrichtung haben sollte.

Kennengelernt habe ich Kleinschmidt unmittelbar nach seiner Ernennung. Er rief mich spontan an, fragte, ob er noch am selben Abend kommen könne, um sich ein Bild von der Lage in Traiskirchen zu machen. Er konnte.

Ich empfing ihn am frühen Abend, und im Rahmen eines Rundgangs über das Gelände und durch einige Unterkünfte hatte ich binnen kürzester Zeit den Eindruck, dass ich es hier mit einem Fachmann zu tun hatte, der sich keine Illusionen darüber machte, was es bedeutet, eine größere Flüchtlingsunterkunft zu betreiben. Kleinschmidt trat auf als einer, der sich der Notwendigkeit ständiger Improvisation bewusst war.

Er wusste, dass solche Einrichtungen in permanentem Konflikt mit ihrer Nachbarschaft existieren und offenbar überall auf der Welt Projektionsfläche und Angriffspunkt für Politiker und Nichtregierungsorganisationen sind.

Kleinschmidt war öfters in Traiskirchen zu Besuch. Und je öfter er kam, desto vielfältiger wurden die Themen, die wir besprachen. Das meiste davon möchte ich nicht wiedergeben, mich beruhigte aber, dass ihn offenbar die gleichen Dinge beschäftigten wie uns auch. Wir sprachen über linke und rechte

Parteien, deren unsachliche Flüchtlingspolitik und auch jene der NGOs. Dabei hatte ich den Eindruck, dass wir uns in der Beurteilung dieser Mitspieler sehr ähnlich waren.

Einen Teil seiner persönlichen Ansichten hat er später in der Wochenzeitung »Die Zeit« veröffentlicht. Dort kritisierte er insbesondere den mangelnden Realismus, die Überfürsorglichkeit und die Pauschalkritik am Staat, die einige Vertreter der Zivilgesellschaft und der NGOs streckenweise wie eine Monstranz vor sich her trugen. Als Beispiel nannte er ein in Traiskirchen geschaffenes Großraumzelt, bei dem Linke die fehlende Privatsphäre für Bewohner bemängelten.

Kleinschmidt jedoch gibt nicht viel auf solche öffentlich betriebenen Spielchen. Er ist, wie ich ihn einschätze, ein Mann der Tat und der Praxisnähe. Der »Zeit«-Reporter zitierte ihn mit den Worten: »Traiskirchen ist heute eines der besten Erstaufnahmezentren in ganz Europa, Punkt – aber das heißt nicht, dass es perfekt ist und es nicht viel zu verbessern gibt.« Das klingt nach genau dem Kleinschmidt, den ich vor Ort kennenlernte.

In Traiskirchen fühlten wir uns von ihm kritisch, aber fair beurteilt. Durch seine Erfahrung mit Zaatari wusste er, dass vereinzelte Kritik über einen Arzt, ein Essen oder eine Unterkunft wenig zu bedeuten hatte, wenn das Gesamtbild der Versorgung stimmte. Während die österreichischen NGOs öffentliche Skandale produzierten, wenn ein Erwachsener Asylwerber aus freien Stücken nicht beim Arzt erschien, blickte Kleinschmidt auf die Rahmenbedingungen, die eine eigenverantwortliche Inanspruchnahme von Gesundheitsleistungen ermöglichen sollten. Er sieht in prinzipiell mündigen Menschen – nur weil sie Flüchtlinge sind – nicht automatisch Kinder, die man zur Erledigung alltäglicher Dinge immer an der Hand nehmen muss. Er sieht in ihnen Personen, die nur dann Unterstützung brauchen, wenn sie sich selbst nicht zurechtfinden.

Medikamente statt harter Drogen

Zu jenen Menschen, die tatsächlich Unterstützung brauchen, um auch weniger aufwändige Dinge zu erledigen, gehören Suchtkranke. Eben solche tun sich oft dann schon schwer, wenn es um Erledigungen des täglichen Lebens geht. Ihre Krankheit, ihre Psyche, das beständige Verlangen nach der nächsten Dosis erlauben es ihnen nicht, einem geregelten Tagesablauf nachzugehen.

Um es ihnen zumindest ein klein wenig zu erleichtern oder ihnen einen Anker anzubieten, der für sie den Anfang vom Ausstieg darstellen kann, engagiert sich in der Betreuungsstelle Traiskirchen schon seit vielen Jahren der Verein Dialog.

Die Organisation unterscheidet sich in ihrem Auftreten meiner Wahrnehmung nach fundamental und wohltuend von den klassischen Flüchtlings-NGOs. In all den Jahren legte es Dialog nicht darauf an, um jeden Preis durch Öffentlichkeitsarbeit Einfluss und Mitsprache zu erlangen.

Die Ärzte, Therapeuten und Sozialarbeiter dort sind an Ergebnissen interessiert, nicht an Politik. Davon profitieren unsere Flüchtlinge, meine Dienststelle, das Innenministerium und letztendlich die Bevölkerung. Warum?

Bei Asylwerbern ist es wie mit Ansässigen: Unter ihnen findet man die unterschiedlichsten Lebensmodelle, Tugenden,

Krankheiten und auch Laster. Die Abhängigkeit von Drogen und die damit einhergehenden Begleiterscheinungen sind kein Spezifikum von Traiskirchen, man findet sie überall. Allerdings schlägt die damit einhergehende soziale Unverträglichkeit der Patienten auf einem dicht bewohnten Gelände wie einem Flüchtlingslager stärker durch, beeinträchtigt die Lebensqualität vieler anderer, wirkt sich negativ auf die Sicherheit von Betreuern und Lagerbewohnern aus.

Vor vielen Jahren schon, es war noch vor meiner Zeit zur Bestellung als Leiter, engagierten sich die betreuenden Ärzte dafür, von Opiaten wie Heroin oder Morphium abhängigen Flüchtlingen eine Therapie mit Drogenersatzstoffen zu ermöglichen. Im Rahmen dieser sogenannten Substitution werden die Patienten auf starke Medikamente eingestellt, die das durch die illegalen Drogen hervorgerufene Verlangen nach der nächsten Dosis dämpfen, die damit unweigerlich einhergehenden Entzugserscheinungen lindern oder gar ausschalten sollen.

Zwar gibt es an dieser Art der Therapie immer wieder Kritik, weil das vermeintliche Ziel, nämlich dauerhafte Abstinenz, mit ihr nie erreicht werde. Tatsächlich – ich bin kein Drogenfachmann – scheint es jedoch so zu sein, dass bei einem Gutteil der Patienten Abstinenz schlichtweg nicht erzielbar ist.

Mit der kontrollierten Verabreichung von Ersatzdrogen gelingt es jedoch sehr häufig, die Programmteilnehmer zu stabilisieren. Sie sind nicht mehr vom Schwarzmarkt für illegale Drogen abhängig, der pharmazeutische »Stoff« ist gefahrloser konsumierbar, unter strengen Auflagen per Krankenschein erhältlich. Damit trocknet diese Art der Behandlung auch den Drogenmarkt und die Begleitkriminalität aus. Zumindest in kleinen Stücken.

Der Nachteil ist, dass die entsprechenden Medikamente unter vielen Süchtigen genauso gefragt sind, wie die echten Drogen. In Traiskirchen führte das einst dazu, dass der Arzt, der diese Therapie für unsere suchtkranken Flüchtlinge anbot, eines Tages von Lagerbewohnern verfolgt und bedroht wurde. Sie verlangten nach den Medikamenten, die einerseits ihre Gier nach Drogen stillten, andererseits aber auch am Schwarzmarkt gut verkäuflich waren.

Das Risiko, dem sich die Ärzte mit dem Anbieten der Ersatztherapie im Lager aussetzten, war mir zu groß geworden. Also ließ ich das Angebot einstellen. In dieser Situation wurde über eine unserer Ärztinnen der Kontakt zum Verein Dialog hergestellt. Sie boten uns an, die Lücke zu schließen, die sich nun aufgetan hatte. Zwar stand es Flüchtlingen in Traiskirchen weiterhin frei, Drogenberatungsstellen des Landes Niederösterreich aufzusuchen. In diesen Beratungsstellen geschah damals jedoch meist nicht mehr, als dass man die Patienten auf ihr Fehlverhalten und die damit verbundenen Risiken hinwies. Für Menschen, die oft schon seit Jahren an der Nadel hängen, ist das meistens zu wenig.

Weil das Verlangen nach Drogen im Lager auch häufig zu Gewaltausbrüchen, Problemen mit Dealern und Drogenrazzien führte, einigten wir uns schnell auf eine Kooperation. Zwar beschränkt sich Dialog auf die Betreuung ausschließlich russischsprachiger Süchtiger, allerdings darf man die Versorgung dieser an sich relativ kleinen Zielgruppe nicht unterschätzen.

Drogenabhängige Flüchtlinge aus Tschetschenien und Georgien sind bei uns seit Jahren eine echte Problemgruppe, die im Extremfall ein Sicherheitsrisiko für andere darstellt. Viele von ihnen wählten übrigens Österreich deshalb als Zielland für ihre Flucht, weil hierzulande die Strafen auf illegalen Drogenkonsum viel geringer ausfallen als in ihrer Heimat. Wenn überhaupt. Schließlich besteht hierzulande auch der Grundsatz, dass der Staat bei Therapiewilligkeit des Patienten von einer Verfolgung absieht.

Was Dialog und seinen Leiter Walter North besonders auszeichnet, ist die unmittelbare und nachhaltige Betreuung von Patienten. Sie akzeptieren keine Dolmetscher oder Vertrauenspersonen, die mit den Betroffenen von Traiskirchen zur Therapie oder Verabreichung der Ersatzmedikamente nach Wien fahren. Zu hoch ist das Risiko, dass durch diese Dritten der Patient als Beschaffungsquelle für sie selbst missbraucht wird. Die Erfahrung zeigt, dass diese Strategie hart, aber richtig ist.

Sie ist auch der Grund dafür, warum Dialog diesen Service nur für russischsprachige Patienten anbietet: Für diese Sprache verfügen sie nämlich selbst über ausreichend Kompetenz.

Verlegen wir schließlich die in Behandlung stehenden Patienten in ein anderes Bundesland, stellt Dialog über Kooperationen sicher, dass die Therapie auch dort fortgeführt werden kann. Über die Jahre hinweg nahm das bei uns im Lager, aber auch in den Flüchtlingsunterkünften der Länder, einiges an Gewalt- und Konfliktpotenzial heraus, von dem auch die jeweils ansässige Bevölkerung profitierte. Öffentliche Anerkennung gab es dafür bisher kaum. Das will ich hier nachholen.

Amtsschimmel, einmal unkompliziert

Eine Vereinigung, die ich ebenfalls vor den Vorhang holen möchte, ist Beamte helfen. Und ja, ich bin diesbezüglich befangen, weil ich selbst ein aktives Mitglied bin. Die Organisation, die sich dem Namen entsprechend überwiegend aus Mitarbeitern des öffentlichen Dienstes zusammensetzt, hat einen Wahlspruch: Es gibt nichts Gutes, außer man tut es.

Öffentliches Marktgeschrei spielt dabei keine Rolle. Dieser leise, aber, wie Sie später sehen werden, effiziente Zugang hat vermutlich auch mit dem beruflichen Selbstverständnis vieler unserer Mitglieder zu tun. Pressearbeit ist etwas für Pressestellen. Gute Verwaltung aber geschieht häufig und weitgehend unbemerkt im Hintergrund. Mit diesem Zugang haben wir es geschafft, das Lager Traiskirchen im Lauf der vergangenen Jahre mit zielgerichteten Sachspenden im Wert von über einer Millionen Euro zu versorgen. Alles Güter, die irgendwann der Steuerzahler hätte beschaffen müssen.

Die Organisation geht zurück auf Bruno Kreisky. Ende der 1970er Jahre wurde unter ihm Walter Hamböck als Sozialbeauftragter des Bundeskanzleramts und des Innenministeriums eingesetzt. Bis zur Ära Strasser hatte Hamböck ebendort ein Büro, er arbeitete ehrenamtlich und hatte den Auftrag, abseits der sonst vielfach viel zu komplizierten Amtswege vorhandene, aber nicht mehr benötigte Dinge des Überflusses dorthin umzuleiten, wo Mangel bestand. Wie das in der Praxis funktionierte, erlebte ich selbst mit.

Anfang der 1990er nahm Hamböck auf Anraten des legendären Sektionschefs Manfred Matzka erstmals Kontakt mit mir auf.

Gemeinsam entwickelten wir den Plan, Gebäude der Verwaltung, die abgerissen oder generalsaniert werden sollten, für wohltätige Zwecke und andere Dienststellen buchstäblich auszuschlachten. Wir stellten eine Mannschaft auf, die aus Zivildienern und sogenannten Remuneranten bestand. Remuneranten sind in der Amtssprache Asylwerber, die sich auf freiwilliger Basis durch Arbeit ein erhöhtes Taschengeld dazuverdienen können.

Mit diesen Teams durchkämmten wir Gebäude und demontierten alle Einrichtungsgegenstände, die sonst auf dem Müll gelandet wären, aber noch zum Einsatz taugten. So beschafften wir Tische, Stühle, Schränke, Betten und vieles mehr. Einen Teil dieser Güter verschifften wir nach Weißrussland, in die Ukraine, auf den Balkan. Stets dorthin, wo Not bestand.

Andere Bestände konnte ich in Traiskirchen gut gebrauchen. WC-Trennwände sind teuer und haben im Lager, wegen der ständigen und vorgeschriebenen Flächendesinfizierung keine lange Lebensdauer. Eben solche Einrichtungen, aber auch WC-Schüsseln und Waschbecken haben wir vor der Deponierung bewahrt, nach Traiskirchen gebracht und dort Neuanschaffungen in der Höhe von über einer Million Euro eingespart.

Medien und ihre Wahrheit

Was österreichische Medien betrifft, da bin ich mir sicher: Ich hatte sie alle. Im Lauf meiner Karriere als Leiter der Betreuungsstelle Traiskirchen habe ich gut und gerne zwischen 400 und 500 Interviews gegeben. Ich führe darüber keine Liste, aber wenn ich darüber nachdenke, wie viele Anfragen pro Monat und Jahr an mich herangetragen werden, erscheint mir diese Summe sogar noch konservativ geschätzt.

Sie zeigt, dass das Interesse von Öffentlichkeit, Medien und Journalisten am Thema Asyl in jedweder Form gegeben ist. Im Auftrag des Innenministeriums – Medienkontakte erfolgen grundsätzlich nur durch Auftrag des Pressesprechers des Ressorts – versorgte ich aber auch ausländische Gäste. New York Times und Washington Post waren genauso hier wie die Staatsfernsehen von Chile und Taiwan. Erhellend für mich selbst war das Gespräch mit Naoki Higuchi vom japanischen Blatt Mainichi Shimbun. Er erzählte mir, dass er zuvor bei der Stadtgemeinde Traiskirchen Düsteres über das Flüchtlingslager gehört habe. Und dass er das Gehörte nun zu seiner Überraschung nicht vorfand.

Die Episode zeigt, wie wichtig Transparenz gegenüber Medien ist. Über Traiskirchen wurden und werden – das habe ich im

Kapitel über die Tätigkeiten der NGOs ausreichend beschrieben – viele Un- und Halbwahrheiten verbreitet. Der Bürger hat sich jedoch präzisere Informationen dazu verdient, was hier mit seinem Steuergeld passiert. Verschwenden wir es? Vernachlässigen wir Flüchtlinge? Kann Franz Schabhüttl sein Gehalt als Leiter rechtfertigen?

Das Innenministerium hat immer versucht, diese Fragen – und noch viel mehr – möglichst authentisch und vor Ort zu beantworten. Das zeigt schon die schiere Zahl an Interviews, die ich hierfür geben musste. Gescheitert sind wir jedoch häufig daran, weil ein Gutteil jener Journalisten, die hierher kamen, längst eine Meinung hatte, ideologisch zuordenbar war, Politik machte, anstatt zu berichten, oder einfach nur den Platz füllen musste, den ihnen ihr Chefredakteur am nächsten Tag in der Zeitung zur Verfügung stellte.

Das muss nicht automatisch gesellschaftlich problematisch sein. Manchmal ärgert es aber oder regt Jahre später zumindest zum Schmunzeln an. Mit dem Boulevardblatt »Österreich« erlebte ich eine Episode, die ich offenbar mit mehreren Personen des öffentlichen Lebens teile: Es erschien ein Interview, das so nie gegeben wurde.

Im November 2013 unterzeichneten alle damaligen Fußball-Nationalspieler Österreichs einen offenen Brief, in dem sie sich über »Exklusiv-Interviews« im Blatt beschwerten, »für die niemand von uns jemals interviewt worden ist«. Ich fühlte mit ihnen, war mir das gleiche jedoch fünf Jahre vorher passiert. Am 12. Jänner 2008 erschien in besagter Zeitung ein Artikel mit dem Titel »Ab jetzt wird abgeschoben«. Es ging darin um einen wahlkämpfenden niederösterreichischen Landeshauptmann, der sich über angeblich zu wenige Rückführungen sogenannter Dublin-Fälle in andere EU-Staaten beschwerte, und einen Innenminister, damals hieß er Günther Platter, der den Wünschen von Erwin Pröll entsprach.

»Dabei kam es im Flüchtlingslager zu tumultartigen Szenen, wie Lagerleiter Franz Schabhüttl erzählt«, heißt es in dem Artikel. Daneben erschien ein Foto von mir mit der Bildunterschrift: »Direktor Franz Schabhüttl, Traiskirchen: Tumulte im Lager.«

Das Blöde war nur: Ich habe mit den Autoren des Berichts in diesem Zusammenhang nie gesprochen. Mir war das natürlich nicht gerade angenehm, informierte die Pressestelle meines Hauses darüber. Auch wenn ich heute weiß, dass ich mich damit in guter Gesellschaft befand: Die Antwort aus der Wiener Herrengasse überraschte mich damals dennoch. »Das passiert ständig bei ›Österreich‹.«

Dabei war zumindest diese Episode in ihrer Wirkung noch vergleichsweise harmlos. Was war denn schon passiert? Man hatte mir Worte angedichtet, die den Lauf der Geschichte nicht veränderten. Mein persönlicher Ärger war für Außenstehende oder Leser der Zeitung irrelevant. Mit anderen Medien gab es jedoch auch unverantwortliche Situationen, die erklären, warum heutzutage immer mehr Menschen journalistischen Inhalten misstrauen. Ein krasses Beispiel erlebte ich aus der ersten Reihe mit.

Im Krisensommer 2015 beobachtete ich vom ersten Stock des Verwaltungsgebäudes aus, wie Fernsehjournalisten mit ihrem SUV die Otto-Glöckel-Straße am Südrand unseres Geländes entlangfuhren, vor dem Haupteingang in zweiter Spur hielten. Dort hatte sich am Schranken eine kleine Ansammlung von

Asylwerbern gebildet, die einer der Journalisten ansprach und anschließend auf das Auto deutete.

Ein Kameramann stieg aus, entfernte sich ein wenig vom Fahrzeug, während der Fahrer den mit Plastiksackerln gefüllten Kofferraum öffnete. Sofort begannen sich die Flüchtlinge auf die vermeintlich wertvollen Geschenke zu stürzen, während der Kameramann – wie heißt es so schön bei den TV-Teams – voll draufhielt. Hier wurde eine Notlage inszeniert und gefilmt, die es nicht gab. Anstatt hungrigen Löwen ein Stück Fleisch vorzuhalten, haben Journalisten hier Asylwerbern Geschenke gemacht. Was sich genau in den Plastiksackerln befand, konnte ich von meiner Position nicht sehen.

Abgesehen davon, dass das TV-Team damit massiv für Unruhe im Haus sorgte und die Aktion ethisch mehr als nur fragwürdig war: Was hatte diese inszenierte Szene mit der Realität zu tun? Bilder wie diese wirken auf Zuseher extrem stark. Es ist meiner Meinung nach mehr als nur fragwürdig, wenn Medien auf diese Art und Weise Realität inszenieren. Man darf annehmen, dass es noch andere Szenen gab, die damals unter ähnlichen Umständen zustande kamen. Leider, das bedaure ich bis heute, konnte ich weder auf dem Fahrzeug des Teams, noch auf der Kamera des Kameramannes das Logo des verantwortlichen TV-Senders oder der beauftragenden Agentur erkennen.

Im selben Sommer hat sich ein Journalist des TV-Senders Puls 4 im Schutz einer größeren Menschenansammlung an den Wachen vorbei ins Flüchtlingslager geschlichen. Nicht, dass wir etwas zu verbergen gehabt hätten, aber wie ich bereits in den Kapiteln zuvor erwähnte, müssen wir auch auf die Privatsphäre unserer Bewohner achten.

Im Grunde genommen ist Traiskirchen nur eine große Wohnanlage. Wer hier filmen will, braucht eine Drehgenehmigung. In den Wiener Gemeindebauten ist das nicht anders.

An jenem Tag nahmen Polizisten, die gerade im Hauptgebäude und wie jeden Tag die Essensausgabe überwachten, Schreie von Asylwerbern wahr.

Der Grund für den Aufruhr war besagter Journalist, der vor dem Speisesaal, in Unterkünften, WC-Anlagen und Nassräumen filmte und fotografierte, und zwar gegen den Willen der Lagerbewohner. Wir hielten den Mann fest und übergaben ihn der Polizei. Außerdem sprach ich noch persönlich mit ihm und wies ihn darauf hin, dass er keine Drehgenehmigung hatte, und ich ihm die Veröffentlichung des Filmmaterials untersage. Erfolglos.

Nur kurze Zeit später schickte der Sender des Mannes folgende Presseaussendung in bester Boulevardmanier ins Land:

»Exklusiv: Puls 4 News konnten im Flüchtlingslager Traiskirchen filmen.

Für Journalisten ist es abseits von offiziellen Terminen eigentlich eine Tabuzone. Jetzt ist es den Puls 4 News gelungen, sich erstmals abseits von Aufpassern ein Bild vom Alltag im Erstaufnahmezentrum Traiskirchen zu machen. Die Videos zeigen, dass selbst untertags Flüchtlinge am Gang, auf dem Boden, ausharren müssen.«

Für die Quote und sich daraus ergebende Werbeeinnahmen tun Medien offenbar alles. Dabei geht es weniger darum, dass sich besagter Journalist illegal Zutritt verschaffte, gegen die Hausordnung verstieß und Asylwerber gegen ihren Willen filmte und belästigte. Es geht um eine verzerrte Realität, die den staunenden Zuschauern via Satellit ins Wohnzimmer geliefert wird.

Die gefilmten Flüchtlinge mussten nämlich nicht »am Boden ausharren«, weil wir sie vernachlässigten, sondern warteten auf dem Boden sitzend auf die Ausgabe des Mittagessens. Wäre Puls 4 den ehrlichen Weg gegangen und hätte mich gefragt, dann wäre dieses falsche Bild nie entstanden. Dann hätte der Sender erfahren, dass im Hauptgebäude, in dem der Mann filmte, sogar 600 Betten leer standen, weil es uns die Auflagen der Stadtgemeinde Traiskirchen untersagten, diese zu belegen. Verantwortungsvoller Umgang mit Informationen über ein sensibles Thema sieht anders aus.

Die problematische Beeinflussung der Bevölkerung durch kreative Eigeninterpretation der Realität ist meiner Erfahrung nach jedoch nicht den sogenannten Boulevardmedien vorbehalten. Am 4. Mai 2004 bewies auch der öffentlich-rechtliche und durch gesetzlich vorgeschriebene Gebühren finanzierte ORF, dass er, wenn es drauf ankommt, bemerkenswerte Wege in der »Information« der Bevölkerung geht.

An jenem Tag erschien im Hauptabendprogramm eine Ausgabe des Politikmagazins »Report«. Die Sendung erhebt seit Jahren den Anspruch, die qualitative Speerspitze dieser Art von Berichterstattung in Österreich zu sein. Dieses Mal bekam ich persönlich eine Breitseite ab, weil ich, so die Darstellung des Beitrags, ohne Rücksprache mit den Bundesländern Flüchtlinge mittels Bussen in nicht vorhandene Quartiere schicke.

Einen Tag vorher, am 3. Mai, hatte ich dem verantwortlichen Redakteur ein Interview gegeben. Darin erklärte ich, dass seit Anfang Mai Flüchtlinge während ihrer Asylverfahren in Quartieren der Bundesländer unterzubringen seien, aus dem Lager Traiskirchen jedoch kein einziger ohne Rücksprache mit dem betroffenen Bundesland dorthin transferiert würde. Im Beitrag wurde schließlich ein Reisebus mit Flüchtlingen gezeigt, der das Gelände verließ.

In der nächsten Szene kam ein Bus mit Flüchtlingen in Abtenau in Salzburg an, und ein Einheimischer beschwerte sich in breitem Dialekt darüber, dass ihm der Bund ohne Rücksprache und Ankündigung Reisebusse voll mit Flüchtlingen schicke, für die es keine Quartiere gebe.

Was der »Report« in seinem Beitrag nicht sagte: Der Bus, von dem der Eindruck erweckt wurde, er käme aus Traiskirchen, hat meine Dienststelle nie verlassen. Ich habe das damals für die Ministeriumsspitze recherchiert: Das Fahrzeug, das angeblich von einem die Bundesländer drangsalierenden Flüchtlingslager entsandt wurde, kam in Wahrheit auf Anordnung des Bundesasylamts, Direktion Salzburg. Eine Dienststelle, die mit der Betreuungsstelle Traiskirchen nichts zu tun hat.

Zugetragen hat sich die gefilmte Szene in Abtenau übrigens 13 Tage vor dem Interview mit mir, nämlich am 20. April 2004. Zu diesem Zeitpunkt war das Gesetz, das die Länder bis heute zur Übernahme und Beherbergung von Asylwerbern aus Traiskirchen verpflichtet, noch nicht einmal in Kraft.

Es gab jedoch auch positive Ausnahmen von der Norm. Was Sie, liebe Leserinnen und Leser, möglicherweise erstaunen mag: Die inhaltlich korrekteste Herangehensweise erlebte ich über viele Jahre konstant von einer Seite, von der man es am wenigsten erwartet. Die ideologisch dezidiert links angesiedelte Wiener Wochenzeitung »Falter« hat sich meiner Erfahrung nach nämlich in so gut wie all ihren Berichten über Traiskirchen ehrlich um inhaltliche Tiefe, Korrektheit und Leserinformation bemüht. Ausnahmslos alle Journalisten, die mir das Blatt schickte, sahen meine bzw. die Arbeit des Innenministeriums kritisch. Und dennoch bin ich bis heute der Meinung, immer fair behandelt worden zu sein, weil in den jeweiligen Artikeln auch jene Tatsachen zur Sprache kamen, die der These des Autors oder der Autorin widersprachen.

Ich will nach den erzählten – und unerzählten – Episoden gegen Ende meiner Dienstlaufbahn nicht nachtragend sein. Die falsche und aus dem Zusammenhang gerissene Darstellung von Äußerungen von mir hat mich zwar mehrfach gekränkt, letztendlich bereiteten sie mir jedoch keine schlaflosen Nächte. Wirklich relevant an diesen Geschichten ist aber, in welchem Stil und in welcher Qualität die Bevölkerung über die Abläufe im Asylsystem informiert wird.

Geschichten, vor allem aber Bilder, wirken stark, prägen die Wahrnehmung der Bürger von einem Verwaltungsapparat, den sie mit ihrem Steuergeld finanzieren. Wenn sie sich aber auf Basis manipulierter Darstellungen ihre Meinung dazu bilden müssen, läuft etwas verkehrt. Ich gebe die Hoffnung nicht auf, dass sich der Umgang von Medien, NGOs und Politikern mit der Wahrheit nach meiner Zeit in Traiskirchen ändert. So, wie ich es erlebt habe, sollte es nicht weitergehen.

Anhang

Am 26. August 2015 tat das Innenministerium etwas, was es selten tut: Unsachliche Kritik öffentlich zu korrigieren. Zitat:

»Anlässlich eines Berichts der Hilfsorganisation ›Ärzte ohne Grenzen‹ mit falschen Behauptungen zur Unterbringung und medizinischen sowie psychologischen Versorgung der Flüchtlinge in der Betreuungsstelle Ost in Traiskirchen, sieht sich das Innenministerium gezwungen, öffentlich zu korrigieren.«

Das Schreiben ging an zahlreiche Redaktionen. Niederschlag in der Berichterstattung fand es nicht. Die Autoren weisen deshalb auf den Originaltext hin:

Ausgangssituation:

Behauptet wird:

Die medizinische und psychosoziale Versorgung der Ankommenden ist derzeit völlig unzureichend und muss dringend ausgeweitet werden.

Wahr ist:

- Alle Asylwerber in der Betreuungsstelle (BS) OST sind **krankenversichert** und haben **Anspruch auf dieselben Leistungen wie österreichische Staatsbürger.**
- Bei Bedarf finden Überweisungen zu Fachärzten statt bzw. wird der Transport in ein Krankenhaus organisiert.
- Am Gelände der BS OST besteht eine Arztstation mit Ärzteteam, das grundsätzlich wochentags von 7 bis 17 Uhr sowie **bei Bedarf auch länger bzw. am Wochenende im Einsatz ist**
- Die Ausweitung hat – unabhängig des Berichts der Organisation „Ärzte ohne Grenzen" – bereits stattgefunden:
    - Einrichtung eines mobilen Ärzteteams am Gelände (bestehend aus einem Arzt und einem Sanitäter).
    - Eine mobile DGKS wird zukünftig am Gelände unterwegs sein.

Behauptet wird:

Die „Initiative medizinische Beratung in Traiskirchen" bietet Menschen an einer an das Zentrum grenzenden Straße [...] medizinische Versorgung an [...]. Problematisch ist, dass Personen, die das Lager nicht verlassen dürfen, auf diese Weise nicht erreicht werden.

Wahr ist:

- Alle Asylwerber, die in der BS OST untergebracht sind, können sich frei bewegen.
- **Niemand wird in der BS OST angehalten.**
- Selbstverständlich steht es allen Asylwerbern frei, dieses Angebot in Anspruch zu nehmen.

Medizinische Versorgung:

Behauptet wird:

Die medizinischen Strukturen sind für eine angemessene Versorgung aller in der Bundesbetreuungsstelle OST untergebrachten Menschen völlig unzureichend.

Wahr ist:

- **Alle Asylwerber** in der BS OST sind **inländergleich krankenversichert**. Sie haben **dieselben Ansprüche wie österreichische Staatsbürger.**
- Bei Bedarf wird ein Transport zu einem Facharzt bzw. Krankenhaus veranlasst.
- Am Gelände der BS OST gibt es eine **Arztstation mit einem Ärzteteam**, das grundsätzlich wochentags von 7 bis 17 Uhr Uhr sowie **Bei Bedarf auch länger bzw. am Wochenende im Einsatz ist.**

- Zudem gibt es ein **mobiles Ärzteteam**, bestehend aus einem Arzt und einem Sanitäter eingerichtet, die in der Betreuungsstelle Traiskirchen und im Zeltebereich am SIAK-Gelände unterwegs sind.
- Weiters wird zukünftig eine mobile DGKS im Zeltebereich am SIAK-Gelände unterstützen.
- In den Nachtstunden wird – **wie in Österreich bei praktischen Ärzten üblich** – die Betreuungsstelle OST auch vom Ärztenotruf mitabgedeckt. Dieser entscheidet im Einzelfall, ob die Rettung zu verständigen ist oder ob ein Arzt des Ärztenotrufs in die BS geschickt wird.
- In der BS OST fallen pro Woche über 200 Arztstunden für rd. 4.000 Personen an. Zusätzlich gibt es noch mobile Ärzteteams. Zum Vergleich: In der Gemeinde Breitenfurt steht pro Woche für 5.800 Einwohner der Arzt 40 Stunden zur Verfügung

Behauptet wird:

Ein Triage-System zur Erkennung akuter Krankheitsfälle, die vorrangig behandelt werden müssen, ist nicht in Kraft.

Wahr ist:

- Eine Triage findet statt. Dies hat jedoch zur Konsequenz, dass Asylwerber zu „Notfällen" werden, wenn sie Schmerzen vortäuschen, um vorgezogen zu werden.

Behauptet wird:

Wie die Versorgung mit Medikamenten vor der Registrierung geregelt ist, konnte nicht beantwortet werden.

Wahr ist:

Es gibt eine Abmachung mit einer Apotheke, Medikamente werden vorab abgegeben und die Sozialversicherungsmodalitäten werden später erledigt.

Behauptet wird:

Es gibt keine systematischen Aufzeichnungen oder Statistiken über die Frequenz verschiedener Krankheitsbilder...

Wahr ist:

- Es gibt eine Datenbank, in der alle relevanten Infos eingetragen werden. Auswertungen sind möglich
- Alle Tatbestände und Vorkommnisse werden in Vorfallsmeldungen erfasst inkl. Selbstverletzungen, Selbstmordersuche, Unfälle ...

Behauptet wird:

Ein junger Mann im Rollstuhl legt einen medizinischen Bericht einer neurologischen Fachabteilung vor [...]. Seinem Wunsch nach Wiedervorstellung an der neurologischen Abteilung oder nach einer neurologischen Nachsorgeuntersuchung sei von Seiten der Ärzte im Zentrum nicht nachgekommen worden. Er injiziert sich selbst ein gerinnungshemmendes Medikament, zu einer physikalischen

Therapie seiner inkompletten Lähmung der unteren Extremitäten hat er keinen Zugang – jetzt könne er kaum mehr aus dem Rollstuhl aufstehen.

Wahr ist:

- Der Asylwerber war wiederholt in der Arztstation und ist in regelmäßiger Behandlung.

Behauptet wird:

Ein junger Mann auf der „Wiese" hat massive beidseitige Beinödeme. Nach seinen Angaben bestehen sie seit etwa vier Wochen. Er habe sich während der letzten Tage immer wieder in die Warteschlange zur ärztlichen Untersuchung angestellt, sei

aber nie an die Reihe gekommen. Er fragt, ob er nicht bei einem Arzt außerhalb des Lagers untersucht werden könne.

Wahr ist:

Dem Ärzteteam wurde von „Ärzte ohne Grenzen" über diesen Fall ohne genaue Personenangaben berichtet, mit dem Hinweis, dass der Betroffene nicht in die Arztstation komme, weil er befürchtet, nicht verlegt zu werden.

Behauptet wird:

Die von Seiten der ORS-Ärzten und Vertretern des Innenministeriums bestätigte Weitergabe personenbezogener medizinischer Daten an das Innenministerium ist mit medizinischer Ethik und Menschenrechten nicht vereinbar.

Wahr ist:

- Eine Weitergabe von Daten erfolgt nur nach Unterzeichnung einer Zustimmungserklärung.

Behauptet wird:

Ein junger Mann mit einem schmerzhaften Zahnabszess habe keinen Behandlungstermin erhalten und sei kollabiert. Private Helfer hätten eine zahnärztliche Behandlung außerhalb des Lagers organisiert. Bei diesem Ausgang habe der Patient verabsäumt, ordnungsgemäß die Ausgangsformalitäten einzuhalten. Nun werde ihm zur Strafe vom Sicherheitspersonal an der Pforte für 48 Stunden der Zugang zum Lager verwehrt. Das Angebot von „Ärzte ohne Grenzen", sich für ihn an der Pforte zu verwenden, wird vom Betroffenen, der sich außerhalb des Zaunes des Lagers befindet, in offensichtlicher Angst abgelehnt. Er befürchtet, er werde dann noch mehr bestraft.

Wahr ist:

Es gibt lange Wartezeiten in der Zahnambulanz Baden, allerdings übernimmt die ortsansässige Zahnärztin immer wieder unbürokratisch Akutfälle, ebenso das Krankenhaus der Barmherzigen Brüder mit seiner abendlichen Zahnklinik.

Behauptet wird:

Schwangere sind teilweise unter inakzeptablen Bedingungen in Zelten untergebracht und insgesamt nicht ausreichend über ihre Möglichkeiten der medizinischen Versorgung informiert.

Wahr ist:

Bei der Erstuntersuchung werden alle üblichen Untersuchungen gemacht. Gibt es Auffälligkeiten, kommt es zu einer sofortigen Überweisung an die gynäkololgische Abteilung des Krankenhauses Mödling; ohne Auffälligkeiten erfolgt eine sofortige Überweisung an die ortsansässige Gynäkologin.

Behauptet wird:

Die im Zentrum tätigen Ärzte und Ärztinnen wissen nicht wie viele Frauen schwanger sind.

Wahr ist:

- Dies kann auf Knopfdruck in der Datenbank abgefragt werden.

Behauptet wird:

Gezielte Information für schwangere Frauen gibt es nicht. Den Frauen scheint ihr Mutter-Kind-Pass nicht ausgehändigt zu werden.

Wahr ist:

- Der Mutter-Kind-Pass wird ausgehändigt beim ersten Besuch im Krankenhaus oder beim Besuch der Gynäkologin.

Behauptet wird:

Eine hochschwangere Frau berichtet von Sorgen, weil sie nicht wisse, wo sie entbinden werde und wie der weitere Ablauf sei. Sie habe eine Ultraschall-Untersuchung gehabt, könne aber keinen Mutter-Kind-Pass vorweisen, der sei in der Klinik behalten worden.

Wahr ist:

- Die Asylwerberin hat ihren Pass verloren und bekommt beim nächsten Besuch im Krankenhaus einen neuen ausgestellt. Sie bekommt einen neuen Termin bzw. ruft die Arztstation im Krankenhaus an, um den nächsten Termin bestätigt zu bekommen.

Behauptet wird:

Die Lagerbewohner und private Helfer berichten von bisher mehreren Geburten im Freien und auch von Totgeburten. Dazu gibt es von Seiten der Lagerleitung keinen Kommentar.

Wahr ist:

- Es handelt sich um falsche Gerüchte.

Behauptet wird:

Säuglinge und Kleinkinder leben mit ihren Müttern nach Möglichkeit in festen Unterkünften, viele auch in Zelten.

Wahr ist:

- Für diese besonders vulnerablen Gruppen gibt es das Angebot der Unterbringung im SIAK-Gebäude.

Behauptet wird:

Psychosomatische Erkrankungen bei Kindern werden nicht erfasst.

Wahr ist:

- Bei Jugendlichen wird dies in der Datenbank erfasst.
- Bei Kleinkindern ist diese Befundung nicht zielführend und kaum möglich.

Behauptet wird:

Die Impfrate der Kinder ist nicht bekannt.

Wahr ist:

- Die Impfrate wird generell aber nicht spezifisch für Kleinkinder erhoben.

Behauptet wird:

Auch bei sehr dramatischen Erkrankungen funktioniert die Kommunikation zwischen Ärzten und Patienten mangelhaft

Wahr ist

- Für alle Sprachen sind Übersetzer vor Ort. Diese Feststellung kann in dieser generellen Form nicht akzeptiert werden.

Versorgung von Schwangeren:

Behauptet wird:

Schwangere sind teilweise unter inakzeptablen Bedingungen in Zelten untergebracht und insgesamt nicht ausreichend über ihre Möglichkeiten der medizinischen Versorgung informiert.

Wahr ist:

- Schwangere Frauen zählen – ebenso wie Frauen mit Kleinkindern und Babys – zu den besonders vulnerablen Gruppen und werden bei der Unterbringung prioritär behandelt. Dies bedeutet, dass sowohl am Gelände der Betreuungsstelle OST (Haus 8) als auch am Gelände der SIAK (feste Unterkunft) Zimmer frei stehen.

- Wenn Schwangere im Familienverband anreisen (oft Großfamilien mit sieben Personen und mehr) ist es jedoch aufgrund dieser Priorisierung nicht möglich, sofort alle Personen der Familie in einer festen Unterkunft unterzubringen. Viele Personen weigern sich daraufhin, eine feste Unterkunft zu beziehen.
- Die Priorisierung muss durchgeführt werden, um möglichst allen vulnerablen Gruppen sofort eine feste Unterkunft bereitstellen zu können. Es kann jedoch niemand gezwungen werden, diese zu beziehen.

Versorgung von Kindern und Jugendlichen:

Behauptet wird:

Die medizinische und psychosoziale Betreuung der Kinder ist völlig mangelhaft, die Unterbringung im Freien muss als gesundheitsgefährdend bezeichnet werden.

Wahr ist:

- Die Unmündigen werden von Remuneranten-Müttern unterstützt.
- Dies erfolgt nur in Absprache mit der zuständigen Jugendwohlfahrt, die für die Fürsorge der betroffenen Person zuständig ist.

Psychosoziale Betreuung:

Behauptet wird:

Psychosoziale Betreuung der Menschen ist in der BS OST nur in Ansätzen vorhanden und entspricht nicht den zeitgemäßen Standards, die in der Versorgung von Menschen nach traumatischen Ereignissen wie Krieg und Flucht gängig sind.

Wahr ist:

- Neben den angestellten klinischen Psychologen in der BS OST gibt es auch eine **psychologische Krisenintervention in Notfallsituationen**, die rund um die Uhr eingerichtet ist.

Information und Kommunikation:

Behauptet wird:

In der BS OST gibt es kein funktionierendes Info-System, was zu einer andauernden Verunsicherung der Menschen führt und direkte negative Auswirkungen auf die medizinische Versorgung hat.

Wahr ist:

- In der BS OST ist eine Informations- und Servicestelle eingerichtet, die allen Fremden als primäre Anlaufstelle dient und Informationsdrehscheibe für alle Fragen der Betreuung und des täglichen Lebens ist.
- Es gibt Infos über

- Angaben zum Betreuerteam mit Bild und Name
  - Hausordnung in den relevanten Sprachen
  - Verhalten in Notfällen
  - Brandschutzvorschriften
  - Angaben zur medizinischen Betreuung
  - Übersicht über die BS
  - Kinderbetreuung
  - Speiseplan
  - Nationengepräche
  - Etc.
- Nationengespräche dienen dazu, dass kompakte Infos zu relevanten Themen einer Zielgruppe vermittelt werden.

Belegung und Unterbringung:

Behauptet wird:

Die Unterbringung von Flüchtlingen unter freiem Himmel stellt eine unmittelbare Bedrohung der physischen und psychischen Gesundheit dar, insbesondere weil davon auch Kinder und traumatisierte Personen betroffen sind.

Wahr ist:

- Das BMI setzt alles daran, dass Obdachlosigkeit von hilfs- und schutzbedürftigen Personen vermieden wird. Leider war es in jüngster Vergangenheit nicht immer möglich, unmittelbar ein Bett zuzuweisen.
- Auch die Unterbringung in Katastrophenzelten des ÖRK stellt nur eine vorübergehende Maßnahme dar, bis die Länder genügend Kapazitäten schaffen.
- Die Zelte des ÖRK sind mit elektrischem Strom ausgestattet und es besteht die Möglichkeit, sie bei Kälte zu beheizen.
- Jene Menschen, denen kein Platz unmittelbar zugewiesen werden kann, können bei Schlechtwetter entweder in den Garagen einen Trockenunterstand finden. Zudem werden für Schlechtwetterperioden Busse als Notunterstand angeboten.
- Feststeht, dass sämtliche feuerpolizeiliche und brandschutztechnische Vorschriften – auch zum Schutz der Asylwerber – zu jedem Zeitpunkt eingehalten werden müssen.

Wasser- und Sanitäranlagen:

Behauptet wird:

Die zahlreichen Mängel im Bereich der Sanitäranlagen verringern die Möglichkeiten der persönlichen Hygiene und stellen ein unmittelbares Gesundheitsrisiko dar.

Wahr ist:

- Entsprechend dem Belagsstand, wurde auch die Anzahl der mobilen Toiletten ständig erweitert.
- Neben den mobilen Toiletten wurden mobile Handwaschbecken errichtet.
- Die Toiletten werden neun Mal am Tag gereinigt.
- Zeltstadt II:

- o Bewohner der Zeltstadt können die Duschanlagen am SIAK-Campus mitbenützen. Diese stehen den Asylwerbern von 7 bis 21 Uhr zur Verfügung.
- o Die Duschen werden täglich gereinigt.
- o Duschen sind nach Geschlechtern räumlich getrennt. Zudem kontrollieren zwei Sicherheitsbedienstete (ein Mann und eine Frau) vor der Tür.

Behauptet wird:

Die Duschen sind baulich nicht von den Toilettanlagen getrennt. Es gibt keine Vorrichtungen zur Installation von Duschvorhängen.

Wahr ist:

- Toiletten und Duschen sind mit Raumtrennern versehen.
- Bereits vor diesem Bericht wurden Duschvorhänge und Kleiderhaken in ausreichender Anzahl gekauft und montiert.

Behauptet wird:

Bei vielen Toiletten funktioniert die Spülung nicht. Die Räume haben keine Beleuchtung.

Wahr ist:

- Eine Überprüfung der WC-Anlagen am Gelände der BS OST ergab, dass derzeit alle funktionstüchtig sind.
- Da die Asylwerber PET-Flaschen in den Abfluss werfen, kommt es öfters zu Verstopfungen. Diese werden jedoch umgehend beseitigt.

Behauptet wird:

Für einen Großteil der Menschen ist die Verwendung von Toilettenpapier nicht akzeptabel. Die Menschen behelfen sich mit Wasserflaschen, die aber nicht in ausreichender Anzahl vorhanden sind.

Wahr ist:

- Es stehen genug Wasserflaschen zur Verfügung, da sich jeder Mineralwasserflaschen von ORS holen kann.
- ORS hat ständig mehr als 3.000 Mineralwasserflaschen lagernd und gibt diese laufend aus.

Behauptet wird:

Die mobilen Toiletten haben keine Beleuchtung.

Wahr ist:

- Am Gelände der BS OST sind die mobilen WCs durch die Straßenbeleuchtung auch in der Nacht beleuchtet.
- In den Zeltstädten werden gerade Elektroleitungen verlegt und anschließend Beleuchtungsmasten aufgestellt, sodass auch diese mobilen WCs ausgeleuchtet werden.

Behauptet wird:

Die Anzahl der Wasseranschlüsse zur Trinkwasserentnahme müsse erhöht werden und es müsse laufend über die Qualität des Trinkwassers informiert werden.

Wahr ist:

- Es erfolgt eine laufende Info über Trinkwasser (siehe Beilage).
- In jeder Sanitäranlage besteht die Möglichkeit, Trinkwasser zu holen.
- Es gibt einen Trinkwasseranschluss am SIAK-Gelände, wo sich jeder Asylwerber Wasser holen kann.
- Zudem besteht in H24 ein Trinkwasseranschluss.